学芸文庫

汚穢と禁忌

メアリ・ダグラス
塚本利明 訳

筑摩書房

汚穢と禁忌◉目次

汚穢と禁忌

PURITY AND DANGER:

An Analysis of Concepts of Pollution and Taboo
by Mary Douglas

Authorised translation from English language edition published by Routledge, a member of the Taylor & Francis Group.
Japanese translation published by arrangement with Taylor & Francis Group through The English Agency (Japan) Ltd.

謝辞

私がはじめて汚穢《けがれ》（pollution）にかかわる行動に興味を抱いたのは、シュリニヴァス教授および故フランツ・シュタイナー教授のお蔭である。シュリニヴァス教授はブラーマン出身者として、また故シュタイナー教授はユダヤ教徒として、それぞれ儀式的聖潔（ritual cleanness）の諸問題を日常生活中で処理されてきた。隔離、分類および潔浄《きよめ》（cleansing）といったことの所作にはじめて私の眼を開いていただいたことに対し、私は両教授に感謝を捧げるものである。私は次いで、コンゴ地方における汚《けが》れにきわめて敏感な文化の中で現地調査に従事し、その問題に関する断片的説明に対して強い不満を抱くにいたった。断片的説明とは、ただ一つの不浄（dirt）あるいはただ一つの状況にかぎって祭式における汚れを説明するものである。私が最も感謝の念を抱いているのは、私をして体系的研究法を求めるにいたらしめたところの、この不満の源泉に対してである。さまざまな象徴を分類するどのような方式もそれを孤立的に捉えるかぎり理解不可能なのであって、その象徴を生んだ文化における分類法全体との関係においてみるときはじめて、そこから意味を抽出する希望をもち得るのだ。

構造的研究法《アプローチ》は今世紀初頭以来、特にゲシュタルト心理学を通して、広く喧伝されてきた。しかし、私がはじめてその種の方法の直接的衝撃をうけたのは、エヴァンズ＝プリチャード教授によるヌエル族の政治組織の分析（一九四〇年）によってである。

人類学における本書の位置は、自動車設計におけるフレームレス・シャシーの発明のようなものであろう。シャシーとボディーとが別々に設計されていた時代には、この両者は中央にある鋼製のフレームで結合されていた。同様にして人類学においては、中央政府機関を社会分析の枠組《フレーム》のように考える政治理論が行なわれていたのであり、社会制度と政治制度とは別個に考察することが可能であった。人類学者は、政治的称号や政治的集会の一覧表によって未開人の政治形態を記述することで満足し、中央政府が存在しなければ政治的分析は無意味だとしていたのである。一九三〇年代に自動車設計者は、自動車全体を一つの単位と考えれば、鋼製のフレームを用いる必要がないことを発見する。旧い設計においてはフレームが支えていた圧力や緊張は、今やボディーそのものが担うことができるのである。ほぼ同じ時代にエヴァンズ＝プリチャードは、中央政府機関が存在しないような組織を——従って権力の重圧や政治的機能の緊張が政治集団の全構造に拡散しているような組織を——政治的視点から分析し得ることを発見した。こういった意味で、レヴィ＝ストロースが構造言語学の影響によってその方法を親族関係や神話に応用する以前においても、人類学界には構造的研究法といったものが漠然と存在したのである。現在汚穢《けがれ》の儀式を研究しようとする者がすべて、ある種族の聖潔(purity)に関する観念をより大きな全体の一部分として扱おうとするのは、このような事情による。

私が示唆を与えられたもう一つの源泉は、私の夫である。清潔の問題に関する夫の許容度は私のそれよりもはるかに厳しいものであって、私はなによりもこのことから、不浄とは相対的なものであるとする立場をとらざるを得ないようになった。

本書の各章について私と意見を交換していただいた方々は多数にのぼる。私はそれらの方々の御批判に深い感謝を捧げるものであるが、特に、ヘイスロップ・カレッジ、ベラーミン・ソサエティの諸氏、ロビン・ホートン氏、ルイ・ド・スーベルグ神父、シフラ・シュトリツォヴァー博士、スシリ・ド・モンショー博士、ヴィック・ターナー教授およびデイヴィッド・ポール博士の尊名を記しておかなければならない。個々の章について私の原稿に目を通され、論評を加えられた方々をあげれば、G・A・ウェルズ博士(第一章)、モーリス・フリードマン教授(第四章)、エドマンド・リーチ博士、ジュワーン・ルイス博士およびアーネスト・ゲルナー教授(第六章)、マーヴィン・メギット博士およびジェームズ・ウッドバーン博士(第九章)である。特に、ユニヴァーシティ・カレッジ、ヘブライ語研究科主任S・スタイン教授には第三章の草稿を丹念に修正していただき、感謝の念に堪えない。ただし博士は最終稿には目を通されていないため、聖書研究に関する学問的誤謬が残っているとすればそれはすべて私の責任である。同様にして、ダリル・フォード教授にはくり返し本書の草稿に目を通していただいたが、全体的責任はもちろん私にある。

私は教授の御批判に特に感謝を捧げるものである。

本書が提出しているのは個人的見解であり、そこには議論の余地があるばかりでなく、十分に考えぬかれていない部分も多いであろう。以下の論考で私はさまざまな専門分野に侵入し大胆な論評を試みたが、本書の主題が、最近にいたるまであまりに狭隘な学問分野に限定されていたために十分な発展が不可能だったものにかかわっているという事情を御賢察の上、専門的研究者諸氏の御寛恕を乞いたいと思う。

M・D

ラウトリッジ・クラシックス版への序

私はよく覚えている――この本を出版社に送ったときの不安な気持と、ラウトリッジ社が百ポンドの前金で契約してくれたとき驚きのあまり呆然としてしまったことを。だが、一九六六年に初版がでたとき、私の不安は的中した。多くの温かいご批評はいただいたものの、二、三年経っても二百部ほどしか売れなかったからである。ノーマン・フランクリン氏は私を慰めて、だからといって失敗作だというわけではない、と言ってくれた。出版業界で言う「眠っている本《スリーパー》」、すなわち、しばらくの間は誰も注目しないがその後脚光をあびる本なのかもしれない、と言ってくれたのである。氏の言葉は当っていた。この本はいまだによく売れている。私は、今まで新版や翻訳を出し続けて下さった各地の出版社に感謝している。

不浄なるものは危険である

本書は、不浄なるものと感染という観念について論じたものである。この着想は、一九五〇年代に私がある伝染病、すなわち麻疹に感染し、一週間ほど寝込んだときに頭に浮かんだように思う。回復したとき、私が最初にしなければならなかった仕事は、アフリカにおけるフィールドワークについての論文[*1]、すでに締切りを過ぎてしまった論文を書き上げることだった。レレ族と彼等の気難しい食事の規範とについて書くだけで、ほぼ十年の歳月を要した。その背景には育児や料理に専念する日常生活があったので、私の使う喩えは家庭生活を反映した素朴なものになってしまう。私の主張が複雑で入り組んだ構成になったのは、そのためなのかもしれない。

本書は二つのテーマを展開することで結論へ向かっていく。第一のテーマは、タブーとはそれぞれの部族がもつ宇宙観独特のカテゴリーを保護するため自然に発生した装置だ、という見方である。それぞれの地域には、宇宙がどのようにして構成されているのかについての一致した見方があって、タブーはその合意を保護するのである。確実なるものが揺らぎかけたとき、タブーはそれを支えるのだ。タブーは、知的・社会的無秩序を防ごうとするのである。そこで当然、なぜ宇宙の基本的カテゴリーを保護する必要があるのかという疑問、および、なぜタブーとはきわめて奇怪な姿をしているのかという疑問が生まれる。第二のテーマは、曖昧なるものが惹起する認知的不安を考察することで、これらの疑問に応えることである。曖昧なるものは、甚だしい脅威を与えるように思われることがある。タブーは曖昧なるものに直面し、それを聖なるもののカテゴリーに収めてしまうのである。

従来、未開人の宗教に関する研究はタブーを異様かつ不合理なものとしてきた。だが不浄という概念は、現代の西欧文化とそれ以外の文化、すなわち宇宙の重大なカテゴリー（分類原理）を危うくする行為をタブーとするさまざまな文化との、架橋になる。西欧ではそのような行為を汚らわしいとか危険だとか言って、それを否定する。未開人はそれをタブーとするのである。

どちらの場合も、既定の分類原理を危うくする挑戦は、それが害悪を生むというある種の理論によって抑制される。われわれが他の人の基準から外れた行為をしたとき、それは危険を伴うといっておどされた例はどんなに多いことだろう。特に育児においては、基準を守らせるために、明らかに不条理な脅しや空手形が用いられている。例えば、ホウレンソウなんか食べない、と言う小児がいるとする。すると養育係は、ホウレンソウを食べると髪の毛にカールがつきますよ、と言う。この児がカールした頭髪なんか望んでいないと分かると、今度は脅しという手段に訴える。お皿のホウレンソウを食べないと大きくなれませんよ、と言うのだ。小児は無理強いに屈せず、「なんてばかばかしいことを言うの」と思うのである。

大人になると、健康に悪いという脅しが使われる。汚いものは見た眼にはよくないが、必ずしも危険というわけではない。私は、食材を水に通すという陳腐な儀式が本当に細菌を除去するのだろうか、また、多少の疵がついた陶磁器が伝染病を媒介するのだろうか、という疑問をもっている。ここに、ちょっと縁が欠けてはいるが素敵な陶器のカップがあるとする。そんなものは捨ててしまったら、と忠告されるが、私はそれが気に入っているので、まだ使いましょう、と言う。すると忠告してくれた人は、欠けた所に汚いものが付いていると危険よ、と言い返す。私は、危険という言葉を使ったのは因習的なマナーに執着するために過ぎないと考えて、こういう強要の試みに腹を立てる。これは、来客に毀れたカップを出すという無作法は止めなさいという警告なのだ、と私は考えるのである。この種の自然発生的なミクロのタブーとも言うべき行為は、取るに足りないだろう。だが、次に私はもっと深刻な例を挙げたい。タブーが道徳または礼儀作法を支えている場合、タブーを犯すのは危険だという考えは良識ある人々にも十分な説得力をもつのである。

タブーの威信

タブーは、共同体全体が一種の共同謀議を行なうことで初めて成立する。共同体の構成員が自分の共同体に対して積極的に関与していかなければ、共同体は存続していくことができないだろう。この点に関する彼等の不安は、共同体の価値体系を掘り崩してはならないという遠回しの警告の中に見てとれる。私が「遠回し」と言ったのは、直接の警告（「汝の父を敬え」とか「姦淫をするなかれ」とかいったもの）も、この警告に対応する彼等の宇宙観から間接的支持を得ているからである。私の間接理論とは、タブーを犯すと物理的な意味での自然が報復するというものである。すなわち、海や川、大地、動物、また植物も、共同体を構成している原理を自動的に擁護するための武器庫のようなものであり、人体にも同じ目的のために導火線がとり付けられているといったものである。

一九四〇年代および一九五〇年代に人類学は人種差別《レイシズム》に戦いを挑んだが、本書はその戦いで遅ればせながら一撃を加えるものだった。本書の直接の攻撃目標は、未開人の思考といった観念だった。キリスト教以外の宗教は、奇妙な信仰だとして卑しめられていたのである。この誤解を正し、祭式における不浄とタブーとを再評価することが必要だった。このような潮流の中で本書はアカデミックな研究者、人類学者や比較宗教学者を読者に想定していた。

レジナルド・ラドクリフ＝ブラウンは私の世代における人類学教師の師であり、タブーとは共同体を保護する機能をもつのだときわめて明確に述べていた。[*2] 誰もが認めるように、彼の理論は「未開人」には適用されたが、われわれ西欧人には応用されなかった。私の発想は、彼の洞察に一層の一貫性を与え、それを一層包括的に適用しようというものだった。タブーの信仰は、個々にとり上げるとあまりに奇怪なので、理性を具えた人間がそれを信じるといったことを理解するのが困難なほどである。それゆえに私は共謀という言葉を用いるのだ。集団として信じ込みたいと望むが故に、人々は信じることができるのである。ただし、相互に支えあう共謀という行為がすべての信仰においてどの程度まで本質的なのかについては、未だに決着がついていない。

タブーの研究が信仰の哲学と衝突するのは避けがたい。タブーに支えられた規範は、その社会の指導者たちの考えによって、いくらでも抑圧的になるだろう。世論を醸成する立場にいる人々が奴隷と自由人との結婚を許さないとしても、あるいは、名門相互の間で一連の複雑な世代間の結婚制度を維持しようとしても、あるいはまた、到底堪えられないほどの賦課を搾り取ろうとしても——それが祭司たちを支えるためであるにせよ、奢侈をきわめた王族の式典のためであるにせよ——彼等の意思を支えるタブーの装置はそのまま続くだろう。批判は抑圧され、生活は全面的にひどくなり、その結果、想像を絶するようになるだろう。だが、世論の支配者が生き方を変えようとすれば、タブーは威信を失い、タブーが選び取った宇宙観は見直されることになるのである。

タブーとは、自然発生的に記号化を行なう行為である——脆弱な関係を保護する目的で空間的限界を設けたり、身体的・言語的なシグナルを発したりするための語彙を作りだす行為である。それらの記号を尊重しなければ、それに見合う危険が訪れることになるのだ。タブーを犯したことから生まれる危険の中には、接触によって誰にでも災禍をもたらすものがある。このような感染への恐怖のため、タブーを犯すのは危険だという怖れが共同体全体に広がるのである。

レビ記における汚らわしいもの

ここで、私が大きな間違いをしたことを認めておかなければならない。本書第三章「レビ記における『汚らわしいもの』」で、私はモーセが定めた食物の規範を参照して穢れの理論を解説しようとした。私はレビ記第十一章で食べてはならないとされる動物のリストを研究し、この規範には地と水と空とに環境を三分する分類法、創世記における天地創造の場合と同じ分類法が認められると思った。食物の禁止条項は、異例な動物を対象とする一種のタブーとして説明することができそうに思われた。動物はどの種でもそれに相応しい環境というものがある。だがその中には、同じ仲間とうまく調和しないものがある、と考えるのである。食物の規範についてはそれまで満足のいく説明がなかったということもあって、この立論は少なからず魅力的だった。

聖書に言う「清い（clean）」という言葉は、上述の分類に「相応しい、当てはまる、適している」という意味だと考え、私は地という居住環境にふさわしく清い分類に属する動物の代表として、割れたヒヅメをもち反芻する動物をとり上げた。古代イスラエル人が飼っていた動物の中でウシ、ヒツジ、ヤギを食べてよいとされた理由はここにあるのだろう、と思った。異例な動物をタブーとするという理論は、ブタ、ラクダ、イワダヌキの脚が異例であるが故に汚《けが》れておりタブーとされているという事実をうまく説明できるだろう。これらの動物は爬虫類や這いまわる虫を食べてはいけないという理由の説明は容易である。

三種類の居住環境の二つ以上に棲息することで、[*3]環境を三分する分類法を否定するからである。水に棲むもので禁止の対象とされているものは、ヒレやウロコがない分類に属している。鳥の場合は正確に確認することができないので、さらに困難だった。したがって、禁止された鳥についてはどうしても何も言えないのである。

この分析は本書の中で最も注目された部分であり、いただいたご批判はブタの場合を説明するにはタブー理論では不十分だということに集中していた。

ここには三つの基本的過ちがあったが、当時はそれに気がつかなかった。その第一は、循環論法に引きずり込まれたという可能性である。例えば、ある種の動物が禁じられているが故にそれは異例であると断じ、次いでその動物がもつ異例なる特徴を探索し始めるといったやり方である。異例は類似に似ている。いかなる二つのものでも類似した特徴をもつかもしれないと同じように、いかなるものでも異例なる特徴をもつかもしれないのだ。[*4]だが、より重大なのは次のことだった。すなわち、レビ記の規範は古代イスラエル人のために制定されたのだが、この規範が彼等の社会組織にとってどういう意味合いをもっていたかについての実証的根拠を欠いていたのである。彼等がこの規範を犯したとしても、タブーによって罰せられることはないようだった。社会構造にとってタブーがどんな意味をもつかはタブー理論の不可欠な一部であるのに、彼等の食物に関する規範を広く捜索してもこの問題を扱ったものは見あたらなかった。私は、古代イスラエル文化の歴史的研究が進めばこの謎に秘められた問題は明らかになるだろうと信じて、この問題を無視してしまったのである。だがそういう研究はいつまで経っても出てこなかった。食物の規範は、それを犯した者にどのような罰が降りかかるかという警告を含んでいない。この規範を犯すことは罪ではある。だがこの規範は、間接的にもせよ〈唯一の神〉に対する他の罪や人々に対する他の罪と結びつけて考えるのは困難である。

私の最も重大な誤りは、聖書に登場する神、理性的で公正で憐れみ深い神が厭うべき動物を創造するほどに無思慮だったと、疑いもせずに考えてしまったことだった。レビ記は、地上を這う爬虫類は食べてはならないし、それらは厭うべきもの（an abomination）だと述べる。[*5] ミシュナやラビたち[*6]と同じく、私はそれらが厭うべきものだということが論点だと思い込み、これを私の不浄理論の一例にしてしまった。現在私は爬虫類が厭うべきものとはまったく思わないし、それらを嫌うことこそ厭うべきことだと言いたい。

私は、レビ記を再読する前にその姉妹篇たる民数記、すなわちモーセの五書[*7]を構成するもう一つの律法の書を研究した。そこで私が到達した結論は、後世の解説者がこれらを編纂した祭司たちを甚だしく誤解していたということである。この見解を支える根拠は二冊の研究書に述べておいたので[*8]、ここで同じことをくり返すのは遠慮したい。汚れた動物を食べてはいけないとする禁止令の根拠はそれらに対する嫌悪ではなくて、神と古代イスラエル人との契約を反映し、精巧かつ知的に構築された規範の一部なのだと言えば、十分だろう。イスラエル人のヒツジやウシの群に対する関係は、神と神が契約を結んだイスラエル人との関係に対応する、という含意があるのだ。地上の動物は神のものである。神はそれらを大切にし、それらが生贄に捧げられる場合以外には血を流すのを禁じている（レビ記第十七章四節）。陸に棲む動物の中では、イスラエル人は祭壇に捧げることができる動物だけを食べることができる。それは、安全に生きていくためには牧人に頼るほかはない陸上の動物しかイスラエル人は食べられないということである。祭壇に捧げて焼き尽くすことができる動物は、厨房で焼くことができる。祭壇で焼き尽くすことができるものは、人間が食べ尽くすことができる。食物にかかわる規範は、人間の身体と祭壇とを複雑なやりかたで重ね合わせているのだ。

その他の陸に棲む動物は、以上のような意味をもたないカテゴリーに入る。反芻しない四つ足の動物は、厳密な律法解釈上の意味で汚れているとされるので、その意味はこれらの動物は生贄に捧げることもできず食べることもできないということである。水と空とに棲むある種の生物、および地上を這う動物を食べてはいけないとする規範の根拠は、これとは違う原理である。レビ記はこれらのものを「汚れている（unclean）」として分類しておらず、ただ「厭うべき（abominable）」としているにすぎない。[*9] ノアは「地を這うもの」を箱舟に運びこみなさい、と明快に神に命じられている（創世記第六章二十節、第七章八、十四、二十節）。このあたりの表現は、豊饒の原理に訴えていることを強く示唆している。

天地創造にさいしては、地を這う動物も地上で子を産み殖えるよう求められたし、ノアの洪水後も同じ言葉がくり返されたのである（同第八章十七節）。「厭う（abominate）」という動詞の一般的解釈には、なにか問題があるにちがいない。神は地を這う動物をも愛されたのだ。私はすでに、「あなたがたはそれらを厭いなさい」とか「それらは厭うべきものである」という言葉は「それらを避けなさい」という命令だと解釈し、その理由を説明している。*10

私が本書の第三章を書いたのはほぼ四十年前だが、当時はまことに力不足だった。聖書の問題についてはいくつかの過ちをおかしたが、このことはずっと残念だと思っている。長生きをしたおかげでその過ちに気づいたという意味で、長命とは有り難いものである。

時流には乗れず内容も不明確だった

一九六〇年代に不浄なるものの研究が不人気だったのがなぜだったかは、今となってみればよく分かる。その時代は、ヴェトナム戦争の経験でますます激動に襲われるようになっていったのである。『汚穢と禁忌』は、学生の反乱が世界中に広がった一九六八年の二年前に出版された。その頃支配的になった新しい文化は、いかなる形における支配力をも拒否した。あらゆる形の利己主義や偽善とともに、ビジネスや戦争が辱められた。形式に則って組織された宗教や儀式は非難された。衣服・食物・起居動作にいたるまで、形式を重んじること自体が否定された。ヒッピーたちが愛の力を謳歌するのに誰も抵抗できなかったあのエクスタシーの時代に、共同体が愛に制約を加えるのは正当だとする著書を私は出版したのである。構造や支配を肯定するのに適した時代ではなかったのだ。

一九五〇年代の社会学は、辺境文化や基準から逸脱したものの解釈に大きな関心を抱いた。当時の一般的傾向は、社会の周辺に追いやられた人々を落伍者だとする社会的風潮を攻撃するというものだった。六〇年代と七〇年代との文化はこの風潮をさらに助長した。それはあらゆる種類の従属関係を――女性の従属、植民者の傲慢、東洋人に対する西欧人の軽蔑、病者や弱者への冷淡な差別といったものを――うるさく詮索するようになった。社会思想の分野において意味のある論文といえば、自由への要求が満たされないと主張するものだけだった。愛と平和というヒッピーたちの信条が幻滅を味わうまでこの著書が「眠って」いた理由を理解するのは、容易である。

この本が時代の流行に合わなかったことは別として、もし私の論旨がより明快だったなら、より温かく受け容れられていたかもしれない。私の立論の中心は、合理的行動は必然的に分類作業を伴い、かつ、分類という営みは人類普遍の特性だというものである。これは、分類作業に関するデュルケームとモースの共同研究、[*11]私の世代に属する人類学者にとっては古典となった研究を受け継いだものである。この二人は、組織のなかには分類作業が内在することを明快に証明した。逆に言えば、分類作業とはそれ自体を目的とする認知能力の行使ではないのだ。私は、これと同じ前提を明示したつもりだった。組織するには分類することが必要であり、分類作業は人間が共同作業をするさいの基礎になるのである。ところが、この趣旨が十分明らかではなかったので、人間はどんな種類の曖昧さに直面しても必ず認知的不安を感じる、というのが私の論旨だと理解する読者がいた。例えばエドマンド・リーチは、異例という特徴が神聖なるものの顕著な側面だとする論考で、それぞれの地域における分業から生まれる分類体系を深く掘り下げもしないで、どの地域における分類体系にも異例なるものが認められると考えているようである。[*12] 生物学者はさらにひどい誤解のもとに、排泄物という形の汚物はどこでも嫌悪感を生じると考えてきた。彼等は、汚物なるものは存在しないことを想起すべきである。どのようなものであっても、それが組み込まれている特定の分類体系から離れれば、汚いとはされないのである。『汚穢と禁忌』は、誰でもどこでも汚い物は不快だと感じるということを前提にしていた。私は今でもこの前提は正しいと思っている。だが、あるものを汚いと判定する根拠は何か。それは、一般に行なわれている分類作用である。この点について、バジル・バーンスタインは説得力のある批評を書いてくれた。われわれの生活では、ある領域は清潔できちんと整頓されているが、別の領域では乱雑をきわめていてもそのままで満足している、というのである。どこまでも整然たるやり方、すなわちさまざまな側面できちんと分類したやり方を守って、毎日生活している人もいる。だが例えば、何かにとりつかれてしまった画家、どんなに無秩序な状態の中で生活していてもまったく気にしないような画家だって、考慮に入れるべきではあるまいか。彼のアトリエは混沌をきわめているが、彼はそこで眠り、食事をとっている。制作に夢中になってトイレに行く時間がなければ、手近にある洗面器で用を足したり、窓から放尿したりする。何から何までむちゃくちゃで混乱を極めているが、キャンヴァスだけは違う。キャンヴァスは静寂と秩序とが支配しているのである。彼にとって、キャンヴァスだけが聖なる空間であり、キャンヴァスではすべてが完全に充足していなければならず、もし少しでも無秩序の徴候があれば彼は不安の発作に襲われるだろう、というわけである。

バーンスタインは独自のやり方で家庭生活における分類作用の研究を行なったが、[*13]私はこれに大きな影響を受けて、さまざまな形の社会を維持していくのに必要な分類作業を比較するための基礎的研究を試みた。[*14]その目的は、文化を体系的に研究する方法を開発することだった。その方法は、社会組織における差異が信仰や価値観の差異とどのように関わっているかを調べるために2×2のマトリックス、すなわちグリッド（grid）とグループ（group）という二個の観念を組み合わせたマトリックスを用いるものだった。[*15]次の著書では、この方法を経済行為に応用した。[*16]複雑な食物贈与を対象とするラッセル・セイジ財団の研究プログラムが、この方法をさらに発展させた。[*17]当時、初期段階にあったこの研究は純理論的なものだった。だが、その中心的主題はもはや汚れとタブーとではなく、文化的変異を測定し説明する方法に移っていた。一九七〇年代におけるさまざまな状況の変化がなかったら、『汚穢と禁忌』は忘れ去られただろう。だがこの本は、突然再度脚光を浴びたのである。

危険《リスク》と政治

『汚穢と禁忌』を執筆していたとき、汚染への恐怖が間もなく政界を支配するようになるとは考えてもみなかった。一九六〇年代に情熱的に語られたモラルの原理は、一九七〇年代になると、人類の存続を危うくしている恐るべき科学技術の発展の攻撃に転じた。人類は、大気・水・海・食物の汚染に恐怖を感じるようになった。リスクという主題は、十七世紀の人々が賭博の確率に関心を抱くようになってからは、[*18]静かに眠っていた。ところが新しい学問分野、リスク分析という学問分野が出現した。この分野にとって、『汚穢と禁忌』は私の予想を超えた一般的な意味で社会的意義をもち始めたのである。

政策アナリストだった故アーロン・ウィルダフスキーは、汚染の人類学は現代の状況と深い関係をもつと考えた。従来、社会科学はこの種の恐怖を分析するのに心理学を利用し、また、階級・富・教育といったみごとに操作されたカテゴリーを利用していたのである。リスク分析という新しい主題は、原子力発電所や液化天然ガス施設をめぐる政治闘争等には関わらないようにしていた。政治を学問的処理に持ちこむのはタブーだった。そういうことをすれば学問の客観性を主張できなくなるからである。しかしウィルダフスキーと協力することで、私たちは政治を論ずるのに文化の理論を利用し、客観性を損なうことなくリスク概念に関する著書を書き上げることができた。[*19] われわれは、リスクの概念が個人の心理によってではなく共有する文化によって左右されることを示したのである。

危険とは多種多様なものであり、それはあらゆるところに遍在している。もし個人がそれらの危険すべてに気を配っていたら、どんな行動もとれなくなってしまうだろう。不安とは、それらの危険からある種の選択をすることでなければならないのである。われわれは、リスクとはタブーに似ているという考えを利用した。リスクに関する議論は倫理的にも政治的にも激烈な感情を伴う。あるリスクを名指しすることは、その発生源を告発することでもある。どんな危険が脅威なのか、どんな危険なら無視してもいいのかという選択は、危険を告発する人々がどんな行動を止めさせようとしているのかで決まる。危険なスポーツ、日光浴、道路の横断が告発された例はない。名指しされる危険は、原子力や化学薬品から生まれる事故に——要するに、巨大産業や政府に——関わるものだった。その後の研究で、危険に対する態度が社会のなかでどのように分布しているかを知る最も優れた指標は、告発者がどんな政治的団体に所属しているかだということが分かった。

『汚穢と禁忌』のテーマを説明するために私が挙げたタブーの例は、事実上ほとんどのものが保守的性格をもっていた。すなわちそれは、共同体を支える目に見えない構造が覆されないよう、それを保護しているのである。もしタブーに政治的意味があることを予想していたら、私は革新的なタブーを挙げることもできただろうと思う。タブーには、富や権力の再分配を強化しようとするものもあり、また、政府や特定の個人に権力が蓄積されることを防ごうとするものもあるからだ。万一『汚穢と禁忌』を書き直すことがあるとすれば、初版における説明との均衡をとるためにどんな例を新たに求めたらいいかは、よく承知している。善き共同体という理念が、安定した連続性に支えられた共同体という理念であるにせよ、あるいは絶えず革新的な変化を求めようとする共同体という理念であるにせよ、善き共同体の理念を保護するために危険とタブーとが同じように関与しているとすれば、初版を書き直したとき私は当初の意図を十全に達成したことになるだろう。

未開人の思考にかかわる理論は、現在あまり顧みられなくなっている。時が過ぎて、本書の執筆によって擁護しようとした目的はすでに達成されたのだ、と私は思う。だが、本書の意味合いが精神と社会とについての論考に変質したとすれば、本書の新版を世に問うという出版社の決定を正当だと評価する新しい傾向が、将来出現する可能性もあり得るかもしれない。

メアリ・ダグラス
二〇〇二年二月

＊1 Douglas, M., 1963. *The Lele of the Kasai*. Oxford University Press.

＊2 Radcliffe-Brown, A. R., 1952. *Structure and Function in Primitive Society*. Cohen and West, London.

＊3 訳者注。原文では“in all three habitats”となっているが、原著者の意を汲んで意訳した。

＊4 Nelson, G., 1952. 'Seven Strictures on Similarity', in *Problems and Projects*. Bobbs-Merril Co. Inc., pp. 437-47.

＊5 訳者注。原著では the New Revised Standard Translation が引用されているが、この版ではレビ記には“abominable”という形容詞形ではなく、“an abomination”という名詞形が用いられており、新共同訳ではこの部分はすべて「汚らわしいもの」と訳されている。同じく申命記第十四章には“You shall not eat any abominable things.”のように形容詞形が用いられているが、この部分は新共同訳では「すべていとうべきものは食べてはならない」という具合に「いとうべき」と訳されている。

＊6 訳者注。十二世紀末にパレスチナで編纂されたとされるユダヤ教の口伝律法。

＊7 訳者注。旧約聖書の冒頭にある創世記、出エジプト記、レビ記、民数記、申命記の総称。

＊8 Douglas, M., 1993. *In the Wilderness: the Doctrine of Defilement in the Book of Numbers*. Sheffield; Douglas, M., 1999. *Leviticus as Literature*, Oxford University Press.

＊9 訳者注。＊5に記したとおり、新共同訳聖書ではこの区別は明らかではない。

＊10 ＊4〔原注では（3）〕を参照。

*11 Durkheim, E. and Mauss, M., 1903. 'De Quelque Formes Primitives de la Classification: contribution à l'étude des Représentations Collectives', *L'Année Sociologique* 6: 1-72; trans. R. Needham, London 1963 in *Primitive Classification*.

*12 Leach, E. R., 1976. *Culture and Continuum. The Logic by which Symbols are Connected*. Cambridge.

*13 Bernstein, B., 1971, 1973, 1975. *Class Codes and Control*, 3 vols. Routledge & Kegan Paul, London.

*14 Douglas, M., 1970. *Natural Symbols. Explorations in Cosmology*. Barrie and Rockcliffe, London.

*15 訳者注。縦軸を「グリッド」とし、横軸を「グループ」とする座標軸を想定すると、第一象限から第四象限までに相当する四つの区画に分かれる。この座標軸において、「グリッド」の軸は分類体系を表わし、「グリッド」がプラスになれば他者と共通の分類体系をもつ傾向が強くなり、マイナスになれば個人的な分類体系をもつ傾向が強くなると考える。次に横軸は共同体と個人との支配関係を表わし、「グループ」がプラスになれば個人は他者の圧力に支配される傾向が強くなり、マイナスになれば個人は他者を支配する圧力を強めるようになるとする。二つの軸の交点では「グリッド」の圧力も「グループ」の圧力もゼロとなって、個人が完全に自由になると想定する。この図をマトリックスとして、ダグラスは様々な共同体の分析を試みている。Douglas, M., *Natural Symbols*（江河・塚本・木下訳『象徴としての身体』紀伊國屋書店、一九八三）、特に第四章参照。

*16 Douglas, M., 1979. *The World of Goods*. Basic Books, New York.

*17 Douglas, M., (Ed.) 1984. *Food in the Social Order. Studies of Food and Festivities in*

Three American Communities. Russell Sage Foundation, New York.

＊18 訳者注。予想されるリスクに対して保険をかけるという商習慣はルネサンス初期からイタリアの都市で一般化していたが、十七世紀になると年齢別死亡統計表に基づいて年金を計算するための確率理論が提出されるようになった。これらはいずれも人生のリスクに備えるためのものだったが、ほぼ同じころ、偶然性に基づくゲームを数学的に処理しようとする計算法が発展し、パスカル等によって「サイコロの幾何学（*aleae geometria*）」という一種の確率論になった。

＊19 Douglas, M. and Wildavsky, A. 1982. *Risk and Culture. An Essay on the Selection of Technological and Environmental Dangers.* University of California Press, Berkeley.

緒言

十九世紀の人々は、さまざまな未開人の宗教は全体として、世界の高度な宗教とはまったく異なった二つの特徴をもつと考えていた。その一は未開人の宗教は恐怖に支配されているということであり、その二は彼等の宗教が不浄（defilement）や衛生法と分ち難く混同されているということである。どのような宣教師や旅行者の記録もほとんど例外なく、原始的宗教の帰依者を囲繞している不安、恐怖、畏怖といったものについて語っている。それらの源泉を辿れば、禁じられた一線を不注意にも横切った人々や、不浄な（impure）状況を生んだ人々には、怖るべき不幸が降りかかると信じていることに立ちいたるであろう。さらにまた、恐怖は理性の作用を麻痺させるが故に、それは未開人の思考におけるさまざまな特徴を——特に汚穢《けがれ》の観念を——説明し得ると考えることも可能なのである。リクール[*1]はこれを次のように要約する。

不浄それ自体はほとんど表象とはいえないし、表象は思考を拒絶する独特の恐怖に埋

れてしまう。つまり、不浄とともに我々は〈恐怖〉の世界に入るのである。（三一頁）

ところが、さらに進んでこういった未開文化の中にわけ入った人類学者は、恐怖の痕跡をほとんど見出していないのだ。例えばエヴァンズ＝プリチャード[*2]の呪術に関する研究は、スーダン中で最も幸福かつ最も悩みを知らぬ民族と彼の眼には思われたアザンデ族についてのものだが、彼等が魔法にかけられたと知った際に抱く感情は、恐怖ではなく、欧米人が横領の被害者であることを知ったときに感ずるような激怒なのである。

この大家の指摘によれば、きわめて宗教心のあつい種族であるヌエル族は、彼等の〈神〉を親しい友達と見做している。オードリー・リチャーズ[*3]は、ベンバ族における少女たちの成人式を目のあたりに見て、儀式の執行者の気まぐれでだらしのない態度に一驚した。このような例は数多くあげることができるであろう。人類学者は、少なくともさまざまな儀式が厳粛に執行されるのを期待して出発する。ところが彼等は、サンピエトロ大聖堂[*4]を見学に来た不可知論者が大人たちの無礼なお喋りを聞いて驚いたり、子供たちが大聖堂の石造りの床で玉ころがしのようなことをして遊んでいる様子を見て衝撃をうけたりしたときと同じような思いを抱くのである。従って未開人の宗教を理解する上では、彼等の宗教的恐怖心が――それが精神の正常な機能を妨げているといった考え方も含めて――有力な手懸りになることはあり得ないと思われるのだ。

これと対照的に衛生学は——我々が自分自身を棚に上げてしまわずにそれを直視することができれば——きわめて優れた手懸りになることが分かる。周知のように、汚穢《ダート》とは本質的に無秩序である。絶対的汚物といったものはあり得ず、汚物とはそれを視る者の眼の中に存在するにすぎない。もし我々が汚物を避けるとすればそれは臆病な不安の故ではないし、いわんや恐怖とか聖なるものへの畏怖といったものからではないのだ。さらにまた、不浄を潔《きよ》めたりそれを忌避したりする我々の行動のすべてを、疾病に関する観念だけで十分に説明することはできない。不浄とは秩序を侵すものだからである。従って汚物を排除することは消極的行動ではなく、環境を組織しようとする積極的努力なのである。

　個人としての私は、どちらかといえば無秩序に寛容なほうである。しかし私は、一点の汚れもなく清められていた——という意味は垢や脂《あぶら》がついていないということだが——ある浴室に入ったときどんなに緊張したかをいつも思い出す。その浴室は古家の、ある空間にしつらえてあったが、その空間は二つの階段を繋ぐ廊下の両端にそれぞれ戸をつけるという簡単な手段で造られていた。装飾はいつも同じだった。ヴィノグラードフ[*5]の版画の肖像と、書物と、園芸用品と、一列に並んだゴム靴とである。これは奥まった廊下の光景としては十分に理解できたが、しかし浴室としては——その印象は落着きを奪うものであった。私は、外的現実を思う通りに整えなければならないといったことをめったに考えない人間だが、そのとき、少なくとも神経質な友人の行動を理解しはじめたのである。つまり、汚物を排除したり、壁に紙を張ったり、装飾をつけさせたり、整理整頓といったことをしているとき、我々は疾病を避けようとする不安に支配されているのではなくて、積極的に自らの環境を再調整してそれをある理念に一致させようとしているのだ。我々が汚物を忌避するとき、そこには恐怖もしくは不合理なる要素は一切存在しない。それは創造的行動であり、形式を機能に関連させようとする試みであり、経験を統一しようとする試みである。我々がさまざまなものを隔離し、整頓し、潔めようとする行動がそういったものであるとすれば、未開人の行なう清潔法や予防法も同様の見地から解釈するべきであろう。

本書において私は、聖潔《ピュアー》や不浄《インピュアー》にかかわる儀式は経験に統一的意味を与えるものにほかならないことを示そうと試みた。その種の儀式は宗教の中心的課題から逸脱したものであるどころか、贖罪のための積極的貢献となるものなのである。そのような手段によって象徴的形式は完成し、公式に表示されるのだ。これらの形式の内部においてこそ、さまざまな要素が関連をもたされ、さまざまな経験が意味を与えられるのである。

汚穢《けがれ》の観念は社会生活では二つの次元にまたがって作用する。その一は主として手段の次元であり、その二は表現の次元である。理解しやすいのは第一の次元であるが、この次元では汚穢の観念によって人々は相互の行動に影響を与えあおうとしていることが見出されるであろう。信仰は社会的圧力を強めるものである。つまり全宇宙のあらゆる能力《ちから》が、ある時は死に逝く老人の願いに応えるため、ある時は母親の権威を守るため、またある時は非力ではあるが潔白な人々の権利を擁護するために呼び寄せられるのだ。また、政治的権力を握る者は通常不安定な状態にあり、それは未開社会の支配者といえども例外ではない。従って支配者たちの正統的権利は、彼等の人格から、また彼等の職務を示す徴証から、あるいは彼等が下す言葉から巨大な能力《ちから》が生まれるという信仰によって支えられているのである。同様にして、理想的社会秩序は、その侵犯者を脅かす危険によって保護されている。このような危険に対する信仰は、各人が危険を招くことのないよう正義を尊重するといった効果をもつばかりでなく、他者を威圧するために利用する威嚇にもなり得る。それは相互に戒めあうための強力な言語なのである。この次元では、道徳律に権威を与えるために自然法則が引き合いに出される。すなわち、この病気は姦淫が原因であり、あの病気は近親相姦が原因であり、このような天変は政治的裏切りの結果であり、あのような地異は不敬の結果であるといった具合である。全宇宙が、お互いを善き住民たらしめようとする人間の努力を支えるために利用されるのである。かくして、姦通を犯した者の視線や接触が彼の隣人や子供に病気をもたらすと信じられている例のように、危険な接触を信じることによってある種の倫理的価値が支えられ、ある種の社会的規範が決定されるようになることが理解されるであろう。

ある身分を要求したり、それに対して逆の要求を出したりするやりとりで、汚穢《けがれ》の信仰をどのように利用し得るかを理解することは困難ではない。しかし、汚穢の信仰を検討していくにつれて、災殃《わざわい》をもたらすと考えられている接触が象徴的意味をも担っていることが判明するのである。これは、汚《けが》れの観念が社会生活と関連する次元として、より興味深いところであろう。私は、ある種の汚穢は社会秩序に関する一般的見解を表現する比喩として用いられていると信じている。例えば、男女のどちらにとっても性的分泌物を通して異性に接触することは危険だといった信仰がある。ところが別の信仰によれば、異性との接触によって危険に曝されるのはどちらか一方にすぎないのであって、普通は男性が女性から危険を与えられるとされるのだが、時によってその反対になることもある。こういったものでは、前者の型は男女の対称性を、後者はその階層性をそれぞれ表現していると思われる。それらが現実の性関係についてなんらかのことを表わしているといった解釈は、受け容れ難いからである。私は、性の危険に関する多くの観念は社会の構成員たる男女の関係の象徴として、つまりより広い社会体系に見られる階層性、もしくは対称性の構図を反映するものとして、解釈した方がより妥当であるといいたい。性の汚《けが》れについていえることは、肉体の汚《けが》れについてもいえるであろう。男女両性は、社会を構成する単位が協力関係であったり対立関係にあったりすることを表わす雛型《モデル》となり得るのだ。同様にして、消化吸収の過程は政治的併合を表わすことができる。時として、肉体の開口部は社会の構成単位の入口または出口を表象するように思われ、肉体的完全性は理想的神権政治を象徴し得るのである。

あらゆる未開文化はそれ自身にとって一つの宇宙である。不浄の規範の解釈に着手するにあたって私は、フランツ・シュタイナー著『タブー』[*6]における提言に従い、与えられたどのような宇宙においても可能な危険のすべてを含む十分な背景の中に、不浄の規範を置いて考察することにしたい。災殃《わざわい》という形で人間に起こり得るすべてのものは、彼が所属する宇宙ともいうべき特定の文化内で機能している原理によって分類されなければならないのである。ある場合には言葉が、ある場合には行為が、またある場合には肉体的条件が異変を惹き起こすとされるであろう。大きな危険もあれば、小さな危険もあるだろう。原始的宗教が認めている能力《ちから》や危険の範囲を知らなければ、さまざまな原始的宗教を比較することはできない。未開社会とは、その社会が属する宇宙の中心を占め、かつ力《エネルギー》を帯びた構造体である。さまざまな能力が——幸運をもたらす能力や侵犯に対して復讐する危険な能力が——その構造体の要所要所から発生するのである。しかし、社会とは、中立的で外圧のない真空中に存在するのではない。それはさまざまな外部的圧迫に曝されている。つまり、その社会と一体でないもの、その社会の一部でないもの、その社会の規範に従わないものはすべて、その社会に反逆する可能性を蔵しているのである。社会の境界や周辺部に対するこのような圧力を記述するにあたって、私は社会を実際以上に体系的なもののように描きあげたかもしれない。けれども、当面問題となる各種の部族的信仰を理解するためには、そのようにして過度に体系化した表現こそが必要であるのだ。なぜならば、私の信ずるところでは、隔離、潔浄《きよめ》、境界の設定、侵犯の懲罰等々に関する観念は本来無秩序な経験を体系化することを主たる機能としているからである。多少とも秩序に近いものが創出されるのは、内と外、上と下、男と女、敵と味方といったものの差異を拡大し強調することによって初めて可能になるのである。この意味において、私は社会構造を過度に硬直したものとして描いたという非難を惧れるものではない。

しかしながら、別の意味において私は、例の感染という観念の横行しているような未開文化が、硬直した、頑固な、停滞したものであるというつもりはない。文字をもたない文化において清潔と不浄といった観念がどれほど古いものであるかは、誰も知らないのである。その種の観念は、構成員にとっては永遠かつ不変のものと見えるに違いない。しかしながら、それらは状況の変化に敏感に反応していると信ずべきあらゆる理由があるのだ。そのような観念を生み出す源泉たる秩序への衝動は、その観念を絶えず修正し、あるいは豊かにしていると想像することができるからである。これはきわめて重要な点である。というのは、私が、汚物への反応は曖昧なるもの、または異例なるもの（anomaly）への反応と連続していると論ずるとき、私は恐怖に関する十九世紀的仮説を別の様相のもとに復活させようとするのではないからである。感染に関する観念は、なるほどその原因を辿れば異例なるものへの反応に到達することができる。けれどもそれは、実験室のネズミが迷路の出口を突然塞がれたときに感ずる不安以上のものなのである。それはまた、水族館のトゲウォが仲間のうちに異様なトゲウォを見出したときに抱く当惑以上のものでもある。異例なるものを初めて認識したとき、それは不安を生じ、さらにそのものの抑圧または回避にいたるであろう。そこまでは問題はない。しかし、汚《けが》れの象徴が顕示する精緻な宇宙論を正しく評価するためには、その宇宙を構成するより強力な原理を求めなければならないのだ。

いかなる文化の中に生を享けた人も、宇宙的な能力《ちから》や危険に関する観念は自らが受動的に受け容れたものであるとごく自然に思い込み、自分の果したささやかな修正は無視してしまう。同様にして我々は、自国語を受動的に受け容れていると考え、自分の一生の間に自国語が蒙った変化には自分も責任があるということを深く考えないのである。もし人類学者が自己の研究対象たるある文化を、長期にわたって固定したさまざまな価値の様式であると考えるようなことがあれば、彼は同じような陥穽に陥るであろう。この意味において私は、清浄と感染とについての観念の発生が、硬直した精神的視野、もしくは硬直した社会制度を意味するといった考え方を強く否定するものである。真実はおそらくその逆であるだろう。

感染とか潔浄《きよめ》(purification)とかいった観念によって豊かに組織された文化においては、個人はこの上なく堅固な思想的範疇に束縛されており、しかもその範疇は回避の規範もしくは刑罰等によって厳重に保護されているように思われる。このような人間が、自己の文化によって保護されている習慣＝慣例をふりきって、独自の自由な思索を進めることは不可能に見えるかもしれない。彼はどうしたら自己の思考過程を批判し、その限界を考察することができるのであろうか。そしてまた、もし彼にこういったことができないとすれば、どうしたら彼の宗教を世界のさまざまな大宗教と比較することができるのであろうか。

我々が原始的宗教について多く知れば知るほど、その象徴的構造は、宗教と哲学との壮大な不可思議について省察する機会を提供していることが明白になるように思われる。汚穢《けがれ》の考察とは、秩序の無秩序に対する関係の考察を意味し、存在の非存在に対する関係、形式の無形式に対する関係、生の死に対する関係等々の考察を意味するであろう。汚穢の観念が高度に構造化されている場合には常に、その分析によって、こういった深遠な主題に基づく演出が行なわれていることが明らかになる。この故にこそ、清浄の規範を理解することが比較宗教学にいたる正しい方法であるということができるのだ。血と水、自然と恩寵、自由と必然といったパウロ的対立や、〈神〉[*7]に関する旧約的観念も、ポリネシアもしくは中央アフリカの人々がそれと密接に関連した主題を扱う方法を知ることによって、よりよく理解することができるのである。

＊1　Ricoeur, Paul（1913-2005）　フランスの哲学者。パリ大学文学部哲学科教授。

＊2　Evans-Pritchard, Edward E.（1902–73）　イギリス社会人類学を代表する学者。自然科学的厳密性よりは人間生活や思考の全体的理解を意図する文学的ニュアンスの濃い人類学を志向する点が特徴とされている。

＊3　Richards, Audrey（1899–1984）　イギリスの人類学者。アフリカ研究者として有名。

＊4　ローマにあるカトリック教会の総本山。ルネサンス建築の粋と称される。

＊5　Vinogradoff, Paul Gravilovich（1854–1925）　ロシア生まれの制史家・社会史家。一九一八年イギリスに帰化。

＊6　Steiner, Franz（1908–52）　チェコの社会学者・人類学者。ナチスから逃れてオックスフォードで研究した。

＊7　St. Paul（?–A.D. 65）　原始キリスト教時代の使徒・伝道者・思想家。新約聖書ロマ書以下の書簡は多くパウロの筆になる。これらによってキリストの十字架と復活の意義を明らかにし、後世のキリスト教に大きな影響を与えた。

第一章　祭祀における不浄

　汚物《ダート》に関する我々の観念には、二つのものが——つまり衛生への配慮と慣習の尊重とが——混じりあっている。衛生的規範はもちろん我々の知的状況の変化とともに変化する。汚《よご》れを忌避しようとする慣習的側面についていえば、汚れの規範を無視することによって逆に友情を表現することもできるであろう。例えば、ハーディ*1の小説には、リンゴ酒を御馳走になるのにきれいなコップはいらないという羊飼いが登場するが、農場で働いている労働者はこの男を「やかまし屋でないすてきな男」だといって賞めるのだ。

「この羊飼いにきれいなコップをやってくんねえかい」と、麹作《こうじづく》りは威張った口調でいった。

「いいや——そんなものはいりませんです」と、ガブリエルは答えた。それは彼の思いやりから出た言葉だが、その口調には咎めるような調子があった。「私《あっし》はただの汚《よご》れなんぞは全然気にもしません。特にどんな汚《よご》れか分かっていればなおさらでさあ。……ほかにたっぷり仕事があるってのに、その上コップを洗うなんていう御迷惑を、御近所の方《かた》にかけたくはありませんからね。」

シエナの聖カテリーナ[*2]は、負傷者の手当の最中に突然激しい嫌悪をおぼえたとき、一層高貴な精神をふるい立たせて激しく自己を責めたといわれている。つまり彼女は、健全な衛生思想はキリスト的な愛の精神と両立し得ないと考えて、わざと一杯の膿汁を飲み干したのである。

我々の社会では清潔の規則が厳密に守られていると否とを問わず、その種の規範の中には汚穢《けがれ》と聖性（sacredness）との関連を示唆するようなものはまったく存在しない。従って、未開人が聖性と汚穢とをほとんど区別していないことを知るとき、それは不可思議以外のなにものでもないのである。

我々にとって聖なる《セイクリッド》ものと聖なる場とは、汚穢《けがれ》から守られるべきものである。神聖(holiness)と不浄《インピューリティ》とは対極的なものであるのだ。我々は聖性と不浄とを混同するよりはむしろ、空腹と満腹とを、あるいは睡眠と覚醒とを混同するであろう。ところが原始的宗教の特徴は、聖性（sanctity）と不浄とを明確に区別しないことにあると考えられている。もしこれが事実だとすれば、このことは、我々と我々の祖先との間には大いなる断絶があることを示すものであり、なお、我々と現代の未開人との間にも巨大な深淵があることを示すものであろう。今日にいたるまでこのことは広く主張されてきたし、いまだにそれがなんらかの不可思議な形で教えられていることは確実である。例えば、次のエリアーデ[*3]の言葉を参照していただきたい。

聖性の両価性《アンビヴァレンス》は心理的次元のものであるばかりでなく（この次元で聖性は人を惹きつけるかさもなければ反撥させる）、価値的次元のものでもある。聖なるものは「聖」であると同時に「汚《けが》れた」ものでもあるのだ。（一九五八年、一四—一五頁）

この言葉はこれほど逆説的でなくいい換えることができる。すなわち、聖性に関する現代人の観念は非常に特殊なものになっているのであって、いくつかの未開文化においては、聖なるものとは禁制を意味するだけのきわめて一般的な観念なのだともいい得るのだ。このような意味では、全宇宙は禁制の下にある事物や行為とそうでないものとに区別されることになり、さまざまな禁制はまた、聖なるものを世俗的冒瀆から守るものと、世俗的なものに聖性が侵入する危険を防ぐものとに分れるのである。かくして、聖なる規範とは聖性を隔離する規範であるにすぎず、不浄とは聖なるものとの接触に伴って相互に作用する危険なのだということになる。このように考えれば、この問題は言語上の問題に解消され、この逆説は用語を変えることによって消失するのである。ある文化についてはこういったことがいい得るであろう（シュタイナー、三三頁を見よ）。

例えば、「聖」の語源となるsacerというラテン語そのものが、神々とのかかわりにおけるこういった禁制を意味している。しかもある場合には、この語は聖なるものを隔離することばかりでなく、聖なるものを冒瀆することの意味にも用いることができるのだ。同様に、k-d-shというヘブライ語の語根は通常〈聖い《きよ》（Holy）〉と訳されるが、これは隔離の観念を基礎としているのである。ロナルド・ノックス*4は、k-d-shをそのまま〈聖い《ホーリー》〉と訳することに重大な問題があると考えたため、ノックス訳による旧約聖書ではそのかわりに「隔離る《はなれ》」という語を用いている。そのため、「わたしは聖なる者であるから、あなたたちも聖なる者となりなさい」という格調高い一節は、次のようなやや弱々しい訳になり果てている。

私はあなた方の神、主であって、あなた方をエジプトの地から救った。私は隔離《はなれ》たものであるからあなた方も私と同様に隔離《はなれ》ていなければならない。（レビ記第十一章四十五節）

翻訳の修正だけですべてが解決するのであれば、問題はなんと単純だろう。ところが手におえない問題はまことに多いのである。例えばヒンズー教では、不浄《アンクリーン》なるものと聖《ホーリー》なるものとが単一の広汎な言語的範疇に属し得るのだが、このような考え方はなんともばかばかしいものであろう。しかし、汚れ《ポリューション》にかかわるヒンズー教徒の思考法は、この問題には別な研究法があることを示唆しているのである。彼等においては、聖潔と不浄とは必ずしも絶対的対立概念であることを要しない。その両者が相対的範疇であることも考えられるのだ。あるものに関して浄《きよ》いものは、別のものに関して不浄だということもあり得るし、その逆もまた真なのである。汚穢《けがれ》に関する表現は複雑な代数式の一部分のようなもので、代数式自体はそれぞれの脈絡においてさまざまな変数をとることができるといったわけである。例えば、ハーパー教授[*5]はこういった考え方に従い、マイソール州[*6]マルナド地方に住むハヴイク・ブラーマン[*7]においてはどのようにして尊敬の念が表現されるかについて記述している。

通常の場合には不浄を生む行為が、時には尊敬と服従とを示す意図の下に行なわれることがある。他の状況にあっては汚《けが》れを生ずる行為をすることによって、人は自らの地位が低いものであることを表現するのだ。例えば、夫に対する妻の服従という主題《テーマ》は、夫の食事が終った後、夫の用いた木の葉を用いて妻が食事をするという儀式の中に表現されている……
さらに明確な例をあげてみよう。サドフという聖なる女性が村落を訪れるときには、彼女を迎えるのに最大の敬意を示さなければならない。そのことを示すために、彼女の足を洗った水は次のような扱い方をされる。

水は、礼拝用にしか用いられない特別の銀器に入れられ、居あわせた人々の間に廻された。彼等はそれをティルタ（聖なる水）として飲むために右手に注いだが、このことは、彼女が人間というよりはむしろ神の座を与えられていることを示しているのである……。尊敬＝汚穢の最も驚くべき、またしばしば出会う表現は、牛糞を浄《きよ》めの手段として用いるものである。ハヴイク族の女性は毎日牛を崇《あが》め、ある種の儀式においては男性も同じことをする。……時には牛が神だといわれることもある。そうでなければ、一千柱以上の神々が牛の中に宿っているともいわれるのである。軽度の穢《けが》れは水で除かれるが、重大な穢れは牛糞と水とで除かれる……。牛糞は他のいかなる動物の糞とも同じく、本来不浄であり汚《けが》れの原因にもなり得る——事実、それは神を汚すとされるのである。しかし、人間に関するかぎり、それは潔らかなのだ……牛の最も汚れた部分は、ブラーマンの聖職者にとってすらも、彼の不浄を除く程度には潔《きよ》いというわけなのである。

（ハーパー、一八一―八三頁）

ここで我々が扱っているのは、明らかに、きわめて微妙な弁別が可能であるような象徴的言語である。聖潔と不浄との関係をこのように使い分けることは我々の言語においても不可能ではなく、特に困惑を生むような逆説を生ずるわけでもない。ここにあるのは聖性と不浄との観念の混乱であるどころか、そのような観念のこの上なく微妙な区別にほかならないのである。

エリアーデは原始的宗教においては聖なるものの感染と不浄とが混同されると述べているが、この言葉は明らかに、精妙なブラーマン的概念には妥当しないだろう。では、それはどのようなものに妥当するというのだろうか。人類学者を別にすれば、聖なるものと汚《けが》れたるものとを本当に混同する人がいるのだろうか。そもそもこういった思考法はどこから発生したのであろうか。

フレーザー*8は、不浄と神聖との混同が原始的思考の明確な特徴だと考えたようである。シリア人の豚に対する態度を考察した長い一節において、彼は次のように結論している。

このようなことは豚が不浄であるからだという人もいた。逆に、豚が聖なるものであるからだとする人もいた。このことは……聖性と不浄とがいまだに鋭く識別されない、朦朧たる状態の宗教的思考を暗示している。つまりその両者ともが、一種の曖昧な状態のまま混じりあっているのであって、それに対して我々はタブーという名称を与えるのである。(『穀物と荒野との霊』二巻、二三頁)

彼はまた、タブーの真意を明らかにするときにも同様の主張をしている。

未開人は神性《ホーリネス》と不浄《ポリューション》とを区別しないが故に、神聖のタブーは不浄のタブーと一致する。(『タブーと霊魂の危険と』二二四頁)

フレーザーは多くの優れた才能をもっていたが、その才能にはなんらの独創性も含まれてはいなかった。右の引用は、彼が『穀物と荒野との霊』を献呈したロバートソン・スミス[*9]の言葉をそのまま模倣したものにすぎない。ロバートソン・スミスはフレーザーよりも二十数年前、「人間が自然物を気ままに用いたりすることのないよう、超自然的懲罰への怖れによって強要される」禁制を意味するものとして、タブーなる語を用いているのである(一八八九年、一四二頁)。このような恐怖に支配されたタブー、すなわち悪霊に対する警戒は、あらゆる未開民族に共通であり、しばしば不浄の規範という形式をとって出現したという。

タブーの下にある人間は神聖とは見做されない。というのは、彼は他の人間との接触を禁じられているばかりでなく、祭壇に近づくことをも禁じられているからである。しかし彼の行為、あるいは彼の状態はなんらかの方法で超自然の危険と連合しているのであって、この危険とは、普通未開人が説明するところによれば、伝染性疾患のように避けなければならない怖《おそ》るべき霊の存在から生ずるという。ほとんどの未開社会においては、二種類のタブーの間に一線を劃すことはできないと思われるのである。

この見解に従えば、原始的なタブーと原始的な聖性の規範との主たる相違は、好意ある神々と悪意ある神々との差異ということになる。祭壇および聖別された物や人を世俗的なるものから隔離することとは、宗教的祭式の一部分として典型的なことであるが、それは基本的には、悪霊に対する恐怖のために行なわれる隔離と同じことになる。このいずれの脈絡においても隔離こそが本質的観念であり、その動機だけが異なっているにすぎないわけである——しかも、それは大きな差異とはいえないであろう。なぜならば、好意ある神々もまた、場合によっては怖るべきものとなるからである。ロバートソン・スミスが「聖なるものと不浄なるものとの区別こそが野蛮状態からの真の進歩を示すものである」とつけ加えたとき、彼は読者に対してなんら挑戦的もしくは刺激的なことをいったのではないのだ。彼の読者は不浄と神聖との間に大いなる断絶を認めており、かつまた進化論運動の先端に生きていたことは疑問の余地がないからである。しかしながら、スミスはそれ以上のことを述べていたのだ。それはつまり、不浄に関する原始的規範においては行為が行なわれる物理的状況に注目されるということであり、その物理的状況に応じて行為の可否が判断されるということである。従って、屍体《しかばね》、血あるいは唾《つば》等との接触はそれだけで危険を伝播すると考えられるわけである。これと対照的に、聖潔に関するキリスト教の規範は行為の物理的環境を無視し、行為者の動機や心構えによって判断を下す。そこで次のような結論が下されることになる。

……精神的宗教、あるいは高度な偶像崇拝の視座から見てさえ、不浄に関するこういった規範が不合理であることはあまりにも明白なので、それらの規範は原始的信仰ないし原始的社会の形式が生き残ったものと見做さなければならないのだ。(『ノートC』四三〇頁)

このようにして、さまざまな宗教を高等なるものと原始的なるものとに区別する基準が設定される。すなわち、原始的宗教においては神聖の規範と不浄の規範とが区別されず、高度な宗教であれば不浄の規範は宗教から消失しているというわけである。事実我々の社会では、不浄の規範は、台所、浴室および都市の衛生設備等に追いやられ、宗教とはなんの関係もなくなってしまった。不浄が肉体的条件とかかわる程度が少なくなればなるほど、そして不潔とは下劣な人間精神を意味するようになればなるほど、その宗教はそれだけ決定的に高度なものと認められるにいたったのである。

　ロバートソン・スミスはなによりもまず神学者であり、旧約聖書研究者であった。神学は人間と神との関係にかかわるが故に、それは常に人間の本性に関してなんらかの主張をし続けなければならないだろう。ところで、彼の時代には、人類学は神学的論議にきわめて近いところにあった。十九世紀後半においては、思索に携わるほとんどの人々は、必然的にアマチュア人類学者たらざるを得なかったのである。このことはマーガレット・ホッジェン[*10]の『生存の原理』にきわめて明らかに現われており、この書物は十九世紀において人類学と神学との間にかわされた混乱した対話を知るための絶好の手引である。人類学がまだ発達しつつあった時代には、それは説教壇や教区の集会場を根城にしており、主教たちは未開人を痛罵する論文の中に人類学の知見を利用していたのである。

　教会の民族学者は、悲観論者《ペシミスト》と楽観論者《オプティミスト》との立場に分れて人類の進歩の未来について論争を闘わせた。未開人は果して進歩が可能であろうか。ジョン・ウェスリー[*11]は自然状態における人間は基本的に悪であったと教えて、救われざる人々の堕落を描き出すために未開人の慣習を生き生きと描写してみせた。

クリーク族、チェロキー族、チカソー族をはじめ、すべてのインディアンの自然宗教は、彼等の虜囚に終日拷問を加え、遂には虜囚を火焙りにして死にいたらしめるものである。……然り、彼等の間にあっては、もし息子が父親は長命にすぎると考えれば、父親の脳味噌をたたき出すことは当り前のことなのである。(『全集』五巻、四〇二頁)

ここで人間の進歩を信ずる者と堕落を主張する者との長い論争を要約する必要はないであろう。この論争は数十年を経てなお結論を見なかったが、ついにホエートリー大主教[*12]がきわめて極端かつ通俗的な形でこの議論をとり上げ、退廃論を支持して、アダム・スミス[*13]に追随する経済学者の楽観論に反駁を加えることになる。ホエートリーは尋ねる。

このように邪悪な人間が高貴なる要素をたとえわずかでももち得るであろうか。最も下等な未開人と最も高度に文明化した典型的ヨーロッパ民族とを、同一の種の構成員と見做すことが可能であろうか。かの偉大なる経済学者がかつて主張したように、労働の分業によってこういった無恥な人々が「文明生活のあらゆる技術において一歩一歩進んで行く」ことができるなどと、果して考えられるであろうか。(一八五五年、二六―二七頁)

このパンフレットに対する反応は、ホッジェンの記述によれば、強烈かつ迅速であった。W・クック・テーラー[*14]のように人類の堕落を主張する者は、ホエートリー大主教の立場を支持するために多くの書物を編み、大主教が一つの例を挙げることで満足したところに多くの証拠を収集した。……一方、十八世紀的楽観論の擁護者がいたるところから出現する。多くの書物がホエートリーの主張との関連において批判された。あらゆる所にいる社会改革論者――つまり経済的被圧迫者に対して新たな同情を抱き、社会改良は必然であるといった考えの中に魂の安らぎを見出していた善良な人々――は、自らの思想とは正反対のそれが現実にどのような結果をもたらすのかを驚きの眼を以て眺めていた。……個人的にも学問的にも、進歩の観念に基づいた方法論に関心を示していた人文学者にとっては、驚愕は一層大きかったとさえいえるのである。(三〇―三一頁)

ついに一人の人間が出現し、科学を援用して進歩論者を擁護することでこの論争に終止符を打ったが、以後十九世紀を通じてこの問題は再燃することがなかったのである。これがエドワード・バーネット・タイラー[*15]である。彼は、文明とは現代の未開人の状態に似た原始的状態から漸次的進歩を遂げて来た結果であることを証明するための理論展開を試み、系統的に多くの証拠を収集したのである。

世界文明が現実に辿ってきた経過を跡づける有力な証拠の中にはきわめて重大な一群の事実があるのだが、その事実を指摘するのに、私は「残存物」という用語を導入するのが便利だと思う。それは、習慣の力によって新しい社会に伝えられた手続き、慣習、意見等々といったものであり、……かくして、新文化が展開する母胎となった旧文化の条件を示す証拠とか実例とかとして、存在し続けているものである。（一六頁）

古代社会が真剣にとり組んだ仕事がその後の世代の精神の底深く沈澱しているのが見られ、古代社会の厳粛な信仰は子供部屋の民間伝承の中に残っているのが見られるであろう。（七一頁。いずれも『未開人の文化』第七版による）

ロバートソン・スミスは、汚穢《けがれ》をめぐる不合理な規範が存続していることを説明するために残存物という概念を利用した。タイラーの著書が出版されたのは一八七三年で、これは『種の起源』の発表後のことであり、タイラーにおける文化の扱い方と、ダーウィンにおける有機体の種の扱い方との間には多少の平行関係がある。ダーウィンは、新しい有機体が出現し得る条件に関心をもっていた。彼は適者生存と、進化の図式を再構成する鍵になるような器官の宿存とに興味を示していた。しかしタイラーは不適者がわずかに生存し続けていることに、つまりほとんど消滅してしまった文化の遺物に関心を抱いたのであって、これは彼独特のことである。彼はさまざまな種類の文化を明確な一覧表に仕上げることや、それらが歴史を通して適応していったことを示す作業には興味はなかった。彼はただ、人間の文化における一般的連続性を示そうとしただけなのである。

タイラー以後の世代に属するロバートソン・スミスは、現代の文明人は長い進歩の過程を表象しているという観念を継承した。彼は、現代人がいまだに行なったり、信じたりしていることのいくぶんかは化石のようなもの——つまり、日常生活の業務に付着した無意味で石化した付属物——だという考え方を容認したのである。けれども、ロバートソン・スミスは死滅した残存物には興味がなかった。彼は、人類の歴史の成長点に養分を与えなかった慣習は不合理であり原始的であると述べたが、それは彼には興味がないということに等しい。彼にとって重要な課題は、現代のさまざまな未開文化にまつわり付いているほこりや塵を掻き落とし、生きた過程を——つまり現代社会で生きた機能をもつことによって進化の事情が証明されるような、生きた過程を——明らかにすることであった。これこそまさに彼がその著書『セム族の宗教』で試みたことである。ここでは原始的迷信が真の宗教の発端と厳密に区別され、ほとんど考察の対象にされることなく無視されている。ロバートソン・スミスが迷信や呪術について述べていることは、彼の中心主題《テーマ》にとっては二次的なものであり、彼の主要な業績の副産物なのである。かくして彼は、タイラーの強調したことを逆転した。すなわちタイラーが過去への手懸りとなり得る奇怪な遺物に興味を覚えたのに反し、ロバートソン・スミスは、現代人の経験と原始人の経験とに共通な要素に関心を抱いたのだ。つまりタイラーは民俗学《フォークロア》の創始者であり、ロバートソン・スミスは社会人類学の創始者なのである。

ところで、ロバートソン・スミスの専門的関心と一層密接な関係があるものに、これとは別の大きな思想的潮流がある。それは、科学の発達と伝統的キリスト教の啓示とを両立させ得ない思想家を襲った信仰の危機であった。つまりそれは、宗教を説明するなんらかの新しい方式が発見されないかぎり、信仰と理性との矛盾は絶望的であるように思われた状況である。もはや啓示宗教を受け容れることはできず、かといってなんらかの超絶的信仰の導きなしに生きていくことにも耐えられなかった哲学者たちは、その方式を準備し始めたのである。ここから、キリスト教の教理における啓示的要素を削除し、それに代って倫理的原理を真の宗教の中核に高めるという方法がおこったのであって、これはいまだに行なわれている方法である。以下私は、この運動がどのようにしてオックスフォードから発生したかに関するリクター[16]の説を引用することにする。すなわちベイリオル学寮[17]において、T・H・グリーン[18]は、信仰、道徳、政治等に関する当面の問題を解決する方法としてヘーゲル流の観念論哲学を取り入れようとしたのである。それ以前すでにジャウエット[19]は、フローレンス・ナイチンゲール[20]に次のような手紙を送っている。

J・ウェスリーが貧者のためにしたようなことを、教育あるもののためにしてやることが必要でしょう。

これがまさに、T・H・グリーンが行なおうと試みたことであったのだ。つまりそれは、教育ある者の中に宗教を復活させ、それを知的側面から見ても尊敬に価するものにし、新しい倫理的情熱を創出し、かくして社会の改革を達成することである。彼の教えは熱狂的歓迎を受けた。彼の哲学的観念は複雑であり、その形而上学的基礎は屈折したものであったが、彼の原理それ自体は単純だった。それはハンフリー・ウォード夫人[*21]のベスト・セラー小説『ロバート・エルズミア』（一八八八年）にすら現われている。

グリーンの歴史哲学は道徳的進歩の理論である。彼によれば、時代が進むにつれて次第に倫理的完全性に近づきつつある社会生活の中に、神は顕現していく。彼が世俗の人としての立場で行なった説教を引用してみよう。

〔人間における神の意識は〕さまざまな形において、人間社会に倫理的なるものを創出する作用をもっておりました。いやそれどころか、人間社会そのものを形成していく原理だったのであります。特定の義務が存在すること、それを認識すること、自己犠牲の精神、倫理的規範、しかもそれが最も抽象的かつ絶対的形式をとった場合にもそれを尊重

> すること、こういったものすべては疑いもなく社会というものを予想しているのでありますが、そのようなことが可能である社会とは、動物的欲望や恐怖が生み出したものではありません。……このようなものの影響下において、動物的本性から発する要求や欲望は、さまざまな社会を形成し、拡大し、作りなおしていこうとする欲望に変質するのであります。それはまた、人間進歩の程度に応じ、さまざまな姿で、いまだ実現されざる至高善の理想を常に人間の眼前に提示しますが、この理想こそ彼の神なのであります。また、それは、多少ともこの理想に似たものを現実生活にもたらすための慣習とか法律とかに、神の権威を与えるものでもあるのであります。（リクター、一〇五頁）

　グリーンの哲学は究極的にはこのようにして啓示から離れ、倫理性を宗教の本質として神格化しようとする傾向を有していた。しかし、ロバートソン・スミスが〈啓示〉に背を向けたことはないのである。彼は生涯を通して、旧約聖書における神の導きを信じていた。ところが、ブラック[22]およびクリスタル[23]による彼の伝記は、そのような彼の信仰にもかかわらず、彼が不思議にもオックスフォード理想主義者[24]たちの宗教観に近づいていったことを示唆している。

　一八七〇年、ロバートソン・スミスはアバディーン大学独立長老教会へブライ語教授の職についた。彼は、数年前から聖書学者の良心に大変化をもたらしつつあった歴史的批評運動の急先鋒であった。すでに一八六〇年には、ベイリオル学寮のジャウエットまでもが、旧約聖書もまた他の書物と同様に解釈しなければならないと論じた「聖書の解釈について」という論文のために非難を蒙っている。が、ジャウエットに反対する運動は腰くだけに終り、彼は依然として欽定講座担当教授の地位にあることを許されていた。しかし一八七五年、ロバートソン・スミスが『大英百科辞典』に「聖書」の項目を執筆したときには、彼の異端的解釈に対して長老教会内で強い抗議がおこり、彼は停職と解任とに追いこまれるにいたった。ロバートソン・スミスはグリーン同様ドイツ思想に大いに共鳴していたが、グリーンがキリスト教の啓示を信じきれなかったのに反して、ロバートソン・スミスは特殊的・超自然的〈啓示〉の記録としての聖書に対する信仰が揺らいだことはなかったのである。彼は聖書批評を他の書物の批評と同様に扱おうとしていただけでなく、アバディーン大学を免じられて以後シリアに旅し、幅広い現地調査《フィールド・ワーク》を行なって聖書の解釈に新風を吹きこみさえした。セム族の生活や記録に対するこのような直接的研究を基礎として、彼はバーネット講義[*25]を行なった。その最初のシリーズは『セム族の宗教』として出版されている。

彼の執筆の過程からみても、この研究は、当時における真の人間の問題から象牙の塔に逃避したようなものではないことは明らかである。名もないアラブ族の宗教的信仰を理解することも、それが人間の本性および宗教的経験の本質に光をあてることになるが故に重要だというのであった。彼の講義から、二つの重大な問題が出現する。その一は、キリスト教以外の神話に語られた事件や宇宙論は宗教とはほとんど関係がないとするものである。ここで彼は、原始宗教は思弁的思考から発生したというタイラーの理論を暗々裡に批判しているわけである。ロバートソン・スミスは言っている――〈創世記〉における〈天地創造〉の細部とダーウィンの進化論とを両立させようとして夜も眠れない人がいたら、その人は安心していいのだ、と。神話とは確固たる信仰に付属する装飾のようなものであり、真の宗教とは、その最初期においてすら、共同体生活の倫理的価値に深く根ざしているものだからである。古代イスラエルの近隣に住んでいた民族の中で最も誤った思想を抱いていた人々でさえ、さまざまな悪霊や神話の信仰に毒されながら、しかも多少とも真の宗教の徴候を示しているというのである。

第二の問題は、イスラエルの宗教生活は基本的にその周辺のいかなる民族のそれよりも倫理的だったということである。私ははじめにこの第二点をとり上げ、簡潔に論評を加えることにしたい。バーネット講義のうち、一八九一年アバディーン大学で行なわれた最後の三つは出版されておらず、それは現在ではほとんど残っていない。しかしこの講義は、〈創世記〉の天地創造説に一見類似すると思われるセム族のさまざまな物語を扱っていたのである。ロバートソン・スミスによれば、〈創世記〉がカルデア人の天地創造説に類似しているとする説ははなはだしい誇張であって、バビロニア神話はイスラエルの神話に近いというよりは未開民族の神話に似たものとして分類されるのだ。フェニキアの伝説もまた〈創世記〉との類似は表面だけで、その類似点はむしろ精神や意味における重大な相違点を浮き彫りにする作用を果しているという。

フェニキアの伝説は……神、人間、および世界に関する完全に異教的な観念と結びついていた。この伝説には倫理的動機がまったく欠けているので、こういったものの信仰によっては、〈神〉に関するどのような霊的観念にいたることも、人間の主要な目的に関するいかなる高邁な観念に飛翔することもできなかったのである。……（彼等の信仰とヘブライ人における神の観念との）このような対照を解明することは私の責任ではないだろう。その責任は、〈啓示〉の哲学を誤解したために、旧約聖書とはセム族の諸宗教における一般的傾向の頂点に等しいと考えざるを得なくなった人々のものである。このような見解は、私の研究が容認し難いものである。ヘブライ人の物語や儀式と異教徒のそれとの間における多くの詳細な類似点は、そのような見解を支えるどころか、それを否定しているのだ。というのは、こういった形而下的類似点はすべて、精神における対照を一層著しいものにしているだけだからである。……（ブラックおよびクリスタル共著、五三六頁）

イスラエルの隣人やセム族の異教徒の宗教が著しく劣等であるという主張については、これで終わりにしたい。異教徒とされるセム族の宗教の基礎には、二つの特徴がある。その一は人間の心情に恐怖を与える大がかりな悪霊信仰であり、その二は共同体の神との気楽で安定した関係である。ところが悪霊とはイスラエル人が拒否した原始的要素であって、唯一の神との安定した道徳的関係こそが真の宗教だというのである。

未開人は、自分が理解できない危険、それ故に人間の力を超えた、目にみえない不可解な敵として擬人化してしまう危険に、とり囲まれていると感じているようである。このことがどれほど真実であっても、こういった能力《ちから》を宥めようとする試みを宗教の基礎とするのは決して正しくはないのだ。太古の時代以来、呪術や邪術[*26]とは截然と区別された意味での宗教は、同族や友人たちを——つまり、仲間に向って一時的には怒りを示すことはあっても、家族の敵もしくは共同体の裏切者以外に対しては常に温和な人々を——対象としてきている。……単なる恐怖とか、見知らぬ神々を宥めるための儀式とかに基礎をもつ呪術的迷信が、部族的もしくは民族的宗教の領域に侵入してきたのは……社会的崩壊の時代にかぎったことなのである。よりよき時代には、部族あるいは国家の宗教は、原始的恐怖によって強制される個々の異様な迷信や呪術的儀式とはなんらの共通点をも有してはいない。宗教とは、個人と超自然的能力《ちから》との恣意的な関係ではないのだ。それは、共同体のあらゆる構成員と、本当は共同体の利益となってくれる能力《ちから》との関係なのである。（『セム族の宗教』五五頁）

一八九〇年代には、道徳と原始宗教との関係についてのこういった権威ある発言が熱狂的歓迎をうけたことは明白である。それは、オックスフォードにおける新しい倫理的理想主義と古代における啓示との見事な結合をもたらすと思えたであろう。明らかに、ロバートソン・スミス自身が宗教の倫理的解釈に完全に溺れきっていたのである。彼の思想がオックスフォードの進歩的思想と両立し得たということは、彼がアバディーン大学へブライ語教授の座を追われたとき、ベイリオル学寮が彼にあるポストを提供したという事実の中に、十分に確証されるであろう。

彼は、科学的調査がいかに綿密をきわめようとも、旧約聖書の卓越した権威は微動だにもしないと信じていた。というのは、彼は無類の博識を以て、あらゆる原始的宗教は社会の形式と価値観とを表現していることを証明することができたからである。そして、イスラエル人の宗教観念における高度な倫理性は議論の余地がない以上、さらにまた、これが歴史の経過のうちにキリスト教の理想に屈し、それがまたカトリックからプロテスタントの形式に移った以上は、進化の動きは明白であるわけである。かくして科学は、キリスト教徒の任務に対立するものでなく、巧妙にもそれを助けるものとされるのである。

この時以降、人類学者は一つの困難な問題を背負いこむことになった。なぜならば、彼等は、呪術を進化論的立場から一種の残存物として定義することになるからである。第一に、呪術とは共同体の神を祀る祭式に含まれない儀式だということになる。第二に、それは自動的効力を生むと考えられる儀式だということになる。ある意味では、ヘブライ人にとっての呪術とはプロテスタントにとってのカトリックと同じもので、ばかばかしい崇拝の対象であり、無意味な儀式であり、唯一の神に関する内的経験をもたずとも、それ自体で効果を発揮すると不合理にも考えられたものだとされたのである。

ロバートソン・スミスは就任講義で、知的なカルヴァン主義的聖書研究法を、聖書に迷信的なものを次々に加えていったローマカトリック教徒の呪術的な扱い方と対照させた。この講義で彼は、この問題を徹底的に追究したのである。彼はいう。

カトリック教会は、ほとんどその発生時からキリストの使徒たちが説いた伝統を捨て去って、キリスト教とは抽象的かつ不変の原理を含む一連の公式にすぎないものだといった考え方を樹立したのであります。そして、そういったものを知的に認めるだけで、キリストとの人格的関係を体験しなくても、人々の人生を形成するのに十分だとしてまいりました。……カトリックの人々は、聖書とは「神の不思議であり、そのすべての文字の中に信仰と知識という秘密が不可思議にもこめられていて、それが私たちを救ってくれる」といった主張をしがちなのですが、聖書とはそんなものではありません。（ブラックおよびクリスタル共著、一二六―一二七頁）

ロバートソン・スミスの伝記を著したブラックとクリスタルとは、彼が呪術をカトリックと結びつけたのは熟慮の結果なのであって、こうして彼を片意地に批判しているプロテスタントたちを恥じいらせ、もっと勇気を出して聖書の知的解釈に向かわせようとしたのだという。彼の動機がどのようなものであったにせよ、比較宗教学が型にはまった儀式の価値に関する古い宗派的論争を受け継いでいるという事実は残るであろう。今や、祭式に対する感情的かつ偏見にみちた研究法のため、いかにして人類学が最も不毛な道に――つまり、祭式の効果に対する信仰にせまく関心を限定するといった方法に――入り込んでいったかを示すべき時期が来たのである。私は第四章においてこのことをくわしく述べようと思う。ロバートソン・スミスはキリスト教の歴史の中に、祭式を純粋に形式および手段として利用しようとする傾向が常に存在することを認めたのであり、この認識それ自体は完全に正しかったのだが、彼の進化論的前提の故に二つの誤りを犯したのであった。まず右に述べたように、自動的に効力を発生する儀式という意味での呪術は未開性の徴候とはいえないので、このことは、彼自身が十二使徒の宗教と後期カトリック教とを対照させたことからも示唆されるであろう。さらにまた、高度な倫理的内容とは進化した宗教のみの特徴ではなく、これは私が以下において示そうと望んでいるところなのである。

ロバートソン・スミスの影響は二つの流れに分れ、それぞれの流れにおいて、デュルケーム[*27]とフレーザーとがそれなりの業績を残した。すなわち、デュルケームは彼の中心テーマを継承して実り多い比較宗教学を建設し、フレーザーは彼の付随的・二次的テーマをとりあげて比較宗教学を袋小路に追いこんだのである。

デュルケームがロバートソン・スミスの影響をうけていることは、彼の著書『宗教生活の原初形態』（六二頁）の中に認められる。この書物全体がある萌芽的観念を展開したものであって、その観念とは、原始的神々は共同体の重要な一部分であり、神々の形式は共同体の構造の詳細を正確に反映しており、神々の能力とは共同体のために罰や報いを与えるものであるといった観念である。

〔未開人の生活においては〕宗教は一連の行為と儀式とから成立しており、神々の恩寵を獲得したり神々の怒りを避けたりするためには、それらを正確に執行することが必要であるか、または望ましいこととされていた。そして共同体のあらゆる構成員は、ある家族または共同体に生まれたことの故か、あるいは家族または共同体の中で自己が占めるにいたった地位の故かのために一定の役割が与えられたのであって、そのような役割に応じてそれぞれ一定の行為と儀式とを遵奉していたのである。……宗教は魂の救済のためにではなく、共同体の保全と繁栄とのために存在していた。……人間は、同胞との関係の中に生まれ落ちてくるのであるが、それと同じく神々との動かすべからざる関係の中に生まれてきたのである。そしてある個人の宗教は——それは彼の行為のうち神々との関係によって規定される部分であるのだが——共同体の一員としての立場によって規定される一般的行為体系の一側面にすぎなかったのである。……つまり古代の宗教は、神々と人間とを等しく包括する一般的社会秩序の一部であるにすぎないのだ。

ロバートソン・スミスはこのように述べている(二九—三三頁)。文体および過去形の使用法以外のところでは、これはデュルケームの文章とほとんど変るところがないであろう。タルコット・パーソンズ[*28]が述べた通り(一九六〇年)、デュルケームはなによりもイギリスの学者と議論を戦わしていたのだと考えると、彼を理解する上ではまことに便利なのである。彼は、社会統合という特殊な問題に関心を抱いたのだが、これは特にハーバート・スペンサー[*29]によって代表されるイギリス政治哲学の弱点の故に彼の課題になったのだといえよう。つまりデュルケームは、個人心理が社会の発展を説明するという功利主義理論に同意できなかったのである。デュルケームは、社会の本質を正確に理解しようとするならば、それ以外のものが必要であることを示そうとしたのであり、それがすなわち共通の価値体系に対する共通の信念、つまり集合意識であるわけだ。同時にもう一人のフランス人、ギュスターヴ・ル・ボン[*30]もまた、流行のベンサム的伝統を修正する課題に取り組んでいた。彼は群集心理の理論を展開するという方法を採ったが[*31]、この理論はデュルケームも十分に利用している。その一例として、トーテム信仰の儀式がもつ情緒的な力についてのデュルケームの説明（二四一頁）を、暗示にかかり易く情緒面で野蛮もしくは英雄的な「群集心理」について書いたル・ボンのそれと比較していただきたい。しかし、イギリス人の誤謬を断罪するというデュルケームの目的にとってよりよき手段となったのは、別のイギリス人の業績だったのである。

すなわちデュルケームは、原始宗教とは共同体の価値体系を表現する公式の教会であるとするロバートソン・スミスの定義を全面的に採用したのである。彼はまた、共同体の神々の祭式には属さないような儀式をどうみるかという点でも、なんら疑問を抱くことなくロバートソン・スミスの態度に倣ったのである。彼はこういった「呪術」の分類においても、ロバートソン・スミスと同様、呪術と呪術師とは教会の枠組内では機能することなく、しばしばそれと対立する信仰であり儀式であり人々であると定義した。ロバートソン・スミスに倣って、そしてまたおそらくフレーザーにも従って（というのは、フレーザーの著書『金枝篇』の何巻かは、一九一二年に『宗教生活の原初形態』が発表されたときすでに出版されていたからである）、彼は、呪術的儀式は一種の原始的衛生法であることを認めたのである。

呪術師が隔離しておくようにと勧める物は、その特性からして、集積し混合すれば必ず危険を招くものである。……それは有益な教えであり、衛生学的・医学的禁止例の原始的形態である。(三三八頁)

かくして、感染と真の宗教との区別が確立され、不浄の規範は彼の主たる関心の外に置かれることになった。彼はロバートソン・スミスと同じく、それらのものにはまったく注意を向けなかったのである。

しかしいかなる意味にせよ、恣意的に自己の研究主題を限定することは、研究者を困難な状況に追い込むことになる。デュルケームはある種の隔離すべきものを原始的衛生法とし、別種のそういったものを原始的宗教として両者を区別したが、このことは彼自身の宗教の定義を覆すことになるのである。彼の著書の冒頭では、宗教の不十分な定義がいくつか要約され退けられている。すなわち彼は、神秘とか畏怖とかいう概念によって宗教を定義しようとする試みを否定し、宗教とは霊的実在に対する信仰であるとするタイラーの定義をも同じく否定する。次いで彼は、二つの判断基準を採り上げるが、その両者は結局は一致すると予想する。その一は、すでに見た通り共同体の祭祀のために構成員を一体化するといったことであり、その二は、聖なるものを世俗的なるものから隔離するといったことである。聖なるものとは共同体が崇拝する対象である。聖なるものは、その本質的感染力を表わしている規範によって認識することができるとするのである。

デュルケームは聖なる領域と世俗的なる領域、世俗的行為と宗教的行為との間には完全な断絶があると主張するが、この点では彼はロバートソン・スミスの例に倣ってはいない。スミスはそれと正反対の見解を採り、「宗教の領域と日常生活の領域との間に境界は存在しない」と主張している(二九頁以下)。聖なるものと世俗的なるものとを全面的に対立させることは、社会統合に関するデュルケームの理論を展開するために不可欠な一歩だったのであろう。それは個人と社会との対立を表明するものであった。社会意識は、社会の構成員個人を超え、それとはまったく別の、外的かつ巨大な強制力を有するものに向って投影されるという。ここにおいて、デュルケームが隔離の規範こそ聖なるもの(つまり世俗的なるものの正反対のもの)の際立った特徴だとしたことが理解されるであろう。彼は次いで、自己の理論の必然的結果として、なぜ聖なるものは感染力をもっているのかを訊ねざるを得なくなる。この疑問には、彼は宗教的実体のもつ虚構的・抽象的本質との関係において回答を与えている。そもそも宗教的実体とは、単に社会的経験によって覚醒させられた観念であり、外部へ投影された集合的観念であり、単なる倫理の表現であるにすぎないとするのである。従ってその種のものは、なんら物質的なものとかかわりあう地点をもっていない。神々の彫像ですらもが、社会的作用によって生じた非物質的な力を物質によって表象したものにすぎないのだ。それ故それらのものは究極的には根無草であり、流動的であり、焦点を失って他の経験の中に合流しようとする傾向がある。自己の明確かつ必然的特徴を消失する危険に常に曝されているといったことが、それらの本質なのである。それ故聖なるものは、絶えず禁制によって保護しておくことが必要になる。つまり、聖なるものとの関係は隔離と境界設定という儀式によって、また禁断の限界を侵すことは危険であるという信仰によって表現されざるを得ないが故に、聖なるものは常に感染力を有しているとして扱わなければならないというのである。

こういった方法にはちょっとした困難がある。もし聖なるものの特徴がその感染性であるとすれば、それは、同様に感染性を特徴としながら、しかも聖ならざる呪術とどのような相違をもっているのであろうか。呪術が聖なるものとは別種の感染力を有し、しかも社会的作用から発生したのではないとすれば、その位置はどのようなものなのであろうか。呪術的信仰は、なぜ原始的衛生法と称せられて原始的宗教とはいわれないのだろうか。こういった問題はデュルケームの関心をそそらなかった。彼はロバートソン・スミスに従って呪術を道徳や宗教から切断したのであり、要するに呪術に関する混乱した観念を我々に残すのに一役買ったことになる。それ以来研究者たちは、呪術信仰に関する十分な定義を求めて頭を悩ませ、また、そういった信仰を受け容れ得るような人々の精神を理解しようとして途方に暮れているのだ。

現在では、デュルケームは社会共同体についてあまりにも一元的な見方を唱導しすぎたのだということは容易に理解し得るであろう。我々の出発点は、社会生活とは彼が認めたよりもはるかに複雑な経験であるという認識でなければなるまい。それによって、儀式とは社会過程を象徴するものであるとするデュルケームの観念を拡張し、宗教的なるものと呪術的なるものという二つの型の感染に対する信仰をその中に包含することができるのである。デュルケームが衛生的規範と呼んでいる一切のものも、社会的象徴体系の一部であることを示すような分析が可能なのであり、もしこのことを彼が予見できたとすれば、彼は喜んで呪術の範疇を放棄したことであろう。しかしこの問題は後に再び論ずることにしたい。ロバートソン・スミスに由来するもう一組の偏見をまず追放しなければ、この問題を展開することは不可能だからである。

フレーザーは、ロバートソン・スミスの業績における社会学的意味には関心を示さなかった。事実彼は、スミスの主題には大きな興味をもたなかったようである。むしろ彼は、真の宗教の定義からいわば付随的に発生した呪術的残存物にくいさがった。彼は呪術信仰にはある種の規則性が見出され、それは分類可能であることを証明した。すなわち彼の綿密な調査によって、呪術とは単に不可解な感染を避けるための規範といった以上のものであることが判明したのである。呪術的行為には利益を獲得するためのものも、災殃《わざわい》を避けるためのものもあった。従って、ロバートソン・スミスが迷信というレッテルの下に一括してしまった行動分野は、不浄の規範以上のものをもっていることになる。けれども、感染はその分野の主要な原理の一つであるように思われた。もう一つの原理は、共感あるいは類似によってさまざまな事物の属性を転移させることができるという信仰である。いわゆる呪術の法則によれば、呪術師は物真似的行為によるか、もしくは感染力を作用させることによって事象を変化させることができるというのである。フレーザーの行なった呪術の調査は、ある物がそれ以外の物の象徴になり得るような場合の諸条件を示したということにすぎない。もし彼が、未開人は我々とはまったく違った次元で思考すると確信していなかったなら、呪術とは象徴的行為であってそれ以上でも以下でもないといった扱い方で満足したはずである。そうすれば彼は、デュルケームやフランス社会学派と提携し得たはずであるし、両者の間には十九世紀イギリス思想にとってより実り豊かな対話が行なわれたことであろう。ところが実際は、彼はロバートソン・スミスの中に含まれている進化論的前提を未熟のままに整理し、人間文化に三つの発展段階を設けたのであった。

呪術がその第一段階に、宗教が第二段階に、科学が第三段階にあたる。彼の理論は一種のヘーゲル的弁証法の形をとって進行する。つまり、原始的科学として分類された呪術はそれ自身の無能力によって敗北し、祭司や政治による欺瞞という形をとった宗教がそれを補足するようになる。呪術という措定《テーゼ》から宗教という反措定《アンチテーゼ》が出現し、次いで綜《ジン》合《テーゼ》つまり近代の強力な科学が、呪術や宗教と交替するというのである。このような説明は当時流行したものだが、それを支えるいかなる証拠もありはしない。フレーザーの進化論的図式は、当時の一般的話題から無批判に採られたいくつかの前提を基礎としているにすぎないのだ。その一は倫理的向上は進歩した文明の徴証《しるし》だという前提であり、その二は呪術は倫理や宗教とはなんの関係ももたないという前提である。こうした基礎の上に、彼は古代における人類の祖先のイメージを構成し、彼等の思考は呪術に支配されるとしたのである。フレーザーによれば、古代人は宇宙が非人間的・機械的原理によって動かされていると考えた。そういう宇宙を制御する正しい公式を求める過程で、彼等はいくつかの正しい原理につき当たったこともあるのだが、多くの場合、混乱した精神状態の故に言葉や身振《サイン》りを道具として用いることができると考えるようになる。呪術は、古代人が自らの主観的連想と外部の客観的現実とを区別できなかったことから発生した。その起源は錯誤に基づくものである。疑いもなく、未開人とは欺され易い阿呆だったというのである。

　かくして、多くの地域において、いつまでも続く冬を立ち去らせるため、または夏が逃げ去るのを留めるために行なわれた儀式は、ある意味では世界を新たに創り出そうとする試みであり、「心の望むままに世界を再生しよう」とする試みなのである。しかし、かくも壮大な目的を達成するために、かくも無力な手段を案出した古代の賢者の視点に立とうとするならば、我々は、宇宙の無限大やその中における人間の立場の卑小さ無意味さ等々といった近代の観念をことごとく棄て去らなければならないのだ。……未開人にとっては、眼に映《うつ》った地平線を劃している山々、水平線にまで広がっている海といったものが世界の果なのである。このような狭小な限界を超えたところには、彼等は足を踏み入れたこともなかった。……未来については彼等はほとんど考えることもなく、過去については野蛮な祖先から口伝えに伝えられてきたことしか知らないのである。空間的にも時間的にもこれほど限定された世界である以上、その世界が人間に似たものの努力、またはその命令によって創られたと想像することは、信じ易い未開人にいかなる意味でも大きな無理を強いることにはなるまい。そして彼は、呪文や禁厭《まじない》によって己れもまた、毎年創造の業《わざ》をくり返すことができると容易に想像し得たのであろう。(『穀物と荒野との霊』二巻、一〇九頁)

フレーザーの自己満足や、彼が明らさまに未開人の社会を軽蔑していたといったことは赦しがたい。彼の著書『タブーと霊魂の危険と』における最終章は、「我々は未開人になにを負うているか」と題されている。おそらくこの章は、未開文化の智恵と深遠な哲学性とを実際に知っていて、フレーザーにそれを認めさせようとした投書者たちに応えて挿入されたものであろう。フレーザーは脚注にこういった書簡からの興味ある抜粋を載せているが、それらを考慮して自己の偏見に満ちた判断を修正することはできなかったのである。

この章には未開人の哲学に対する讃辞を載せようとしているものの、彼が、未開人の観念は子供じみて不合理かつ迷信的なのだと大規模な証明をしてきたのに、いまさらそれを尊敬するという理由をあげることができないため、この讃辞は単に口先だけの言葉に終っている。尊大かつ横柄な言葉として、次のものに勝るものはほとんど存在しないだろう。

結局のところ、いまだに我々が未開人に似ているところは、違っているところよりもはるかに多い。……要するに、我々が真理と呼んでいるものは、最も効果的に機能する仮説にすぎないのだ。従って、未開時代、未開人種の考え方や慣習を吟味するにあたっては、彼等の錯誤は真理を求める過程で犯された避けられざる過失だとして、寛容な態度で接するべきであろう。……

フレーザーに批判的な人々も絶無ではなかったが、そのような人々は当時ほとんど注目されなかった。イギリスでは、フレーザーは疑いもなく勝利者だったのである。その例を挙げれば、縮刷版『金枝篇』は、いまだに印税を得ているではないか。またフレーザー記念講義はいまだに規則的に行なわれているではないか。彼の著書がこれほどまでに普及したのは、いくぶんかは彼の見解が単純なためであり、いくぶんかは次々と著書を出版する倦むことなき精力《エネルギー》の故であるが、なによりもまず彼の華麗をきわめた文体のためだったのである。現在でもほとんどすべての古代文化研究では、未開性やその判断基準としての呪術的非倫理的迷信に絶えず言及されているのだが、これもまたフレーザーの影響を示すものなのである。

その一例としてゾロアスター教に関するカッシーラー[*32]の一節をとり上げ、『金枝篇』中の主題《テーマ》がそこに現われていることを確認しておこう。

> 自然までもが新しい形を採る。というのは、自然はもっぱら倫理的生活を反映するものとして見られるからである。自然は……戒律と正統性との領域として考えられるのだ。ゾロアスター教では、自然はアシャという概念で記述される。アシャとは、創造主〈アフラマズダ〉、すなわち「賢明なる主」の智恵を反映する自然の智恵の謂いである。この普遍的・永遠的・不可侵的秩序が世界を支配し、一切の個別的事象を決定する——つまり、太陽や月や星の運行も、植物や動物の生育も、風や雲の通路をも決定するのである。これらすべては、単に物理的な力によってではなく、〈善〉の力によって維持され保護される。……倫理的意味が呪術的意味を追放し、それに代ったのである。（一九四四年、一〇〇頁）

また、同じ主題に関するさらに新しい資料を例にとれば、ゼーナー教授[*33]は、最も完全に近いゾロアスター教の訳文は聖潔の規範のみを問題にしており、従って興味をそそらないと悲しげに述べている。

〈ヴィデーヴダート〉[*34]は、祭祀における聖潔についての退屈な戒律やばかばかしい罪に対するあり得ない処罰を列挙しているが、翻訳者が本文をかなり理解しているのはこの部分だけのようである。(二五―二六頁)

たしかにロバートソン・スミスもまたゾロアスター教の戒律をこのように考えたことであろう。しかしそれから百年も過ぎた今日、その戒律についてはこれ以上いうべきことがないと信じられるであろうか。

旧約聖書研究においては、古代民族は儀式を呪術的に――つまり機械的意味、手段としての意味で――用いていたという仮説が流行している。「初期のイスラエルにおいては、神の問題に関するかぎり、我々が故意の罪と称するものと無意識の罪と称するものとの区別はほとんど存在しない」(エスタリー[*35]およびボックス[*36]共著)。ジェームズ教授[*37]によれば、「紀元前五世紀のヘブライ人にとって、贖罪とは、物質の形をとった不浄をぬぐい去るという機械的処置から成り立っていたにすぎない」(一九三八年)という。イスラエル人の歴史は、場合によって神との内的一致を要求する預言者と、原始的呪術性に絶えず戻ろうとする人々との間の闘争として描かれることがある。人々が一層原始的な他の文化と接触した際には、特に呪術的傾向を見せたという。しかしこのような考えは、〈祭司典〉[*38]の編纂と同時に、呪術性が最終的勝利を占めるように見えるという逆説を生むであろう。またもし、儀式の十全な有効性に対する信仰が、古代においてのみならず後世になって出現したときにもそれを呪術と呼ぶのであれば、未開性の尺度として呪術を用いることは無意味になるであろう。とすれば、呪術なる語そのものを旧約聖書研究から追放しようとするのは当然である。ところが、この語はタブーとかマナとかいう語とともに残り続け、イスラエルの宗教的経験をセム族の異教と対照してその特徴を強調するために用いられているのだ。アイヒロット[*39]は特にこの語を遠慮なく用いている（四三八、四五三頁）。

バビロニアにおける贖罪の祭式と祭文とに起源をもつとされる呪術の効果については、すでに述べた通りであるが、罪の告白が事実上悪魔祓いの儀式の一部となり、外部から作用する効力をもっていることを想起すれば、このことは特に明快になるだろう。（一六六頁）

彼は続けて詩編四十篇七節と六十九篇三十一節[*40]とを引用し、これは「機械的処置によって罪の赦しを得ようとする供犠の体系の傾向に反する」ものだとしている。また一一九頁で彼は、原始的宗教の概念は「唯物論的」なものだと想像する。この書物は他の点では非常に印象的であるが、その多くの部分は、外部から作用する祭式は原始的であり、精神の内的状態を象徴する祭式に比べれば時間的にも古いものだという仮説によっているのである。けれども、この仮説はなんらの検証をも経ない超経験的性質のものであるので、それが時々著者に不安を与えているように思われる。

罪を贖うという表現の中で最もありふれたもの、すなわち *kipper* という語もまた、その本来の意味がバビロニア語やアッシリア語との比較に基づいて「ぬぐい去る」意であると定義し得るとすれば、この語もまた以上と同じ方向を指しているのである。つまりここでは、罪の根本的概念は物質的不浄ということであり、超自然的な力を与えられた聖なる物質としての血が、罪の汚《けが》れをまったく自動的に除去すると考えられているのだ。

次いで、もし真剣にとり上げるとすれば多くの修正を加えざるを得ないような説明がくる。

しかしながら、「覆う」という意味になるアラビア語からこの語が派生したということも、同程度の可能性をもっていることを考えれば、贖罪の観念は、被害者の目から補償という手段によって犯した罪を覆いかくすというようなものであるかもしれない。とすれば、それは逆に贖罪行為における人格的特徴を強調することになるであろう。(一六二頁)

かくしてアイヒロットは、バビロニア人に対して半ば寛大な態度を見せる――彼等もまた真の内的宗教についていくぶんか知るところがあったのであろう。おそらく、イスラエル人の宗教経験は彼等を囲繞する異教的呪術の中にあって、それほど独自な特殊性を示して突出していたのではあるまいというわけである。

同様な仮説は、ギリシア文学の解釈をも支配しているようである。フィンリー教授[*41]はホメロスの世界における社会生活と信仰とを論ずるに際して、信仰における初期的要素と後期の要素とを区別するのに、その要素が倫理的であるか否かという分析によっている(一四七、一五一、一五七頁)。

さらにまた、博学なフランス人古典学者ムーリニエ[*42]は、ギリシア思想における清浄と不浄との包括的研究を行なっている。彼の方法はロバートソン・スミスの偏見に捉われておらず、現代人類学の基準からすればすぐれて経験的であると思われるのだ。彼によれば、ホメロスが描いている時代(もしこのような時代が歴史上存在したとしてのことだが)には、ギリシア思想は祭式にかかわる不浄の観念から比較的自由であるように見えるが、その後多くの不浄の観念が発生し、それは古典的劇作家たちによって表現されているという。[*43]人類学者には古典的知識が不十分なので、この著者にはどの程度の信頼をおき得るかについて専門家の指導を仰ぎたいところである。彼の資料は人類学者には挑発的であり、かつ一般人には納得がいくものだからである。ところが残念ながら——この書物は『ギリシア研究雑誌』においてきびしく批判されている。評者はイギリス人であるが、彼はそこに十九世紀人類学の知見が欠けているというのだ。

……著者は自らに不必要な障害を課している。つまり彼は、聖潔・汚穢《けがれ》・斎戒等の研究者なら誰でも利用し得る膨大な比較資料についてはまったく無知であるように思われるのだ。……ほんのわずかでも人類学的知識を有していれば、流された血の汚穢といった旧い概念は、一つの共同体が同時に全世界でもあったような時代のものであることがわかるはずなのである。……二七七頁で著者は「タブー」という語を用いているが、それはこの語がなにを意味するかについて、著者が明確な観念をもっていないことを証明しているにすぎない。(ローズ、一九五四年)[*44]

ところが一方では、いい加減な人類学の知識に煩わされない評者が無条件にムーリニエの著書を推薦しているのである（ホワットモウ）。[*45]

以上の引用は無作為に抽出したものであるが、同様な例をさらに多く蒐集することは容易であろう。これらは、フレーザーの影響がどれほど広く行きわたっているかを示しているのである。人類学自体の内部でもまた、彼の業績は深く滲み透っている。かつてフレーザーは、比較宗教学において興味ある問題は呪術の効験に対する誤った信仰であるといったようである。この問題が彼にとって興味深いのは進化論的仮説のためだったのに、イギリスの人類学者はこの仮説を否定し去ったずっと後にいたってもなお、忠実にこの不可解な問題に敬意を表し続けている。以上我々は、呪術と科学との関係に関する大学者たちの業績を通観してきたわけであるが、彼等の理論的重要性は相変らず不明確であるというより仕方がないであろう。

全体として、フレーザーの影響は有害なものであった。彼はロバートソン・スミスから最も末梢的教義を継承し、宗教と呪術とのいい加減な区別を永久化した。彼は、機械的象徴によって動かされる宇宙という原始的思考について、誤った仮説を撒き散らし、倫理は原始的宗教とは無縁であるというやはり誤った仮説をも普及させたのである。祭祀における不浄という主題を扱う以前に、まずこういった仮説を修正する必要があるであろう。以上のように、人類の経験が誤った仮説によって分断されたため、比較宗教学の分野では一層手におえない難問が出現することになる。本書は、かくして分断された人間経験のいくつかの部分を、再び結合しようとする試みにほかならないのである。

まず第一に、もし我々が霊的存在に対する信仰の考察のみに自らを限定すれば、その公式がいかに精妙に規定されようとも宗教を理解することは望み得ないであろう。それ以外の存在——つまり蛇神《ゾンビー》、祖先、魔神《デーモン》、妖精等々——に対するあらゆる現存の信仰を一列に繋ぐことができる研究の脈絡が存在するかもしれないのである。けれどもロバートソン・スミスのいう通り、宇宙における一切の霊的存在を完全に分類したとしても、そのことが必然的に宗教の本質を捉えることになると考えてはならないであろう。さまざまな定義をいじくりまわすために立ち止まるよりは、むしろ人間の運命とか宇宙における人間の位置とかに関する、多くの民族の思考法を比較しようとする試みがなされなければならないのだ。第二に我々は、宗教的なるものであると世俗的なるものであるとを問わず、感染に関する自らの観念を直視しないかぎり、他民族におけるそういった観念を理解することは期待できないのである。

＊1　Hardy, Thomas（1840-1928）　イギリスの小説家・詩人。この一節は文献表中にもある通り『遥か群衆を離れて』からとったもの。
＊2　St. Catherine of Siena,（1347-80）　イタリアの修道女。ドミニコ修道会の俗籍会員。

＊3 Eliade, Mircea（1907-86）ルーマニアの著述家・宗教史学者。特にインドに関する業績が名高い。
＊4 Knox, Ronald Arbuthnott Hilary（1888-1957）イギリスのローマカトリックの説教者・作家。
＊5 Harper, Edward B.（未詳）
＊6 インド南部アラビア海に臨む州で、現在は Karnataka 州。
＊7 ブラーマンの中でも高位のカーストに属する階級。
＊8 Frazer, James George（1854-1941）イギリスの人類学者・古典学者。大著『金枝篇』によって、人類学・宗教学・哲学・心理学のみならず、文学にも大きな影響を与えた。
＊9 Smith, William Robertson（1846-94）イギリスの神学者・セム文化研究家。
＊10 Hodgen, Margaret（1890-1977）アメリカの人類学者。カリフォルニア大学教授。
＊11 Wesley, John（1703-91）イギリスのキリスト教伝道者。メソジスト派の創始者。
＊12 Whateley, Richard（1787-1863）イギリスの宗教家・神学者。カルヴァン主義の予定説に反対した。
＊13 Smith, Adam（1723-90）イギリスの経済学者。『国富論』は有名。
＊14 Taylor, William Cooke（1800-49）イギリスの著作家。教育および歴史に関する著書が多い。
＊15 Tylor, Edward Burnett（1832-1917）イギリスの人類学者。オックスフォード大学初代人類学教授。なお、ラウトリッジ版では、Henry Burnett Tylor となっているが、これは原書の誤り。
＊16 Richter, Melvin（1921- ）アメリカの歴史学者。ニューヨーク市立大学教授。

＊17　オックスフォード大学の最も古く有名な学寮の一つ。
＊18　Green, Thomas Hill（1836-82）　イギリスの哲学者。カントやヘーゲルのドイツ哲学を在来のイギリス思想と結合しようとした。
＊19　Jowett, Benjamin（1817-93）　イギリスの古典学者。ベイリオル学寮長もつとめ、ドイツ哲学の紹介もある。
＊20　Nightingale, Florence（1820-1910）　イギリスの婦人。最初の従軍看護婦としてクリミヤ戦争で活躍。
＊21　Ward, Humphry（1851-1920）　イギリスの女流作家。尚、『ロバート・エルズミア』に登場するグレー氏は、T・H・グリーンをモデルにしたと言われている。
＊22　Black, J. S.（1846-1923）　イギリスの聖職者。
＊23　Chrystal, G.（1880-1944）　イギリスの政治家・文筆家。
＊24　T・H・グリーンによって代表されるオックスフォードの哲学者たち。
＊25　Burnett, Gilbert（1643-1715）を記念して行なわれる講義。
＊26　邪術（sorcery）については、本書二一〇頁および二五三―五四頁等を参照。
＊27　Durkheim, Émile（1858-1917）　フランスの社会学者。コントの後継者として社会学を独立の科学たらしめた。
＊28　Parsons, Talcott（1902-79）　アメリカの理論社会学者。マリノフスキー、デュルケーム等の理論を基にして社会的行為の体系的理論を樹立した。
＊29　Spencer, Herbert（1820-1903）　イギリスの哲学者。『総合哲学体系』における進化論は有名。
＊30　Le Bon, Gustave Franz（1841-1931）　フランスの思想家。群集心理の研究家として著名。

*31 Bentham, Jeremy（1748-1832）イギリスの法学者・倫理学者。功利主義の創始者。

*32 Cassirer, Ernst（1874-1945）ドイツの哲学者。ナチス体制の強化によってドイツを離れ、アメリカで没した。

*33 Zaehner, Robert Charles（1913-74）イギリスの東洋学者。オックスフォード大学教授。

*34 ゾロアスター教の教典『アヴェスター』の一部で、宗教儀式・宗教法を規定したもの。

*35 Oesterley, William O. E.（1866-1950）イギリスの聖書学者。

*36 James, George H. Box,（1869-1933）イギリスの牧師・聖書学者。

*37 James, Edwin Oliver（1888-1972）イギリスの宗教学者。ロンドン大学名誉教授。

*38 旧約聖書中、創世記、出エジプト記、レビ記、民数記、およびヨシュア記にある祭司・儀典等に関する法規。

*39 Eichrodt, Walther（1890-1978）ドイツの聖書学者。特に旧約聖書研究で有名。

*40 あなたはいけにえも、穀物の供え物も望まず／焼き尽くす供え物も／罪の代償の供え物も求めず／ただ、わたしの耳を開いてくださいました。（四〇―七）神の御名を賛美してわたしは歌い／御名を告白して、神をあがめます。（六九―三一）

*41 Finley, Moses I.（1912-86）イギリスの古代社会経済史学者。ケンブリッジ大学教授。

*42 Moulinier, Louis（1904- ）フランスの古典学者。エ＝マルセーユ大学文学部教授。

*43 アイスキュロス、ソポクレス、エウリピデス等。

*44 Rose, Herbert Jennings（1883-1961）カナダ生まれのイギリスの古典学者。

*45 Whatmough, Joshua（1897-1964）アメリカの言語学者。ハーヴァード大学比較言語学教授をつとめた。

第二章　世俗における汚穢《けがれ》

比較宗教学は常に医学的唯物論[*1]のため混乱に陥ってきた。一方では古代祭式の中で最も奇怪なものですら健全な衛生学的基礎を有していると論ずる人々がいると同時に、他方では原始的祭祀が衛生法を目的とすることは認めながら、その妥当性については正反対の見解をもつ人々がいる。彼等は、我々のもつ衛生的観念と古代人の誤った幻想的観念との間には巨大な深淵があるとしているのだ。けれども、祭式に対するこういった医学的解釈はいずれも、我々自身がもつ衛生や汚穢の観念を直視していないために、不毛なものにならざるを得ないであろう。

前者の解釈は次のことを含意している。つまりそれは、我々が一切の原始的環境を理解すれば、原始的祭儀の基礎が合理的かつ正当なものであることを十分に認めるだろうというのである。一つの解釈としてみるとき、こういった思考法は故意に散文的立場に立つものといえよう。例えば香煙の重要性は[*2]、それが犠牲《いけにえ》から立ち昇る煙を象徴するということによるのではなく、不潔な人体の臭気を耐えられる程度に抑えるための手段であるからだと考える。ユダヤ人やイスラム教徒が豚肉を避けることは、酷熱の地域においてブタを食うことが危険だからだと説明されるのである。

なるほど、伝染病の回避と祭式における回避とが驚くべき一致を示すということは十分あり得るだろう。現実生活における目的に役立つような洗浄および隔離といった行為が、同時に宗教的主題を表現することもありがちであろう。そこで、ユダヤ人は食事の前に手を洗うという慣習を守っていたから疫病を防げたのだろうといった議論が行なわれたのである。しかしながら、祭式的行為の副次的効果を指摘することと、副次的効果を指摘しただけでそれを十分な説明と考えて満足してしまうこととは、まったく別のことである。食事に関するモーセ[*3]の律法のあるものが衛生上有益だったとしても、その故にモーセを精神的指導者としてよりはむしろ十分な知識をもった公衆衛生の行政官として扱うといったことは、まことに残念というものである。

次の引用は、一八四一年に書かれた、モーセの食事に関する律例《さだめ》[*4]の注解である。

……おそらく本章の律例を決定する際の主たる原理は、健康法および公衆衛生の領域に見出されるであろう。……今日の病理学においてきわめて重要な位置を占める寄生虫病および伝染病の観念は、モーセの重大な関心事であったと思われ、また彼の衛生的規範のすべてを支配していたと思われるのである。彼は、ヘブライ人の食事から、特に寄生虫をもちやすい動物を禁じている。また、伝染病の病原菌あるいは胞子が循環するのは特に血液の中であるために、動物を食用に供する前にその血を排出しなければならないと命じているのだ……(ケロッグ)[*5]

ケロッグはさらに進んで、ヨーロッパのユダヤ人は平均的ヨーロッパ人よりも寿命が長く疫病にもかからないという資料をあげ、これは彼等の食事に制約があることから生ずる利点であるとしている。ケロッグが云々している寄生虫は、たぶん旋毛虫のことではあるまい。なぜならば、これは一八二八年まで発見されず、その後も一八六〇年までは人間に無害だと考えられていたからである(ヘグナー[*6]、ルート[*7]、オーガスチン[*8]共著。一九二九年、四三九頁)。

同様の見解を示している最近のものに、古代ナイジェリアの慣習における医学的意義を論じたアジョゼ博士[*9]の記述がある(一九五七年)。例えば、ヨルバ族の疱瘡神信仰では、患者は隔離しなければならないとされ、また治療に当り得るのはすでに疱瘡が全快してもはや感染の惧れのない聖職者だけだったという。加えて、あらゆる不浄のものは左手で扱わなければならないというヨルバ族の風習は、「右手が食事に用いられるためであり、もしこの区別が遵守されなければ生ずるであろう食物の汚染という危険を、人々が熟知していたためである」とされているのだ。

ラグランジュ神父[*10]もまた、同じような考えをもっていた。

そこで、不浄が宗教的性格を有していること、あるいは少なくともいわば超自然的なるものにかかわっていることは、否定できないであろう。けれども、その根源において、それは食物を衛生的に保存しておく手段とは別種のものであろうか。水はここでは、防腐剤の役目を果していないだろうか。そしてまた、怖るべき精霊とは、微生物固有の性質という形においてさまざまな災いを下すのではないだろうか。(一五五頁)

イスラエル人の古い伝統が、ブタとは人間にとって危険な食物であるという知識を含んでいたことは十分考えられるだろう。可能性としてはあらゆることが考えられるのだ。しかしレビ記では、豚肉を禁じる理由としてその種のことを挙げてはいないことに注意していただきたい。たとえそういった伝統がかつて存在したことがあったとしても、それはレビ記の時代には明らかに消滅していたのである。十二世紀における医学的唯物論のあの偉大なる模範ともいうべきマイモニデス[*11]すら、モーセが定めた豚肉以外の食物の制限にはすべて衛生的理由を見出し得るけれども、豚肉を禁じた理由は見出し難いと告白し、それには家畜としてのブタを食うことに対する嫌悪から生ずる審美的説明をとらざるを得ないとしている。

私の考えでは、〈律法〉によって禁じられた食事は不衛生なのである。禁止された食事はすべて、豚肉と脂《あぶら》とを除けば、有害な性質をもっていることは疑いない。しかし、この二つの例に関するかぎり疑問が残る。というのは、豚肉は（人間の食料としては）必要以上の水分と、不必要な物質とをきわめて多く含んでいるだけだからである。〈律法〉が豚肉を禁じている理由は、ブタの癖や食物がきわめて不潔であり忌まわしいものであるという事情のなかに見出すべきなのであろう。（三七〇頁以降）

これは、豚肉に関する律例《おきて》の根源的基礎がかつて認められていたことがあったとしても、少なくともその他の文化的伝統と共に伝承されてきてはいないということを示しているのだ。

薬理学者はいまだに、レビ記第十一章を熱心に研究している。その一例として、私はジョスリン・リチャード嬢に紹介していただいたデイヴィッド・I・マハト[*12]の報告を引用したい。マハトはブタ、イヌ、ウサギ、イワダヌキ（実験目的のためにこれにはモルモットを当てた）およびラクダから筋肉を摘出し、また猛禽類およびヒレもウロコもない魚[*13]からも筋肉を摘出した。彼はこうして摘出したものが毒性のあるエキスを含んでいるかどうかを試験し、それらが毒性をもっていることを発見した。彼はまたレビ記で潔きものとされている動物からの摘出物も同様に検査し、それらは毒性が少ないことを見出したが、自分の研究はいずれにしてもモーセの律例の医学的価値についてはなにものも証明したことにはならないことを自ら認めたのである。

医学的唯物論のもう一つの例としては、クレマー教授[*14]の著書を見られたい。教授は、ニップールから発見されたシュメール人[*15]の銘板を、紀元前三千年前から受け容れられていた唯一の医学的文書として称揚している。

この文書は、かなり高度な多くの医学的操作と処置とに関する知識があったことを、間接的にせよ示している。例えば、いくつかの処方において、薬草は粉末にする前に「聖潔《きよ》める」ことを指示しているが、この手順には何段階かにわたる化学的操作を必要としたにちがいないのである。

彼は、ここでいう聖潔めることとは聖水を撒《ふ》りかけることとか呪文を称《とな》えることを意味するのではないことを確信し、感動をこめて次のように続ける。

この銘板を記録したシュメール人医師は、呪文や禁厭《まじない》といった呪術に頼ってはいないのである。……我々の手にある粘土板の記録すなわち現在までに発見された医学的文書の最古の「頁《ページ》」が、神秘的かつ非合理的要素をまったく含んでいないという驚くべき事実は動かし得ないのだ。（一九五六年、五八—五九頁）

医学的唯物論——これは、ウィリアム・ジェームズ[*16]が造り出した用語で、右に引用したような言葉で宗教的経験を説明しようとする傾向（例えば幻影や夢を薬品や消化不良のせいだとする等）を指すものであるが——については、以上で終ることにする。この方法が他の解釈を一切認めないというのでさえなければ、私はそれに対してなんら異存がないのである。大部分の未開民族は、祭祀をゆるがせにすれば苦痛や災殃《わざわい》が自らの身にふりかかるといった立場から自己の祭式的行為を正当化しようとするのであるが、その点においては彼等も広義の医学的唯物論者であるだろう。私はこれから、さまざまな祭式の規範が、それを破れば特定の危険が招かれるとする信仰に支えられているのはなぜであるのかを明らかにしようと思う。私が祭式における災殃の問題を解決する以前に、読者諸氏はこういった信仰を額面通り受け取ろうとされなくなるであろう。

医学的唯物論と対立する見解、すなわち、原始的祭儀は清潔《クリーンネス》に関する我々の観念となんら共通のものをもっていないとする見解もまた、祭式を理解する上では医学的唯物論と同じく有害でしかない。この見解に従えば、我々の行なう洗浄・磨き洗い・隔離・消毒等は、儀式における潔浄《ピューリフィケイション》と皮相的な相似を示しているにすぎないことになる。我々の慣習は衛生学に確固たる基礎をおいているのに対し、彼等のそれは象徴的なものであり、我々が病原菌を殺すのに対し、彼等は悪霊を防ぐというわけなのである。これは一つの対照として、きわめて明確であるように思われるだろう。にもかかわらず、彼等の象徴的儀式と我々の衛生観念とは、不気味に思われるほど近接していることがあるのだ。例えばハーパー教授は、ハヴィク・ブラーマン階級における汚穢の律例の宗教的背景を次のように要約している。すなわち、この律例は宗教的清浄に三つの段階を認めている。その最高の段階は礼拝行為を行なうために必要とされるものであり、中間的段階は通常の条件と見做されるものであり、最後のものが不浄の段階である。中間的段階にある人々との接触は最高の段階にある人々に不浄をもたらし、不浄の段階にある人との接触はその上の二つの範疇にある人々に不浄をもたらす。最高の段階は、ただ沐浴によってのみ到達し得るというのである。

ブラーマンに属する人にとっては日々の沐浴は絶対に不可欠である。それなくしては、神々に対する日々の礼拝を行なうことができないであろう。ハヴィク・ブラーマンによれば、理想的には一日三回、つまり食事の前に必ず沐浴をするべきなのだ。しかしこれを守っているものはほとんどいない。現実には、私の知っていたすべてのハヴィク・ブラーマンの人々は、一日一回の沐浴という慣習を厳格に遵守しているといった程度である。彼等は、一日の正餐に先立って家庭の神々に対する礼拝が行なわれる前に、沐浴するのだ。……ハヴィク・ブラーマンの男性は、比較的富裕なカースト[*17]に属しており、季節によっては、かなりの余暇をもっているのだが、それにもかかわらず檳榔樹《びんろうじゅ》の土地を管理するために必要な仕事は多い。そして、汚《きたな》らしい仕事とか祭式的意味で不浄な仕事と考えられるものは——例えば堆肥《たいひ》を檳榔樹の園《はたけ》に運ぶことや、不可触賤民との共同作業等は——正餐に先立って行なわれる日々の沐浴の前に完了するよう、あらゆる努力をする。もしなんらかの理由でこの種の仕事を午後に行なわなければならないことがあれば、帰宅したときにもう一度沐浴をしなければならないのである。(一五三頁)

料理した食物とまだ手を加えていない食物とは、不浄を伝播するか否かという点で区別される。つまり、料理ずみの食物は不浄を伝達しやすいが、手を加えていない食物はそうではないとされるのだ。従って、料理以前の食物はどのカーストの人間から受け取ってもいいし、どのカーストの人間が触《さわ》ってもいい——これは、先祖代々から承け継いだカーストに応じて労働が分業化されている社会では、現実的に必要な規範であろう(本書第七章二九二—九三頁を見よ)。果実とナッツとは、それが一個の完全なものであるかぎり、祭式的意味での不浄から免かれているが、ひとたびココヤシの殻がこわされたり、料理用バナナ《プランテイン》にナイフを入れたりすれば、ハヴィク・ブラーマンはそれを下のカーストに属する者の手から受け取ってはならないのだ。

食事の過程は汚《けが》れをもたらす可能性があるが、汚れの総量を決定するのは食事のしかたである。唾液は――自分のものでさえ――はなはだしく穢れたものとされる。ブラーマン階級が不注意にも指で唇に触れたりすれば、沐浴をするかあるいは少なくとも衣服を替えなければならない。また、唾液の穢れはある種の物体を通して伝達されるともいう。この二つの信仰から、コップの縁《ふち》に唇をつけることなく直接に水を口に注ぎ込むやり方で水を飲んだり、煙草が直接唇に触れないように……手を使って喫んだりする習慣が生ずるにいたっている（インドのこの地方では、事実上水煙管《きせる》は知られていない）。……どんなものを食べるときでも――コーヒーを飲むときですら――その前に手と足を洗わなければならないのである。（一五六頁）

嚙《かじ》って口に入れる食物よりも、口に投げこむことができる食物の方が、唾液の穢れを伝えにくい。料理人は、自分の料理している食物の味をみてはならない。その理由は、指を唇に触れれば、食物を穢れから守るのに必要な清浄の条件を失ってしまうからである。ブラーマンに属する人であっても食事中は中間的清浄の状態にあるので、たまたま給仕人の手やスプーンに触れたりすれば給仕人は不浄になり、続いて食事を出す前に少なくとも衣服を替えなければならない。食事中同じ列に坐ることによって穢れが伝達されるから、他のカーストに属する人に御馳走する場合には、その人は普通離れた場所に坐らされる。はなはだしく穢れた状態にあるハヴイク・ブラーマンは、屋外で食事をしなければならず、しかも自分が食器として用いた木の葉を自ら始末することになっている。その食器に触れたものは必ず穢れを蒙るからである。自分以外の者が食器にした木の葉に触れたりそれを用いたりしても穢れを受けないのは、それによって夫に対する人間的関係を表現する妻だけなのであって、このことはすでに述べた通りである。このようにして穢れの規範はいくらでも増していく。このような規範は微妙に区別されてますます細分化し、月経・分娩・死等に関する祭式的行動を規定しているのである。軀からの分泌物はすべて——傷口から出る血や膿でさえも——不浄の源泉である。排便後の始末としては紙ではなく水を用いて洗浄しなければならないが、この際用いられるのは左手にかぎる。一方、食事の用に供されるのは右手のみである。動物の排泄物を踏みつけることは不浄の原因となる。皮革との接触も不浄の原因となる。もし皮のサンダルをはくとすれば、それは手で触れてはならず、寺院や家屋に入る前にはそれを脱いで足を洗わなければならないのである。

穢れを伝達する間接的接触までもが厳密に規定されている。ハヴイク・ブラーマンが園《はたけ》で不可触賤民の使用人と仕事をする場合、その使用人と同時にロープや竹に触《さわ》れば、はなはだしい汚《けが》れを蒙ることになる。つまり、竹竿やロープへの同時的接触は汚れを伝達するのである。またハヴイク・ブラーマンは、不可触賤民から直接に果物や金銭を受け取ってはならない。ところで、穢れがいつまでも残って、接触した後々までも穢れを伝達する物体もある。綿布、金属製の鍋の類、料理された食物等からは穢れはいつまでも去らないという。しかし、異なったカースト間での共同作業にとって幸いなことに、地面は穢れを伝える役をしない。ところが地上に置かれた藁はそれを伝達するという。

ブラーマン階級は不可触賤民の使用人と、家畜小屋の中で同じ場所にいてはならない。両者は、床《ゆか》に重なりあっている藁によって繋がった場所に立ってしまう危険があるからである。しかしブラーマンと不可解触民とが集落の池で同時に沐浴をしても、彼はマディ（清浄）の状態にいたることができる。なぜならば、水は大地に達し、かつ大地は不浄を伝えないからである。（一七三頁）

この律例《おきて》、あるいはこれと同様な律例を深く研究すればするほど、この研究対象は象徴的体系であることがますます明瞭になってくるのだ。それでは実際には、祭式における汚穢《ポリューション》と我々が考える汚物《ダート》との間の相違は、彼等の観念が象徴的であるのに対して我々の観念は衛生的だということなのであろうか。否、そのようなことはまったくないのである。私は、不潔に関する我々の観念もまた象徴的体系を表現しているということを示し、さらに世界のある部分での汚穢にかかわる行動と他の地域におけるその種の行動との相違はきわめてわずかなものにすぎないことを論じたいと思う。

祭式における汚穢について考察を始める前に、我々は粗布《あらぬの》をまとい灰をかぶって汚物に関する自らの観念を厳密に再検討しなければならないであろう。つまり我々のもつ不浄の観念を各種の要素に分類し、近代ヨーロッパの歴史的産物であることが知られている一切の要素を識別しておくべきなのである。

汚《けが》れに関する現代ヨーロッパ人の観念と、例えば未開文化のそれとの間には、二つの著しい差異がある。その一は、汚物を避けることは我々にとって衛生学もしくは美学上の問題であって、宗教とはまったく関係がないということである。汚穢に関する我々の概念が宗教と無関係であるのはさまざまな観念の特殊化が行なわれたためであるが、このことについては私は第五章「未開人の世界」においてさらにくわしく論じることにしたい。第二の差異は、汚物に関する我々の観念が病原性有機体の知識に支配されているということである。細菌が移動して病気を惹き起こすということは、十九世紀の偉大な発見であった。それは、医学史上最も根源的な革命を生んだのである。それが我々の生にあまりにも大きな変革をもたらしたので、現在では病因研究と切り離して汚物を考えることは困難なほどである。にもかかわらず、我々の汚物に関する観念がこの百五十年間の間に発生したものではないことは、明らかなのだ。我々は、汚物=回避が細菌学によって変形させられる以前の——例えば痰壺に器用に唾を吐くことが非衛生的であると考えられる以前の——汚物=回避の基礎を、分析しようとする努力をしなければならないであろう。

汚《けが》れに関する我々の概念から病因研究と衛生学とを捨象することができれば、そこに残されるのは、汚物とは場違いのものであるという例の定義であろう。これはきわめて示唆に富んだ方法である。それは二つの条件を含意する。すなわち、一定の秩序ある諸関係と、その秩序の侵犯とである。従って汚《けが》れとは、絶対に唯一かつ孤絶した事象ではあり得ない。つまり汚れのあるところには必ず体系が存在するのだ。秩序づけとは、その秩序にとって不適当な要素を排除することであるが、そのかぎりにおいて、汚れとは事物の体系的秩序づけと分類との副産物なのである。汚れをこのように考えることによって、我々は直ちに象徴体系の領域に導かれることになり、汚れと聖潔の象徴体系との関連が一層明らかに予想されるのである。

我々のもっている汚れの概念を検討すれば、汚れとは体系的秩序から排除されたあらゆる要素を包含する一種の全体的要約ともいうべきものであることを認め得るだろう。それは相対的観念なのである。靴は本来汚《きたな》いものではないが、それを食卓の上に置くことは汚いことなのだ。食物はそれ自体では汚くないが、調理用具を寝室に置いたり、食物を衣服になすりつけたりすることは汚いことなのである。同様に、応接室に浴室の器具を置いたり、椅子に衣服をかけておいたり、戸外で用いるべきものを室内にもちこんだり、二階に置くべきものを階下に下したり、上衣を着るべき場合に下着でいたり等々のことは汚いことなのである。要するに、汚穢に関する我々の行動は、一般に尊重されてきた分類を混乱させる観念とか、それと矛盾しそうな一切の対象または観念を非とする反応にほかならないのだ。

従って我々は、汚《けが》れたものの問題だけに焦点をしぼるようなことがあってはならないであろう。右のような定義を与えれば、汚れとは、我々の正常な分類図式から拒否された剰余ともいうべき範疇のように思われる。それ故、汚れたるものだけに注目するといったことは、最も強力な精神的習慣と衝突することに等しいのだ。という意味は次の通りである。我々が知覚する一切のものは、知覚者たる我々が主として構成するパターンに組み込まれると思われる。つまり、知覚することとは——例えば視覚とか聴覚といった——感覚器官に、外部からできあいの印象を受動的にとり入れるというものではないので、それは、パレットに絵具を出すといったこととはまったく別なのである。認識したり思い出したりすることも、過去の印象にかかわる旧いイメージをかき立てるといったこととは違う。我々の印象はすべて最初から体系化されているということは、一般に認められている。すなわち、我々は知覚者として、五感に感じられるあらゆる刺激の中から自己に関心があるものだけを選択するのであり、我々の関心は、時に図式《スキーマ》と呼ばれるパターン形成作用によって支配されるのである（バートレット、[*19]一九三二年を見よ）。混沌のまま推移していくもろもろの印象の中にあって、すべての人は安定した世界を――つまり、そこでは対象が認識可能な形態をとり、心の奥深くに位置し、不変性をもち得るような世界を――構成するのだ。我々が知覚するとき、我々は構成するという作業を行なっているのであり、ある手懸りをとり上げると同時に別の手懸りを排除しているわけである。最も受け容れ易い手懸りは、構成されつつあるパターンに最も適合し易いそれである。曖昧な手懸りは、あたかもそのパターンの他の部分に調和しているかのような具合に扱われる傾向がある。矛盾する手懸りは拒否される傾向がある。もしその種のものが受け容れられるとすれば、一応形成された構造の全体が修正されなければならないからである。知識が進むにつれて、名前をもつ対象が増えてくる。対象のもつ名前が今度は、次に同種の対象が知覚されるときのやり方に影響を与える。つまりひとたび対象に名前が与えられると、それ以後その種の対象は一層分類され易くなるといったわけなのである。

時が経ち、経験が豊富になるにつれて、我々はますますそういった分類法に力を注ぐことになる。そこに保守的偏向が生まれてくる。我々はますます自信をもつようになる。新しい経験に対応するときはいつでも、すでに形成された体系を修正しようとしなければならないのに、ある経験が過去のものと一致していればいるほど、我々は自分が仮定した体系を信じ込んでしまうのである。そういったものにどうしても適合しない不愉快な事実があると、それらが既存の仮定を混乱させないように、我々はそれを無視したり歪曲したりしてしまう。大体、我々が注目するものはすべて、知覚行動そのものにおいてすでに選択され秩序づけられているものである。人間も他の動物と同じく、自己がその利用法を知悉している感覚作用だけをまず認める一種の濾過機制をもっているのだ。

しかし、それ以外のものはどうなるのだろうか。その濾過装置を通り得ないような経験は、どのようになるのであろうか。それほど馴じみのないものに注意を集中することは努力すれば可能なのだろうか。我々は濾過機制そのものを検討することができるのであろうか。

たしかに我々は、自己の図式《スキーマ》に外的な事物を組み込もうという傾向の故に見落としてしまったものを、努力して観察することはできるだろう。最初の安易な観察が誤りだったことを悟るのは、常に気にさわることである。さまざまなものを歪めて映す器具をじっと見つめるだけでも、身体の均衡《バランス》が失われたかのような不快を感ずる人もいるのだ。アバークロンビー夫人[*20]は数名の医学生を使って一連の実験を行ない、この上なく単純な観察においても我々が高度の選択を行なっていることを彼等に証明してみせたことがある。その時一人の医学生は、「しかし、全世界をゼリーみたいに不定形なものとして把握することはできませんからね」と抗弁した。もう一人の医学生は「まるで僕の世界が突然破裂したみたいです」と述べた。ところがそれ以外の医学生の反応は、一層強い敵意を示すことだった（一三二頁）。

しかしながら、曖昧なるものに直面することは必ずしも不愉快な経験ではない。それに堪え易いような領域が存在するのは明らかだからである。その経験の時点もしくは強度によって、笑い、反撥、衝動といったさまざまな反応が出現するのだ。こういった経験が我々を昂揚させることすらあり得るだろう。エンプソン[*21]が示しているように、詩の豊かさは曖昧さを利用することにかかっているのである。ある彫刻を、風景としてもまた横たわるヌードとしても同様に見事に見られるという可能性は、その作品への興味を高めるだろう。エーレンツヴァイク[*22]は、芸術作品は我々を日常的経験のもつ明示的構造を超えたところに到着させ得るが故に、我々は芸術を享受するのだとまで論じている。美的快楽は、分節化されない形式を知覚することから生ずるのである。

私はここで、異例《アノマリー》なるものと曖昧《アンビギュイティ》なるものとを同義に用いることに対して弁明をしておきたい。厳密にはこの両者は同義ではない。異例とは所与の体系もしくは系列に一致しない要素であり、曖昧とは二様の解釈が可能な特徴もしくは陳述である。しかし、具体例から考察を進めると、この区別を実際に適用してもほとんど意味がないことが判明するのだ。糖蜜は液体でもなければ固体でもない。それは曖昧な感じの印象を与えるともいえるが、液体にも固体にも属さないという意味で、そういった分類法においては異例なるものだともいえるであろう。

そこで、人間は異例なるものに対決することができるということを認めなければならない。あるものが異例であるとして明確に分類されれば、そのものを異例として排除するような体系の概要が明らかになるわけである。このことを説明するために、私は粘着性に関するサルトルの小論を引用したい。サルトルによれば、粘着性は、一次経験としては、それ自体で人に不快感を与える。蜂蜜の瓶に手を入れた幼児は、直ちに固体と液体との厳密な属性とか、経験する主体としての自我と経験される世界との本質的関係とかいった問題についての思考に捲き込まれるのである(一九四三年、六九六頁以降)。粘着性をもつものとは固体と液体との中間的なものである。それは変化の過程を断ち切った横断面に似ている。それは不定形ではあるが液体のような流れ方はしない。それはやわらかく、形を変え易く、圧縮可能である。その表面は滑らかではない。その粘着性は陥穽であり、それはヒルのように吸いつく。つまりそれは、「私自身」と「それ」との間の境界線を侵そうとするのである。それが私の指から長い棒のようになって垂れ落ちるとき、それはあたかも私の身体がねばねばしたものになって流出していくような感じがする。それは水の中に入ったときの感じとは違う。水中では私はそのままの形を保っているが、ねばねばしたものに触れることは、自分自身を希釈して粘着性のものに変える危険を冒すことに等しい。粘着性のものは、所有本能の強すぎるイヌか恋人のように、いつまでも纏《まつわ》りつく。このようにして粘着性のものとの最初の接触は、小児の経験を豊かにする。このことから小児は、自己と物質の属性とについて、また自己と他者との相互関係について、なにかを学んだのである。

私はサルトルの言葉を要約したのだが、こういった要約では、粘着性のものを異常な液体として捉える思考法、または溶けつつある固体として捉える思考法によって彼が触発された、驚くべき考察を正しく伝えることはできないだろう。しかしながら、それは次のことを――つまり我々の主要な分類法や、その種の分類に正確には合致しない経験を反省することは有益であり得るし、事実有益なこともあるということを――証明しているのである。一般にこういった反省は、主要な分類法に対する我々の信頼を強めるものである。サルトルは、溶けかかってべたべたした粘着性のものは、最も原初的な顕われにおける存在の下等な形式と判断されると論じている。このようにして我々は、幼児期におけるこの種の触覚的経験から、人生とは非常に簡単な範疇に一致するものではないのだということを常に知って来たのである。

異例なるものに向きあうにはいくつかのやり方がある。消極的には、それらを無視する――つまりそれらをまったく知覚しない――こともできるし、それらを知覚しても否定することもできる。積極的には、異例なるものに慎重に対処し、それを容れるべき場をもった、現実に則したパターンを新しく創ろうとすることもできる。ある個人が自分だけの分類体系を改めることなら不可能ではあるまい。しかし、いかなる個人も孤立して生きることはないのであり、彼の体系はたぶん、いくぶんかは他の人々のものを受け容れたものなのである。

ある共同体において標準化された公的な価値という意味での文化は、多くの個人の経験を調整したものである。それはあらかじめ、いくつかの基本的範疇を——つまり、もろもろの観念や価値を整然と秩序づけている積極的パターンを——設定している。そしてとりわけ、それは権威をもっている——なぜならば、他の人々がそれを認めている以上、誰もがそれを認めざるを得ないからである。けれどもそれが公的性格を有しているため、その範疇は一層硬直したものになる。個人ならば自己の仮定した体系を自由に改めることができるだろう。それは彼一人の問題だからである。しかし文化的範疇とは公的なものである。この範疇を改めることはきわめて困難である。にもかかわらず、それは異例なる形式の挑戦を無視することはできないのだ。いかなる分類体系も異例なるものを生まざるを得ないし、いかなる文化もその前提条件に公然と反抗するような事象に直面することは避けられない。その体系自身が生み出した異例なるものは無視することができないのであって、さもなければそれは人々の信頼を失うことになるであろう。このことこそが、文化という名前に価するものはすべて、さまざまなやり方で曖昧もしくは異例なる事象を扱おうとする理由なのだと、私はいいたいのである。

第一には、なんらかの解釈を受け容れることによって曖昧なるものが消失することが多い。例えば、奇形児が生まれたような場合には、人間と動物との境界線が脅かされることになるだろう。しかし、もしこの奇形児がある特別な種類の事象だと分類されれば、もとの範疇は回復される。そこで、ヌエル族は奇形児を、たまたま人間から生まれたカバの子供として取り扱う。このように分類すれば、それにふさわしい処理は明らかであろう。彼等は奇形児を、本来の棲家である川にやさしく入れてやるのである(エヴァンズ＝プリチャード、一九五六年、八四頁)。

第二に、異例なるものの存在を物理的に処理するといったこともあり得る。例えば、ある西アフリカの種族においては、双生児は出産に際して殺さなければならないという掟が存在し、そのために社会的異例が——それを異例とするのは、二人の人間が同時に同一の子宮から生まれることはあり得ないとしてのことだが——除かれることになる。あるいは、夜中に啼くニワトリの例をとってもいい。もしそういったニワトリの首を速かにひねってしまえば、その命は失われて、夜明けに啼く鳥をニワトリとするという定義に矛盾が生ずることはなくなるのである。

第三に、異例なるものを回避する掟は、その種のものを否定する定義を確認し、強化することになる。それ故レビ記[*23]が地を這《は》うものを嫌忌するとき、この嫌忌は公認された事物のパターンの否定的側面として見るべきなのである。

第四に、異例なる事象は危険とされることがある。個人が異例なるものに直面したとき、不安を感ずることがあるのは当然である。しかし、社会制度が個人の自然発生的反応とまったく同様にして発展してきたかのように扱うことは誤りであろう。異例を危険と見做すような社会的信念は、個人の解釈と共同体の解釈との不一致を解消する過程のうちに生み出されると考えた方がより妥当なのである。フェスティンガー[*24]によれば、人間とは、自己の確信が友人のそれと相容れないことに気づいたとき、動揺を感ずるかあるいは友人の方が間違っているといって友人を納得させようとするかのいずれかの行動をとることがはっきりしているという。異例なるものには危険が伴うとすることは、問題を議論することなく棚上げする一つの方法である。それはまた同調性を強めるのに役立つのであるが、このことは以下の道徳に関する章（第八章）で明らかにしたい。

第五に、曖昧なる象徴が祭式において用いられるとき、それは詩や神話でそれが用いられると同一の目的に――つまり、生の意味を高めるためとか、存在の別の次元に注意を喚起するために――役立つことがある。最終章において我々は、祭式が異例なるものの象徴を用いることによって、一元的で壮大な統一的パターンの中に、いかにして生と善ばかりでなく、悪と死をも一体化し得るかを見るであろう。

結論的にいおう。もし不浄《アンクリーンネス》とは場違いのものであるということができるとすれば、我々は秩序の観念を通して不浄の問題にとり組まなければならないのである。不浄もしくは汚物とは、ある体系を維持するためにはそこに包含してはならないものの謂いである。

このことの認識が、汚れ《ダート》に対する洞察の第一歩であるのだ。我々は聖なるものと世俗的なるものとの間に明確な一線を画す必要はないだろう。あらゆる場合に同一の原理があてはまるからである。さらにまた、我々は未開人と現代人との間に特別な区別を設ける必要もないであろう。なぜならば、人間はすべて同一の規範に支配されているからである。ただ、未開人の文化においては、パターン形成の規範がより強力かつより包括的に作用しているのに対して、現代人にあっては、その規範はばらばらに分裂した生活の諸領域に作用しているだけなのである。

＊1　ウィリアム・ジェームズの造語。九六頁に著者自身によるこの語の解説がある。

＊2　「アロンはその祭壇で香草の香をたく。すなわち、毎朝ともし火を整えるとき、また夕暮れに、ともし火をともすときに、香をたき、代々にわたって主の御前に香りの献げ物を絶やさぬようにする」（出エジプト記第三十章第七―八節）といったもの。

＊3　ヘブライの立法者・預言者。

＊4　例えば申命記第十二章には、「焼き尽くす献げ物」をささげる場所、その際行なわなければならない手続き、あるいは、「どの町においても（中略）主が与える祝福に従って欲しいだけ獣を屠り、その肉を食べることができる」が、その場合は「その血を食べてはならず、水のように地面に注ぎ出さねばならない」等々のことが、くわしく定められている。

＊5　Kellog, Samuel Henry（1839-99）アメリカの牧師・聖書学者。なお、本文にある一八四

一年は、九一年の誤り。

＊6　Hegner, R.（未詳）

＊7　Root, F.（未詳）

＊8　Augustine, D.（未詳）

＊9　Ajose, Audrey O.（未詳）

＊10　Lagrange, Marie Joseph（1855-1938）　フランスの神学者。ローマカトリックの代表的聖書研究家。

＊11　Maimonides, Moses（1135-1204）　中世における最大のユダヤ哲学者・神学者。本名はMoses ben Maimon。

＊12　Macht, D. I.（未詳）

＊13　レビ記第十一章十節では、「ひれやうろこのないもの」は「汚らわしいもの」とされている。

＊14　Kramer, Noah（1897-1990）　ロシア生まれのアメリカの東洋学者・人類学者・歴史学者。

＊15　メソポタミア南部の最古の民族。紀元前三五〇〇年頃楔形文字その他の文化を生み、後、バビロニア人に同化・吸収された。なお、ニップールとは、バビロンの南南東にある古代都市で、シュメールの最高神の神殿があった。

＊16　James, William（1842-1910）　アメリカの哲学者・心理学者。プラグマティズムの提唱者として有名。

＊17　封鎖的階級である身分の一種。特にインドにおけるそれを指す。出生と同時に与えられ、地位、特権、職業等が宿命的に世襲され、それぞれ固有の風俗習慣・生活様式等をもつ。

＊18　「お前たちのところで行われた奇跡が、ティルスやシドンで行われていれば、これらの町はとうの昔に粗布《あらぬの》をまとい、灰をかぶって悔い改めたにちがいない」（マタイによる福音書第十一

章第二十一節)」。ここでは、深く自らの事情を反省して、というほどの意。

＊19 Bartlett, Frederick. C. (1886-1969) イギリスの心理学者。

＊20 Abercrombie, Minnie Louie Johnson (1909-) 動物学者 Michael Abercrombie (1912-99) の夫人。

＊21 Empson, William (1906-84) イギリスの詩人・批評家。『曖昧の七つの型』(一九三〇年)で、詩的効果は複雑な意味の重層性から生まれることを主張。

＊22 Ehrenzweig, Anton (1908-66) ウィーン生まれの芸術学者。後イギリスに移った。

＊23 レビ記における嫌忌については第三章参照。

＊24 Festinger, Leon (1919-89) アメリカの社会心理学者。認知的不協和理論の提唱者として有名。

第三章　レビ記における「汚らわしいもの」

汚穢《デファイルメント》とは孤絶した事象ではあり得ない。それは、諸観念の体系的秩序との関連においてしか生じ得ないのである。従って、他の文化における汚穢の法則にどのような解釈を与えても、それが断片的なものであれば必ず不毛に終るであろう。なぜならば、汚穢の観念が唯一意味をもつのは、それが思考の全体的構造とのかかわりにおいてのみだから――すなわち、その根本原理、外的境界、辺境および内的境界等々が隔離の儀式[*1]によって相互に関連づけられているような思考の全体的構造とのかかわりにおいてのみだから――である。

このことを説明するために、私は聖書研究における古来の難問、つまりレビ記における「汚らわしいもの」を――特に食物に関する律例《おきて》を採りあげたい。ラクダ、ウサギおよびイワダヌキが汚《けが》れたものであるのは、なぜであろうか。バッタやイナゴには汚れたものとそうでないものとがあるのはなぜなのだろうか。なぜ、カエルは潔《きよ》きものなのに、ネズミやカバは汚れたるものなのだろうか。カメレオン、モグラおよびトカゲの類が同一の箇所に挙げられているが（レビ記第十一章二十七節）[*2]、これらのものはどういう共通性をもっているのだろうか。

以下の立論の理解を助けるため、私はまず、新訂標準訳聖書[*3]によって、それにかかわりのあるレビ記と申命記との本文を引用することにする。

すべていとうべきものは食べてはならない。食べてよい動物は次のとおりである。牛、羊、山羊、雄鹿、かもしか、小鹿、野山羊、羚羊、大かもしか、ガゼル。その他ひづめが分かれ、完全に二つに割れており、しかも反すうする動物は食べることができる。ただし、反すうするだけか、あるいは、ひづめが分かれただけの動物は食べてはならない。らくだ、野兎、岩狸。これらは反すうするが、ひづめが分かれていないから汚れたものである。いのしし。これはひづめが分かれているが、反すうしないから汚れたものである。これらの動物の肉を食べてはならない。死骸に触れてはならない。

水中の魚類のうち、ひれ、うろこのあるものはすべて食べてよい。しかしひれやうろこのないものは、一切食べてはならない。それは汚れたものである。

清い鳥はすべて食べてよい。しかし、次の鳥は食べてはならない。

ずく、鷹の類、森ふくろう、大このはずく、小きんめふくろう、このはずく、みさご、魚みみずく、こうのとり、青鷺の類、やつがしら鳥、こうもり。羽のある昆虫はすべて汚れたものであり、食べてはならない。清い鳥はすべて食べてよい。（申命記第十四章三―二十節）

地上のあらゆる動物のうちで、あなたたちの食べてよい生き物は、ひづめが分かれ、完全に割れており、しかも反すうするものである。従って反すうするだけか、あるいは、ひづめが分かれただけの生き物は食べてはならない。らくだは反すうするが、ひづめが分かれていないから、汚れたものである。岩狸は反すうするが、ひづめが分かれていないから、汚れたものである。野兎も反すうするが、ひづめが分かれていないから、汚れたものである。いのししはひづめが分かれ、完全に割れているが、全く反すうしないから、汚れたものである。これらの動物の肉を食べてはならない。死骸に触れてはならない。これらは汚れたものである。

水中の魚類のうち、ひれ、うろこのあるものは、海のものでも、川のものでもすべて食べてよい。しかしひれやうろこのないものは、海のものでも、川のものでも、水に群がるものでも、水の中の生き物はすべて汚らわしいものである。これらは汚らわしいものであり、その肉を食べてはならない。死骸は汚らわしいものとして扱え。水の中にいてひれやうろこのないものは、すべて汚らわしいものである。

鳥類のうちで、次のものは汚らわしいものとして扱え。食べてはならない。それらは汚らわしいものである。

禿鷲、ひげ鷲、黒禿鷲、鳶、隼の類、烏の類、鷲みみずく、小みみずく、虎ふずく、鷹の類、森ふくろう、魚みみずく、大このはずく、小きんめふくろう、このはずく、みさご、こうのとり、青鷺の類、やつがしら鳥、こうもり。

羽があり、四本の足で動き、群れを成す昆虫はすべて汚らわしいものである。ただし羽があり、四本の足で動き、群れを成すもののうちで、地面を跳躍するのに適した後ろ肢を持つものは食べてよい。すなわち、いなごの類、羽ながいなごの類、大いなごの類、小いなごの類は食べてよい。

しかし、これ以外で羽があり、四本の足をもち、群れを成す昆虫はすべて汚らわしいものである。

以下の場合にはあなたたちは汚れる。死骸に触れる者はすべて夕方まで汚れる。また死骸を持ち運ぶ者もすべて夕方まで汚れる。衣服は水洗いせよ。

ひづめはあるが、それが完全に割れていないか、あるいは反すうしない動物はすべて汚れたものである。それに触れる者もすべて汚れる。四本の足で歩くが、足の裏の膨らみで歩く野生の生き物はすべて汚れたものである。その死骸に触れる者も夕方まで汚れる。死骸を持ち運ぶ者は夕方まで汚れる。衣服は水洗いせよ。それらは汚れたものである。

地上を這う爬虫類は汚れている。もぐらねずみ、とびねずみ、とげ尾とかげの類、やもり、大とかげ、とかげ、くすりとかげ、カメレオン。以上は爬虫類の中で汚れたものであり、その死骸に触れる者はすべて夕方まで汚れる。これらの生き物の一つが死んで、何かの品物の上に落ちた場合、それが木の器、衣服、皮、袋、その他何であれ道具であるなら、汚れる。（レビ記第十一章二―三十二節）

地上を這う爬虫類はすべて汚らわしいものである。食べてはならない。すなわち、腹で這うもの、四本ないし更に多くの足で歩くものなど、地上を這う爬虫類はすべて食べてはならない。汚らわしいものである。（同第十一章一―四十三節）

以上に関して現在までに与えられたあらゆる解釈は、次の二つのうちどちらかに含まれる。すなわち、この律例《おきて》の意図は戒律にかかわるものであって教義にかかわるものではないからそれは無意味であり恣意的であるとするか、あるいは、それは美徳と悪徳との寓意《アレゴリー》だとするか、このいずれかなのである。マイモニデスは宗教的規定とは大体において象徴体系に欠けているという見解を採って、次のように述べた。

犠牲《いけにえ》が捧げられなければならないという〈律法〉が大きな意味をもつことは明らかである。……しかし、なぜある捧げ物が牡ヒツジであるのに別の捧げ物が仔ヒツジでなければならないのかとか、なぜそれらが一定の数でなければならないのかといったことは我々には理解不可能なのである。このように詳細にわたる律例《さだめ》のどれにしろ、その理由を見出そうと努める人々は、私見によれば、良識に欠けるものであろう……

中世における医学者としてマイモニデスもまた、食物の律例は十分な生理学的基礎を有していると信じたい気持があった。しかし我々はすでに第二章において、象徴体系に対する医学的研究法は放棄したのである。食物の律例は象徴的なのではなく、倫理的・戒律的であるとする見解の現代版としては、エプスタイン[*4]がバビロニア・タルムード[*5]に付けた英文の注釈と、ユダヤ教の歴史に関する同氏の通俗的説明とを見られたい（一九五九年、二四頁）。

律法のどちらの体系も、一つの共通な目的……すなわち〈聖潔《ホーリネス》〉をもっている。すなわち積極的戒律は、美徳の涵養《かんよう》と、真に宗教的かつ倫理的存在の特質たる優れた素質の開発のために定められているのに対し、消極的戒律は、悪徳と闘い聖潔を求める人間の努力を妨げる悪しき傾向や本能を抑えるために決められているのである。……消極的な宗教的律法はまた、教育的目的をも与えられている。それらの中の主要なるものは、「汚《けが》れた」ものと分類されたある種の動物の肉を食うことを禁じたものである。この律例はトーテム信仰[*6]とはなんのかかわりもない。それは聖書において明らかに聖潔の理想と繋がっているのだ。その真の目的は、聖潔を達成するのに不可欠な第一歩として、イスラエル人に克己の鍛練を課するということなのである。

スタイン教授[*7]の『後期ヘブライ文学および初期キリスト教文学における食物の律例』によれば、こういった倫理的解釈の発生は、アレクサンダー大王[*8]や、ギリシア的影響がユダヤ文化に出現した時代にまで遡るという。紀元一世紀におけるアリステアスの書簡[*9]では、モーセの律法は、「ユダヤ人が無思慮な行動に走ったり不正を犯したりするのを防ぐ」ための立派な規律であるばかりでなく、それは善き人生にいたるために自然の理性が命じるところのものに一致すると教えている。かくしてギリシア的影響によって、医学的解釈と倫理的解釈とは合流することができたのである。フィロン[*10]は、モーセの選択原理はまさしく最も美味な肉を選ぶことだったと主張した。

立法者モーセは、ブタとかウロコのない魚とかいったもの、すなわち最も美味で脂肪の多い肉をもっている動物を、しかも陸、海および空のそういった動物を、すべて厳しく禁じたのであるが、それは、この種の肉が五感のうち最も卑しい味覚を虜囚《とりこ》にし、大食の罪を生むことを知っていたからである。

（ここから彼は直ちに医学的解釈に移っていく）

大食の罪は霊魂にも肉体にも危険な悪であって、それというのも、大食は消化不良を惹き起こし、消化不良はあらゆる病気や疾患の原因となるからである。

それとは別の流れに属する聖書解釈においては、アングロサクソン系の旧約研究者たちはロバートソン・スミスやフレーザーの伝統に従って、この律例は不合理であるが故に恣意的であるとのみいいきってしまおうとする。例えば、ナサニエル・ミックレム*11は次のように述べているのだ。

かくかくの動物とか、しかじかの状態もしくは徴候が、汚《けが》れたものとされるのはなぜなのかという疑問については、注釈者たちが多くの紙面《スペース》を割いて議論を行なってきた。ここには、例えば原始的衛生法といったものが認められるであろうか。あるいはまた、ある種の動物や状態はある種の罪を表象または類型化するが故に不浄とされるのであろうか。衛生学も、あるいはいかなる種類の類型学《タイポロジー》も不浄の根拠になってはいないということは確実と考えていいように思われる。こういった規範はどう考えても合理的に説明することができないのである。それらの起源はさまざまであり、有史以前に遡るかもしれないのだ……

これをS・R・ドライヴァー[*12]の説と比較していただきたい（一八九八年）。

しかしながら、清い動物と汚《けが》れた動物との境界を決定する原理は述べられておらず、それがなんであるかについては議論も多い。あらゆる場合にあてはまる唯一の原理は現在まで発見されていないので、いくつかの原理が協同的に働いていた可能性もある。厭《いと》わしい外観や不潔な習慣の故に禁じられていた動物もあろうし、衛生上の理由で禁じられたものもあるだろう。また別の場合には、禁止の動機はおそらく宗教的な理由によるのであろう。特にアラビアにおける大蛇のように、超人間的存在または悪魔的存在によって生気を与えられていると考えられた動物もあっただろうし、あるいは、他の国々の異教的祭式において神聖な意義をもっていた動物もあり得るのである。そして、禁止の意図はこういった信仰に対する異議を表わすことであったかもしれないのだ……

P・P・セイドン[*13]は『カトリック聖書注解』においてこれと同じ立場をとり、ドライヴアーやロバートソン・スミスに負うところがあることを認めている。ロバートソン・スミスがユダヤ教のある部分は、未開・非合理かつ説明不可能だと断じてこのかた、それらの部分は今日にいたるまで非合理だとされたまま検討すらされないでいるように思われるほどなのだ。

この種の解釈がまったく解釈とはいえないということは、指摘するまでもあるまい。なぜならばこういった解釈は、それらの律例にいかなる意義があることも認めないからである。そのような解釈は、学識をひけらかしながら自らの挫折を表わしているのだ。ミックレムがレビ記について次のように述べるとき、彼はこのことをかなり率直に認めているのである。

レビ記第十一章から第十五章までは、聖書全体の中であるいは最も魅力のないものかもしれない。現代の読者にとっては、この部分の多くは無意味であり厭わしいものであろう。それは、祭式的「汚れ」を――つまり、動物に関して（十一章）、出産に関して（十二章）、皮膚病と汚れた衣服とに関して（十三章）、皮膚病を清める儀式に関して（十四章）、ハンセン病と人体からのさまざまな漏出あるいは分泌物とに関して[*14]（十五章）、祭式的「汚れ」を――論じているのである。こういった主題は、人類学者にとっては別であるが、どのような興味を喚び起こすことができようか。これらすべては、宗教とどのような関係があり得るだろうか。

ファイファー[15]は、イスラエル人の生活における祭司的要素・律法的要素に対して批判的立場をとっていた。彼もまた、〈祭司典〉における法規は大体において恣意的なものであるという意見に賛意を表している。

律法学者であるところの祭司のみが、宗教とは神の律法によって規定された神権政治に等しいと考えることができたのであろう。ここで律法とは、人々の神に対する聖なる義務を厳密に、従って独断的に、定めたものである。かくして彼等は外面的なるものを聖化し、宗教からアモス[16]の理想とホセア[17]の憐みとを抹殺し、〈万物の創造主〉を硬直した独裁者の地位におとしめることになった。……〈P《ピー》〉[18]は、太古の慣習から立法の特徴たる二つの基本的概念を引き出したのである。それはすなわち肉体における聖潔と恣意的な規範の設定とであるが、これらは、改革的預言者たちが、精神的聖潔と倫理的規範とを求めるために放棄した古い概念だったのである。（九一頁）

律法学者たちが正確かつ法典に則った形式によって思考する傾向があることは、事実であろう。しかし、まったく無意味なことを——恣意的な規範までをも——法典化する傾向があったとする議論は信じられるだろうか。ファイファーはここで両天秤をかけようとしている。つまり、祭司典の著者の厳格な律法尊重主義を主張するとともに、この律例は恣意的であるとする自己の見解を正当化するため、この章の叙述には秩序が欠けているという指摘をしているのだ。しかし恣意性といったものは、H・J・リチャーズ教授[*19]が私に指摘されたように、レビ記においては最も予想し難い特質であろう。なぜならば、原典批判によれば、レビ記は〈祭司原典[*20]〉から出ているのであり、これを著した人々の最大の関心事は秩序の追求にあったからである。従って、原典批判の重さからして、我々は別の解釈を求めざるを得なくなるであろう。

この律例は美徳と悪徳との寓意であるとする考えに移ろう。スタイン教授は、この種の強力な伝統的主張もやはり、ユダヤ思想に対する初期アレクサンドリアの影響からきているという(一四五頁以下)。アリステアスの書簡を引用して教授は次のように述べる。

大祭司エルアザル[*21]は、ほとんどの人が聖書における食物の制限を理解し得ないことを認めている。もし神が一切の〈創造主〉であるとすれば、なぜ神の律法はある種の動物には触れることさえ禁ずるというほどに厳格なのであろうか(一二八頁以下)。……彼の第一の答は、食物の制限を偶像崇拝の危険とむすびつけるものである。……第二の答は、寓意的解釈によって特定の非難を反駁しようとするものである。禁じられた食物に関する律例にはいずれも深い理由があるのだ。モーセは特にネズミやイタチのためを思ってそれらを食えないものの中に数え上げたのではない（一四三頁以下）。事実はまさにその逆で、ネズミははなはだしい破壊的行為の故に特に有害なのであり、イタチは悪意ある告《つ》げ口屋《ぐちや》の象徴そのものであって、耳から得たものを直ちに口から出すのである（一六四頁以下）。むしろこれらの聖なる律例は、正義の神徳によって我々の中に敬虔なる思想を覚醒させるため、かつまた我々の人格を形成するために定められたのである（一六一―八頁）。例えば、ユダヤ人が食べることを許された鳥はすべて穀物のみを餌とするものであるが故に、従順で清い鳥なのだ。仔ヒツジやヤギを襲い、さらには人間までを襲う野生の肉食鳥はそのようなものではない。モーセはこの種のものを汚れたものと呼んで、信仰深き者は弱き者に暴力を振ったり、自己の力を頼んだりしてはならないと戒めたのである（一四五―八頁）。蹄の分れた偶蹄類とは、我々の行動はすべて正しい倫理的特性を示さねばならず正義を目指していなければならないことを象徴している。……他方、反芻することとは記憶を意味しているのだ。

　スタイン教授はさらに踏み込んで、フィロンが食物の律例を解くために用いた寓意を引用する。

律例によって食べることを許されたヒレとウロコとがある魚は、忍耐と自制とを象徴し、一方、禁じられたものは流れの力に抵抗し得ず急流に押し流されるものである。腹をひきずってのたくりながら進む爬虫類は、絶えず自らの貪欲な欲望や情欲に身を捧げる人である。しかしながら、足に跳《は》ね足があって地の上をはねるものとは、道徳的努力が実を結ぶことを象徴するが故に潔《きよ》らかであるのだ。

キリスト教の教義は、進んで寓意的伝統をとり入れてきた。紀元一世紀におけるバルナバ[*22]書簡は、律法が成就されたことをユダヤ人に確信させるべく書かれたものであるが、清らかな動物とか汚れた動物とかはさまざまな型の人間を指し、ハンセン病とは賤しき罪を指す等々と考えている。この系列における最近の実例は、今世紀初頭のウェストミンスター聖書におけるチャロナー司教[*23]の注釈である。

蹄の分れたものおよび反芻するもの。蹄が分れていることと反芻することとは、それぞれ善悪の識別と神の律法の思索とを意味する。これらのいずれかが欠けているとき、人は汚《けが》れたものとなる。同様にして、ヒレとウロコとをもたない魚——すなわち、祈りによって自らを高めず、美徳のウロコによって自らを覆わない魂——は、汚れたものと見做されたのである。(三節脚注)

これらは解釈というよりはむしろ、敬虔な論評といったものである。それは、一貫性をもたず包括性にも欠けるが故に、解釈とはいえないのだ。このようなやり方では個々の動物についてそれぞれ異なった説明がなされなければならず、このような説明は無限に存在し得るからである。

もう一つの伝統的方法――これもまたアリステアスの書簡にまで遡るものであるが――は、イスラエル人に禁じられたものは、彼等を外的な影響から遮断するという目的しかもっていないという見解である。例えばマイモニデスは、仔ヒツジを母の乳で煮ることが禁じられたのは、それがカナン人の宗教における祭式的行為だったからだと主張した。しかしこの議論も一貫性があるとはいい難い。なぜならば、イスラエル人は常に己れ以外の宗教的要素を一切拒否して、自ら完全に独自のものを創出したとは考えられていないからである。しかしマイモニデスは、この律例の中の不可解な条項は異教的慣習と明確に断絶することを目的としていたのだとする説を受け容れたのだ。かくしてイスラエル人は麻と毛とで織った混紡の衣服を着ることを禁じられ、異なった木を一緒に植えることを禁じられ、動物と性的交渉をもつことを禁じられ、乳で肉を煮ることを禁じられたのだが、それはただ、こういった行為が異教徒の隣人たちの祭式に現われていたからにすぎないという。ここまではその通りかもしれない。たしかにこの律例は、異教的様式の祭祀が蔓延することを防ぐために制定されたのであろう。しかしながら、そうだとしたら、なぜ、異教的儀式のあるものは許されたのであろうか。それも、ただ許されたというだけでなく――もし供犠を捧げることが異教徒にもイスラエル人にも共通の儀式だと考えるとすれば――それはイスラエル人の宗教において中心的地位を与えられているのである。マイモニデスの回答によれば――少なくとも『悩める者への道しるべ』においては――供犠とはなるほど遺憾ながら異教的なものではあるが、イスラエル人を異教的過去から急激に乳離れさせることは非現実的であるが故に止むを得ず許された過渡的段階であるとして、正当化されている。これは、律法学者のものとしては驚くべき言葉であり、そして事実、律法に関する彼の学問的著作においては、彼はこういった議論を主張しようとしないのだ。それどころか、そこにおいて彼は、供犠はユダヤ教における最も重要な儀式だとしているのである。

マイモニデスは少なくともここに両立しないものを見たのであり、それによって彼は矛盾に陥らざるを得なくなったのだ。しかし彼以降の学者たちは、その時の気分に応じて異教的影響の問題をさまざまなやり方で利用するのに満足しているようである。フック教授[*24]とそのグループとは、イスラエル人がカナン人の礼拝様式をかなりの程度にわたって受け継ぎ、カナン人は明らかにメソポタミア文化と多くのものを共有していたことを確証した（一九三三年）。しかし、ある時はイスラエル人を海綿のように他の文化を吸収するものとして描き、ある時には他の影響を拒否するものとして描くだけで、異教的要素からあるものを摂取しながら別のものを拒否したのはなぜかといったことを説明しなければ、それはまったく説明とはいえないであろう。イスラエル人が異教的儀式のあるものをとり入れている以上、仔ヒツジを乳で煮たりウシと交接《まじわ》ることは、それが異教徒たる近隣諸民族の豊饒の儀式だったためにレビ記において禁止されたのだと述べても（一九三五年）、そこにどんな価値があるのだろうか。そういった議論を続けているかぎり、イスラエル人を海綿に譬えることはどのような場合に正しく、どのような場合に誤っているかを知ることはできないだろう。アイヒロットにおける同様な議論も、同じように我々を困惑させるにすぎない（二三〇—三一頁）。いかなる文化も無から創造されるものではないことは当然であろう。イスラエル人が近隣の民族から吸収するやり方は自由なものだったが、完全に自由だったのではない。外的文化の中には、イスラエル人が自己の宇宙を構成していく際の基礎になるパターン形成の原理とは両立しないものもあり、両立するものもあったのだ。例えばゼーナーは、イスラエル人が地を這《は》うものを忌み嫌ったのは、ゾロアスター教から受け継いだものだろうと示唆している（一六二頁）。このようにして異教的要素をユダヤ教に摂取したという歴史的証拠がどのようなものであれ、ユダヤ文化の形成においてこういった特殊な嫌忌が採用されたのは、それがユダヤ人独自の宇宙を構成する一般的原理と矛盾しなかったからであることは、理解されるであろう。

旧約聖書における禁止令を個々別々にとり上げるような解釈は、すべて不毛である。唯一の正しい方法は、衛生学・美学・道徳律および本能的嫌悪等々を忘れ、カナン人やゾロアスター教の流れをくむマギ族[*25]すらをも忘れて、レビ記の本文から出発することである。レビ記における禁止令はすべて、聖なる者となりなさいという命令の次に来ている以上、それらの禁止令はこの命令から説明されなければならないのだ。聖なる者と汚れたものとの間には、個々の禁止すべての意味を全的に明らかにする対照があるはずなのである。

聖とは〈神〉の属性である。その語源は「隔離する」ことを意味する。では、それ以外にこの語はどのような意味をもっているのだろうか。いかなる宇宙論の研究においても、我々は能力《ちから》と危険との原理を求めることから出発するべきであろう。旧約聖書においては祝福があらゆる善《よ》きことの源泉であり、祝福の撤回はあらゆる危険の源泉である。人々がある地《ところ》に住めるようになることすらもが神の祝福によっているのである。

祝福を通して神が行なう業《わざ》は本質的に、人の所業《こと》が栄えるための秩序を創ることである。女の多産、家畜の繁殖、耕地の豊饒等は祝福の結果として約束され、祝福は神との契約を守り神の一切の戒律と儀式とを遵守することによって獲得され得る(申命記第二十八章一―十四節)。祝福が撤回《とりさ》られ呪いの能力が解放されると、不毛と疫病と混乱とが現われる。モーセは次のように述べているのだ。

しかし、もしあなたの神、主の御声に聞き従わず、今日わたしが命じるすべての戒めと掟を忠実に守らないならば、これらの呪いはことごとくあなたに臨み、実現するであろう。あなたは町にいても呪われ、野にいても呪われる。籠もこね鉢も呪われ、あなたの身から生まれる子も土地の実りも、牛の子も羊の子も呪われる。あなたは入るときも呪われ、出て行くときも呪われる。

あなたが悪い行いを重ねて、わたしを捨てるならば、あなたの行う手の働きすべてに対して、主は呪いと混乱と懲らしめを送り、あなたは速やかに滅ぼされ、消えうせるであろう。（中略）主は、肺病、熱病、高熱病、悪性熱病、干ばつ、黒穂病、赤さび病をもってあなたを打ち、それらはあなたを追い、あなたを滅ぼすであろう。頭上の天は赤銅となり、あなたの下の地は鉄となる。主はあなたの地の雨を埃とされ、天から砂粒を降らせて、あなたを滅ぼされる。（申命記第二十八章十五—二十四節）

この引用から明らかな通り、さまざまな積極的・消極的戒律は現実的効果をもつとされていたのであって、なんらかの表象と考えられていたのではないのだ。つまりそれらを遵守することが繁栄《さかえ》をもたらすのであり、それらを侵すことが災殃《わざわい》を招くのである。このように考えれば、我々はこの戒律を未開人の祭式における禁忌《タブー》と同様に——その禁忌を侵犯することが人間に災殃をもたらすのである以上——扱うことができるであろう。戒律も儀式も、人々が自らの生の中で創出しなければならない〈神〉の聖性という観念に等しく中心をもっているのだ。従ってこれは、聖なるものに一致する人間に繁栄《さかえ》をもたらし、それから逸脱する人間を滅ぼすような宇宙なのである。それ以外の手懸りはなくとも、人間が聖なるものに一致するための戒律を検討することによって、我々はヘブライ人が抱いていた聖なるものの観念を見出すことができるだろう。それは明らかに、すべてを抱擁する人間的優しさといった意味での善良さではないであろう。正義と道徳的善良とは当然聖なるものを説明し得るだろうし、その一部を形成するものではあろうが、聖なるものとはそれ以上の観念をも含んでいるのだ。

「聖」なる語の語源が隔離を意味するとすれば、次に現われる観念は全体性および完全性としての〈聖〉といったものである。レビ記の多くは、神殿に捧げられる物や神殿に近づく人々に要求される肉体的完全性を述べるのに占められている。犠牲《いけにえ》に捧げられる動物には傷があってはならず、女は出産後に清潔《きよめ》られなければならず、ハンセン病者は快癒して神殿に近づくことが許される以前に隔離され儀式によって浄《きよ》められなければならない。肉体から漏出するものはすべて不浄であり、それをもっている者は神殿に近づくことができない。祭司は近親者が死んだ時にかぎって死者と接触することができるが、祭司長は死と一切のかかわりをもってはならないのだ。

アロンに告げなさい。

あなたの子孫のうちで、障害のある者は、代々にわたって、神に食物をささげる務めをしてはならない。だれでも、障害のある者、すなわち、目や足の不自由な者、鼻に欠陥のある者、手足の不釣り合いの者、手足の折れた者、背中にこぶのある者、目が弱く欠陥のある者、できものや疥癬のある者、睾丸のつぶれた者など、祭司アロンの子孫のうちで、以上の障害のある者はだれでも、主に燃やしてささげる献げ物の務めをしてはならない。……(レビ記第二十一章十七―二十一節)

これは換言すれば、祭司になろうとする人は、人間として完全でなければならないということである。

肉体的完全性に関するこういった考え方はくり返し強調されたが、これは社会的領域においても、そして特に軍隊生活においては、詳細に定められていた。イスラエル人の文化は、祈りと戦闘《たたかい》とにおいて最大の緊張を示したのである。軍隊は祝福なくしては勝利をおさめることができず、陣営に祝福を留めておくためには、彼等は特に聖潔《きよ》くなければならなかった。従って陣営は神殿と同じく、不浄から守らなければならない。ここでもやはり、肉体からの漏出物がある者はすべて祭壇に進んで礼拝する権利を失ったと同じく、陣営に入る権利を失ったのである。夜の間に身体からの漏出物があった者は一日中陣営の外にいなければならず、日没後洗浄を終ってはじめて帰ることを許された。排泄作用という自然の機能は、陣営の外部で行なわなければならなかった（申命記第二十三章十―十五節）。要するに、聖という観念は、完璧なる容器とみられていた肉体の完全性といった形で、外的・物質的に表現されたのである。

完全性はさらに拡張されて、社会的脈絡における完全性をも意味していた。重要な企画がひとたび着手されれば、不完全のままにしておくことは許されなかった。この意味での完全性の欠如もまた、戦士としての適格性を奪うものであった。戦いの前に、指揮官は次のような宣言をするのである。

「新しい家を建てて、まだ奉献式を済ませていない者はいないか。その人は家に帰りなさい。万一、戦死して、ほかの者が奉献式をするようなことにならないように。ぶどう畑を作り、まだ最初の収穫をしていない者はいないか。その人は家に帰りなさい。万一、戦死して、ほかの者が最初の収穫をするようなことにならないように。婚約しただけで、まだ結婚していない者はいないか。その人は家に帰りなさい。万一、戦死して、ほかの者が彼女と結婚するようなことにならないように。」（申命記第二十章五―七節）

なるほどここに引用した律例は明からさまに汚穢《けがれ》を意味しているわけではない。計画を成し遂げていない者は、ハンセン病者が汚れていると同じ意味で汚れているといったことピーザーセン[*27]は次のような極論をするにいたっている。

人は鋤《すき》に手をかけてそのまま帰るべきではないという強い言葉がある。[*26] このことについてさせないように帰宅させるべきだと続いているのである。しかしながら、別の部分には、は述べられていないのだ。事実次の節は、恐怖にとりつかれた臆病者は、その恐怖を蔓延

これらの場合にはすべて、人々は新しい重要な仕事に着手したが、未だにそれが完成していないのだ……。すなわち新しい完全性が生まれようとしているのである。はやまって——つまり、それが成熟に達する以前とか完成されないうちに——それを破棄することは、重大な罪を犯す危険を伴うのである。（第三部、一〇頁）

ピーザーセンに従えば、戦いにおいて祝福と戦捷とをかち得るためには、人は肉体において完全でなければならず、精神において誠実でなければならず、未完成の計画を残したままであってはならないのである。実際にこれを踏まえた話として、新約聖書中にはある人が盛んな饗宴を催したがそこに招待した来客が口実を設けて出席しなかったので、彼の怒りを招いたという譬え話がある（ルカによる福音書第十四章十六—二十四節、マタイによる福音書第二十二章。ブラック[*28]およびラウリー[*29]共著、一九六二年、八三六頁をも参照）。この話では客のうち一人は新しい農地を求めたといい、一人は十頭の牛を買ったがまだそれを調べ

ていないといい、一人は妻を娶ったと述べている。もし、旧約聖書申命記第二十章に照らして彼等の欠席が真に正当であるといい得るならば、この譬え話はピーザーセンの説を――すなわち、新しい計画の中断は軍事的脈絡においてばかりでなく市民的背景においても悪と見做されたというピーザーセンの説を――支えることになるのである。

それとは別の方向に完全性の観念を展開する戒律もある。肉体と新しい事業とについてのさまざまな比喩は、個人と彼の仕事との完全性・完璧性にかかわってくる。また、聖潔の観念をさまざまな種とか範疇とかに拡張したものもある。雑種とかその他の混合は忌み嫌われるのである。

動物と交わって身を汚してはならない。女性も動物に近づいて交わってはならない。これは、秩序を乱す行為である。(レビ記第十八章二十三節)

ここで「秩序を乱す行為」とはヘブライ語でもほとんど見られない *tebhel* なる語の誤訳であるが、この誤訳は暗示的である。このヘブライ語は混合または混乱を意味するからである。同様な主題はレビ記第十九章十九節にもとり上げられている。

あなたたちはわたしの掟を守りなさい。二種の家畜を交配させたり、一つの畑に二種の種を蒔いてはならない。また二種の糸で織った衣服を身に着けてはならない。

これらの禁止令の前には必ず、次のような一般的命令がある。

あなたたちは聖なる者となりなさい。あなたたちの神、主であるわたしは聖なる者である。*30

以上から我々は、完全性が聖潔の具体例になっていると結論することができる。聖なる者になるためには、個人が各々の属する集団と一体化していなければならない。また聖なる者になるためには、異なった範疇の事物を混同してはならないのである。

この最後の点について一層詳細に論じている戒律がある。聖潔とは天地創造の際に定められた範疇を明確に守り続けることだというのである。従って、聖潔とは必然的に、正確な定義、区別および秩序を意味することになる。この点に関しては、性道徳のあらゆる規範は聖なるものの例証である。近親相姦や姦通は（レビ記第十八章六―二十節）、正しい秩序といった単純な意味での聖潔に反するのだ。道徳律は聖潔と矛盾しないが、聖潔とは夫や兄弟の権利を守るというよりはむしろ、隔離すべきものを隔離するといった問題に属しているのである。

次いでレビ記第十九章には、聖潔に反するもので右に述べた以外の行為が挙げられている。ここでは、混同ではなく秩序としての聖潔という観念が展開されているのだが、それは廉直と公正な行動とを聖きものとし、矛盾と不正な行動とを聖潔に反するものとするのだ。盗み、嘘、虚偽の証言、衡量や尺度のごまかし、あらゆる種類の偽り《いつわ》——例えば、聾の悪口をいうこと（そしておそらく面と向っては微笑みかけること）、心の中で兄弟を憎むこと（そしておそらくは優しい言葉をかけること）等々——といったものは、明らかに外観と実体との矛盾である。レビ記のこの章はまた、寛容と愛とについても多くのことを述べているが、これらは、これこれのことをしなさいという積極的命令であり、私は今、かくかくのことをしてはならないという否定的規範を問題にしているのである。

　これで、潔《きよ》き肉と汚《けが》れたる肉との律例《おきて》を研究する十分な基礎を確立することができた。つまり、聖きこととは完全であり一つであることなのだ。聖潔とは、個人および種の統一であり、完全性であり、完璧性なのである。食物の律例は、これと同様な線に沿って聖潔の比喩を拡張したものにすぎないのだ。

　第一に我々は、家畜類から——つまりイスラエル人の生活の糧《かて》であったウシ、ラクダ、ヒツジおよびヤギから出発すべきであろう。これらの動物と接触しても神殿に近づく前に清めの儀式を必要としないというかぎりにおいて、それらは潔《きよ》らかなものだった。家畜類は、彼等の住んでいた土地と同じく、神の祝福を受けていた。この両者ともが祝福によって多産なものとなり、両者ともが神の秩序に包含されたのである。農夫はこの祝福をずっと保ち続ける義務があった。そのため、一つには、農夫は創造の秩序を保たなければならなかった。従ってすでに見たように、耕地においても家畜類においてもあるいは麻や毛で造られた衣服においても、雑種は許されなかったのである。神が人間と契約を結ぶと同じやり方で、ある意味では人間は土地や家畜と契約を結んでいた。人間は家畜から生まれた最初の仔を尊重し、家畜に安息日を守らせた。家畜は文字通り奴隷として家庭内に飼われていた。家畜も祝福を得るためには、人間の社会的秩序の中に入らなければならなかったのである。家畜と野獣との差は、野獣には身を守るべき契約がないということである。おそらくイスラエル人も、ある種の牧畜民と同様に、野獣を賞味しなかったのであろう。例えば南スーダンのヌエル族は、狩猟で生活する男を明らさまに非難する。野獣の肉を食わざるを得なくなるというのは、牧畜民の資格に欠ける証拠だというのである。それ故、イスラエル人が禁じられた肉を食べたいと思ったろうと想像したり、この禁止令を厄介なものだと思ったろうと想像したりするのは、たぶん間違いであろう。ドライヴァーの解釈によれば、この禁止令は事実から原理に遡って彼等の慣習を一般化したものなのだが、この説はおそらく正しいと思われる。蹄が分れて反芻する有蹄類は、牧畜民にふさわしい食物の典型だったのであろう。もし野獣をも食べることができるとすれば、その野獣はこの種の有蹄類と同じ明確な特徴をもち、それ故に同一の一般的な種に属するものでなければならなかったのだ。これは、カモシカや野生のヤギおよび野生のヒツジといったものを捕獲する余地を認める一種の詭弁である。もし律法の精神が、境界線上にある問題に対しては裁定を下さない方がいいと考えていたら、すべてはまったく明快になっていただろう。ウサギやヤマネズミ(またはイワダヌキ)等の動物は常に歯を動かしているところから、反芻する動物だと思われたであろう。けれどもそれらの蹄が分れていないことは決定的なので、それらは名指しで禁じられたのである。同様に蹄は分れているが反芻しない動物として、ブタやラクダが禁じられた。このようにして、家畜であることを決定する二つの必要な判断基準に一致しないということだけが、旧約聖書でブタを禁じている唯一の理由であることに注目していただきたい。ブタが不潔できたないものを食う習慣があるといったことは、全然述べられていないのである。ブタからは乳も皮革も毛もとれない以上、その肉を食うこと以外にはブタを飼う理由はないのである。そしてもしイスラエル人がブタを飼っていなかったとすれば、彼等がブタの習慣にくわしかったはずはないであろう。私は、ブタが汚《けが》れたるものとされた唯一の理由は、それが野生のイノシシだった頃カモシカと同じ分類に入れることができなかったことであり、この点においてブタは聖書に述べられている通り、ラクダやイワダヌキと同じ立場にあったことだといいたいのである。

こういった境界線上の動物を否定してから、律法はさらに続けて、三つの基本的要素すなわち水と天と地とに棲む生き方に従って、さまざまな動物を論じている。ここにおける原理は、ラクダ、ブタ、ノウサギおよびイワダヌキに適用されたそれとは別のものである。というのは、これらの獣は家畜の特性のうち一つをもっているが、他の一つを欠いているために清い食物から除かれているものだからである。鳥については、その名が挙げられているだけでその特性についての記述はなく、しかもヘブライ語からの翻訳には大きな疑問があるので、私は発言をさし控えざるを得ない。けれども一般的には、動物が潔《きよ》いものであるための基本的原則は動物が完全にその種属の特徴を具えていることである。ある種属の特徴を不完全にしか有していないもの、あるいはある種属そのものが世界の一般的構造を混乱させるようなものは、不浄とされるのだ。

この構造を把握するためには、我々は創世記と天地創造とにまで遡らなければならない。ここには、地と水と天の蒼穹《あおぞら》とに分たれた三重の分類法が展開している。レビ記はこの構造をとり上げ、その各々のものにふさわしい動物の生活を配置しているのだ。天の蒼穹には二本の足をもった鳥が翼を広げて飛んでいる。水中にはウロコをもった魚がヒレを使って泳いでいる。地には四つ足の獣が跳び、走り、または歩いていく。これらの活動領域本来の運動能力を具えていないような動物の種属は、聖潔に反するのである。その種のものと接触すれば、人間は神殿に近づく資格を失う。このような意味で、水に棲むもののうちヒレやウロコをもたないものは不浄とされるのだ(レビ記第十一章十―十二節)。肉食とか腐肉を食うとかいう習慣はなんら問題にされていない。魚が潔《きよ》いことを確認する唯一の確実な方法は、それがウロコをもちヒレによって前進することだけなのである。

四つ足で空を飛ぶ動物は汚らわしいものである（レビ記第十一章二十―二十六節）。四本の足で歩くが足の裏の膨らみで歩く野生の生き物は汚れたものである（同、二十七節）。その次に、きわめて論議の多い名前が現われる（第五章二十九節）。[31] ある翻訳では、これらの動物はすべて、前足のかわりに手を与えられながら、邪《よこしま》にも手を歩行の用に供するものであるように思われる。つまりそれは、イタチ、ネズミ、ワニ、トガリネズミ、さまざまなトカゲ、カメレオンおよびモグラであるが（ダンビー、[32] 一九三三年）、これらの前足は不気味なほど手に似ているであろう。こういった動物の特徴は、新改訂標準訳聖書では、手(hand) ではなく前足 (paw) という語が用いられているために明確になっていないだけなのである。

汚れた動物として最後に挙げられている種類は、地を這ったりあるいはうようよと動いたりするものである。この形の運動は明らかに聖潔に反する（レビ記第十一章四十一―四十四節）。ドライヴァーとホワイトとは、[33] *shěrec* なるヘブライ語の訳に「うようよと進む」(swarm) という語を用いているが、ヘブライ語の原義は水中にうごめくものにも、地上でうようよと動くものにも当てはまるものである。これをうごめくと訳そうと、あるいは腹ばう、這う、またはうようよ動く等々と訳そうと、それが不確定な形式の運動であることに変りはないのだ。主要な動物の範疇がその動物の典型的運動様式によって決定されている以上、いかなる区分にもふさわしからぬ前進形式たる「うようよ動く」運動は、基本的分類法を混乱させることになる。うようよ進むものは、魚でも獣でも鳥でもないのである。ウナギやヒル[*34]の類は水中に棲むがそれは魚ではない。爬虫類は乾いた土の上を進むがそれは四足獣ではない。昆虫には飛ぶものもあるがそれは鳥ではない。こういったものの中には、秩序がまったくないのである。ハバクク書の預言が生の形式についていっていることを想起していただきたい。

あなたは人間を海《うみ》の魚《うお》のように／治《おさ》める者もない、這《は》うもののようにされました。

（第一章十四節）

うようよと進むものの原型はウジムシである。魚が海に属すると同じく、ウジムシは死や混沌とともに墳墓の領域に属するのだ。

バッタやイナゴの問題は興味深くかつ一貫性がある。それが清いかどうか、つまり食べられる種類なのか否かという規準は、それが地上でどのように運動するかということである。もしそれが這うものであれば、それは不浄であり、跳びはねればそれは清浄とされる（レビ記第十一章二十一節）。ミシュナ[*35]においては、カエルは這い進むものの中に分類されてはおらず、不浄をもたらすものではないという（ダンビー、七二二頁）。私は、その理由はカエルが跳ぶことだといいたい。もしペンギンが近東地域に棲んでいたとすれば、それは翼のない鳥として不浄なるものと見做されたであろう。もし不浄なる鳥の名前が以上の視点から翻訳しなおされれば、それらは空を翔ぶばかりでなく泳いだり水に潜ったりするという理由で、あるいはそれ以外の点で鳥のようでない所があるという理由で、異例のものであるということが判明するであろう。

このように考えれば、「あなたたちは聖なる者となりなさい」とは「あなた方は離れていなければなりません」という意味にすぎないと主張することは、明らかに困難である。モーセはイスラエルの子たちが神の命令を常に心に留めておくことを望んでいた。

あなたたちはこれらのわたしの言葉を心に留め、魂に刻み、これをしるしとして手に結び、覚えとして額に付け、子供たちにもそれを教え、家に座っているときも道を歩くときも、寝ているときも起きているときも、語り聞かせ、あなたの家の戸口の柱にも門にも書き記しなさい。(申命記第十一章十八―二十節)

食用に供してはならないとされた動物についてここに試みた解釈が正しいとすれば、食物の規範は、いたるところで神の統一性、清浄性および完全性の瞑想に人々をいざなう徴証《しるし》のようなものであっただろう。動物と接触するたびに、また食事のたびごとに、禁止の規範によって聖性は具体的表現を与えられたのである。かくして食物の規範を遵守することは、〈神殿〉に捧げる供犠において最高に達する典礼的行為、認識と礼拝という重要な典礼的行為の意義深い一部分だったと考えられるのである。

＊1　本書四五頁、七二―七三頁、一三三頁等を参照。神の属性たる「聖」とは「隔離する」ことを意味するという。

＊2　これは原注の誤記で、正しくは第二十九―三十節である。

＊3　原文は *The New Revised Standard Translation* を用いているが、日本語の引用は、新共同訳聖書（一九八七）による。

＊4　Epstein, Isidore（1894-1962）　リトアニア生まれのユダヤ教研究者。ラビの学位をもち、著書多数。

＊5　ユダヤの律法ミシュナ（二世紀末パレスチナで編纂されたユダヤ教の不成文律書）とその解説ゲマラとの集大成。五〇〇年頃バビロンで解明されたものと、三七五年頃パレスチナで解明されたものと二種類がある。

＊6　未開人の中で種族または氏族に因縁あるものとして世襲的に自然物を崇拝しそれを食うことを禁じる信仰。特に動物の場合が最も多い。

＊7　Stein, S.　イギリスの聖書学者・ロンドン大学教授。

＊8　(356-323 B.C.)

＊9　ギリシア語訳旧約聖書（Septuagint）成立の事情を記した匿名の書簡で前二〇〇年頃から

三三年までのさまざまな日付が記されている。著者は自らギリシア人と称しているが、アレクサンドリア在住のユダヤ人と考えられている。

＊10 Philo Judaeus（c. 30 B.C.-c. A.D. 40） ヘレニズム時代のユダヤ教を代表する哲学者。

＊11 Micklem, Nathaniel（1888-1954） イギリスの聖職者・聖書研究家。

＊12 Driver, Samuel Rolles（1846-1914） イギリスの聖書学者。オックスフォード大学教授。

＊13 Saydon, Peter Paul（1895-?） イタリア生まれの聖書学者。王立マルタ大学聖書学・ヘブライ語教授。

＊14 ハンセン病については、第十五章ではなく第十四章で述べられている。

＊15 Pfeiffer, Robert H.（1892-1958） イタリア生まれのアメリカの聖書学者。ハーヴァード大学教授・セム博物館長等を歴任。

＊16 紀元前八世紀のヘブライの預言者。アモス書参照。

＊17 紀元前八世紀のヘブライの預言者。ホセア書参照。

＊18 旧約聖書中モーセの五書中、最初のエロヒスト（神を *Yahweh* と呼ばず *Elohim* と呼んでいる部分の著者）に由来する源泉を指す略称。十九世紀末、この部分が最も新しいのではないかという主張が出された。

＊19 Richards, H. J.（未詳）

＊20 旧約聖書の源泉の一つ。紀元前五世紀頃編纂されたもの。

＊21 アロンの息子。イスラエルの大祭司としてアロンの後継者になった。民数記第二十章二十八節参照。

＊22 十二使徒には含まれないが、初期キリスト教で最も重要な伝道者。使徒言行録第四章三十六―三十七節参照。

＊23 Challoner, Richard（1691-1781） イギリスのカトリック聖職者。*The Bible in English for Roman Catholics*（1749-50）を編纂。

＊24 Hooke, Samuel Henry（1874-1968） イギリスの聖書学者。民俗学者。

＊25 ゾロアスター教の系統を引く古代メディアおよびペルシアの拝火教の祭司階級。

＊26 ルカによる福音書第九章六十二節「鋤に手をかけてから後ろを顧みる者は、神の国にふさわしくないものである」参照。

＊27 Pedersen, Johannes Peder Ejler（1883-?） デンマークの旧約聖書学者。

＊28 Black, Matthew（1908-94） イギリスの神学者。聖書学者。スント・アンドルーズ大学教授。

＊29 Rowley, Harold Henry（1890-1969） イギリスの聖書研究家。

＊30 レビ記第十九章二節。

＊31 これは原注の誤りで正しくは第十一章二十九―三十節。新共同訳では「もぐらねずみ、とびねずみ、とげ尾とかげの類、やもり、大とかげ、とかげ、くすりとかげ、カメレオン」となっている。

＊32 Danby, Herbert（1889-1953） イギリスの聖書学者。オックスフォード大学教授。

＊33 White, Henry Alcock（1865-98） イギリスの聖職者・聖書学者。

＊34 原文は worm。この語は*ミミズ*、ヒル、イモムシ、ケムシ、ウジムシ、（体内の）寄生虫等を含んでいるが、ここでは“worms inhabit water”とあるので「ヒル」とした。次の段落では“worms belong in the realm of the grave”となっているので「ウジムシ」とした。

＊35 二世紀末パレスチナで編纂されたユダヤ教の不成文律書。タルムードの基礎になっている。本書一四八ページ＊5参照。

第四章　呪術と奇蹟

かつてクン・ブッシュマン族が雨乞いの儀式を行なったとき、地平線に小さな雲が出現し、それが広がって天はかき曇り、次いで本当に雨が降った。しかし、ブッシュマンたちにあの儀式が雨を降らせたと思うかと訊ねた人類学者は、一笑に付されてしまったという（マーシャル[*1]、一九五七年）。欧米人は他民族の信仰について、一体どの程度まで愚直になり得るのであろうか。古い人類学の資料には、未開人は祭式が自分がかかえている問題に直ちに効果をもたらすと思っているといった考え方や、未開人は自らの平癒の儀式だけで満足せずにヨーロッパ式医学を求める人々を信仰の欠如を示しているかのように本気で馬鹿にするといった考え方が、満ち満ちている。ディンカ族は毎年マラリア治療のための儀式を行なう。この儀式は、マラリアが間もなく減るだろうと思われる時期にあわせて行なわれるのである。これを見たヨーロッパ人観察者が冷やかに述べたところによれば、祭式を執行した聖職者は出席者全員に、もし全快しようと望むならば規則正しく診療所に行くようにと勧めて式を閉じたそうである(リーンハート、一九六一年)[*2]。

未開人は祭式がそれだけで自動的効験をもつと信じている、といった思考の跡を辿ることは、困難ではない。ヨーロッパ文化の根底には、異邦人は真の精神的宗教を知らないという自己満足的仮定が潜んでいる。こういった仮定の下で、原始的呪術に関するフレーザーの壮大な記述は根を下ろし、広く流行したのである。あたかも未開人とはアリババやアラジンのような人々の集団であって、彼等は呪文を唱えたり魔法のランプをこすったりしてばかりいるのだときめつけるかのように、呪術は他の儀式とは厳密に区別されたのだ。原始的呪術に対するヨーロッパ的偏見の故に、未開文化と現代文化との間に誤った区別が設けられるにいたり、遺憾ながら比較宗教学の発展が妨げられてきたのである。だが、これまでに呪術という言葉が多くの学者によってどのように用いられてきたかを示すことは、私の目的ではない。さまざまな事象の流れを変えるのに効験があるとされている象徴的行為——すなわち呪術——に定義を与え名称を付するといったことは、すでに多くの学者が豊かな学識を傾注しすぎたほどなのである(グーディ[*3]、グルックマン[*4])。

ヨーロッパ大陸の諸国においては、呪術《マジック》とはいまだに曖昧な文学用語であって、それについてさまざまな記述がされてはいるが厳密な定義が与えられたことはない。モース[*5]の『呪術の理論』の慣例では、この語は特別な種類の儀式を意味するのではなくて、むしろ未開人の儀式および信仰の総体を指していることが明らかであろう。つまりそこでは象徴的行為がもたらす効験の問題に特に焦点をしぼってはいないのである。イギリスにおいて、呪術とは効験を生む象徴的行為であるとする観念が独立して発生し定着してきたのは、フレーザーの影響による（第一章参照）。マリノフスキー[*6]はこの観念をそのまま発展させて、その流行に新しい生命を与えた。マリノフスキーにおいては、呪術は個人的感情の表現に源泉をもつとされる。情熱に駆られた人間が顔をひきつらせるのと同様に、情熱に駆られた呪術師は足を踏みならし、拳《こぶし》を振りまわし、かつまた利益や復讐を求める強い要求を具体的行為の形で演じたという。マリノフスキーによれば、この身体的行為は始めはほとんど無意識のものであり、願望充足の妄想だったが、これが呪術的儀式の基礎なのである（ナデル[*7]、一九四頁を見よ）。マリノフスキーは日常言語のもっている創造的効果に対してきわめて独創的洞察力を示し、それによって現代言語学に深い影響を与えた人である。その彼がどうして、呪術的儀式を他の儀式と区別し、呪術とは恐るべき事態に対して快活と勇気とを求めるべく用いられる貧乏人のウイスキーのようなものだというに類する不毛な議論をすることができたのだろうか。これもまたフレーザーから派生した大きな誤解であって、彼は自らフレーザーを師と仰いだと称しているのである。

ロバートソン・スミスがすでにローマカトリックの儀式と未開人の呪術との間に相似的関係を認めているので、我々は有り難くこの示唆をとり上げたいと思う。ここで呪術と奇跡とを同義だと見做すことによって、キリスト教において奇蹟が信じられていた時代に立ち戻り、当時の信者たちが考えていた儀式と奇蹟との関係を考察することにしたい。その時代には、奇蹟の起こり得る可能性が常に存在していたことが分かるだろう。つまり奇蹟とは必ずしも儀式の結果生ずるものではなく、いついかなる場合にも、倫理的必要もしくは正義の要請に応えて突然出現し得ると考えられていたのである。特定の物体・場所・人間には、奇蹟を生む力がより多く内在している可能性があった。しかし奇蹟を機械的なやり方でひき起こすことは不可能であった。例えば、正しい呪文をとなえたり聖水を撒いたりすることで、必ずしも病を治癒させることはできなかったのである。奇蹟を生起させる力が存在することは信じられていたが、それを支配する確実な方法はなかったのだ。イスラム教におけるバラカ、チュートン族における〈幸運〉、あるいはポリネシア人のマナ等[*8]はそれぞれに異なったところも似たところもあるのだが、奇蹟もおよそそういったものだったのである。未開人の世界ではすべて、このような奇蹟的な力を人間の要求に応じて支配しようとするのであるが、彼等は皆、そのためにはさまざまな相関的要素を考慮しなければならないと考えているのであって、このことは次章において明らかにしたいと思う。キリスト教の伝統においても奇蹟が信じられていた時代があったが、奇蹟は規定された儀式によってのみ起こるということはなかったし、儀式は必ずしも奇蹟を期待して執行されるものでもなかった。未開人の宗教における儀式と呪術的効験との間にも、これと同様にゆるやかな関係が存在すると考えるのが現実的であろう。呪術的効果が出現し得るという信仰が常に信者の心にあることは認めるべきであり、宇宙的意味をもつ象徴的行為を執行することから物質的利益を期待するのは、人間的かつ自然なことであることも認めるべきだろう。しかし、未開人の祭式を主として呪術的効果を生むためのものとして扱うことは誤りなのだ。未開文化における祭司は、必ずしも呪術的奇蹟を行なう者ではない。このところを誤解したために我々ヨーロッパ人は他民族の宗教を理解できなかったのであるが、しかしそれは、以下に述べるように、一層根深い偏見から生まれた最近の副産物であるにすぎないのだ。

内的な意志と外的な行為とを対照させることは、遠くユダヤ教とキリスト教との歴史に起源をもっている。いかなる宗教もその本質からして、この二つの極の間を揺れ動かざるを得ないであろう。もし新しく生まれた宗教が創始時における革命的情熱の時期を過ぎて、たとえ十年間でも生き残るとすれば、内面的宗教生活から外面的なそれへの変化がなければならない。そして最後には、外面の表層が硬直して批判を招くにいたり、新しい革命を誘発することになるのである。

そこで旧約聖書においては常に、預言者の怒りが慎ましい悔いた心に対してではなく、空虚な外的形式の誇示に向けられることになる。また、エルサレムにおける最初の宗教会議[*9]以降も、使徒たちは聖なるものに関して精神的解釈をとる立場に立とうと試みている。

また〈山上の垂訓〉[*10]は、モーセの律法を救世主キリストが嚙んでふくめるようにいいかえたものと見做されたのである。さらに聖パウロが、しばしばモーセの律法を旧き啓示の一部であり束縛であり軛《くびき》であると述べていることは、あまりによく知られているのでここに引用するまでもあるまい。この時以降、人間の肉体的条件は——例えば重い皮膚病を患っている者だとか、血を流している者だとか、足の不自由な者だとかいったことは——祭壇に近づき得る資格とは無関係になるはずだった。人々の食物、触れた物、仕事をする日といった偶然的条件は、彼等の精神的状況にはなんの影響ももたなくなるはずだった。要するに罪とは意志の問題であって、外的環境の問題ではないと見做されるようになるはずだったのである。けれども、肉体的状態は儀式とは無関係であるという観念には自然発生的抵抗があって、そのため初期の教会の精神的意図は常に挫折している。例えば、ある初期の〈悔悛総則〉[*11]を資料として判断すれば、血による汚《けが》れといった観念は、長い間消えなかったようである。紀元六六八—六九〇年の間カンタベリー大司教をつとめたテオドロス[*12]の〈悔悛総則〉を一見していただきたい。

もし知らずして、血または不浄なるもので汚されたものを食べた場合には、まったく問題はない。それを知りながら食べた場合には、汚穢《けがれ》の程度に従って罪障消滅の行《ぎょう》をしなければならない。……

彼はまた、女子には出産後四十日にわたる汚穢消滅の行を要求し、また女子が月経中教会に入ったり聖体拝受にあずかったりする場合は、修道院にあると俗界にあるとを問わず、必ず三週間の断食による罪障消滅を行なわなければならないとしている（マックニール[*13]およびゲイマー[*14]共著）。

これらの規則が〈教会法規集成[*15]〉の一部に採用されなかったことはいうまでもなく、従って現在ではキリスト教において執行されていた不浄の儀式の実例を見出すことは困難である。本来血の汚れを除くためのものだったとも考えられる命令が、今では象徴的精神的意味しかもたないものと解釈されているのである。例えば、血が教会の境内で流された場合には教会を再び聖別するのが習わしであるが、聖トマス・アクィナス[*16]の解説によれば、「流血」とは流血をも辞さない意図で行なわれた傷害事件であり、要するにそれは罪の謂いであって、「流血」とは字義通り流血による汚《けが》れのことではなく、教会の神聖を汚すような罪を指すというのである。同様に、出産した女性の罪障消滅の儀式はおそらく究極的にはユダヤ教の儀式に由来すると考えられるのだが、教皇パウロ五世（在位一六〇五—二一）以来の現行の〈ローマカトリック典礼〉では、女性独特の産後感謝礼拝は単に神に対する感謝の行為だとしているのだ。

プロテスタンティズムの長い歴史は、祭式における形式が硬直して宗教的感情より優位に立ってしまいがちな傾向に対して、常に警戒を怠ってはならないということを証明している。宗教改革は、儀式が空虚な外形に堕することに対して激しい波状攻撃をかけ続けた。キリスト教に生命があるかぎり、パリサイ人《びと》と取税人との譬え話[17]が共感を呼ばないことはあり得ず、外的形式が空虚化してそれ自身が表象する真理を裏切る可能性があるといったことが叫ばれなくなるときは来ないであろう。新しい世紀が拓かれるたびに、我々は一層長く一層激しい反＝儀式主義的伝統を受け継ぐことになるのである。

　このことは、自らの宗教的生活に関するかぎり、正しくまた善きことである。しかし、さまざまな他の宗教を判断するにあたっては、生命なき形式性に対する自らの懸念を無批判にもち出さないよう注意するべきであろう。福音主義運動[18]の影響によって我々ヨーロッパ人は、いかなる儀式も空虚な形式であり、いかなる行動規範の設定も自然の共感を尊重する運動とは無縁であり、いかなる外的宗教も真の内的宗教を裏切るものであると考えようとする傾向をもっている。ここから未開人の宗教についてある仮定を抱くまでは、ほんの一歩であろう。つまり、もし彼等の宗教にいやしくも報告に価するだけの形式性が具わっていれば、それは形式的にすぎる宗教であり、内的宗教に欠けているとするのである。例えば、ファイファーの『旧約聖書の諸篇』はこういった反＝儀式主義的偏見をもち、その結果「旧来の儀式宗教」を預言者による「新しき行動の宗教」と対比させるにいたっている。彼の描き方は、旧い儀式にはまったく精神的内容が存在し得ないかのような感じを与えるのだ（五五頁以下）。彼の描き出すイスラエル宗教史においては、厳格で鈍感な立法者たちは預言者たちと対立抗争をこととしていたかのようであり、この両者が同一のものに奉仕した可能性とか、儀式や法典化が精神性にかかわっているといった可能性は、一切認めないのである。ファイファーによれば、立法をつかさどっていた祭司たちは、

外面的なものを聖化し、宗教からアモスの倫理的理想とホセアの憐みとを抹殺し、万物の創造主を硬直した独裁者の地位におとしめることになった。……〈P《ピー》〉は太古の慣習からその立法の特徴たる二つの基本的概念を引き出したのである。それはすなわち肉体における聖潔と恣意的な規範の設定とであるが、これらは改革的預言者たちが精神的聖潔と倫理的規範とを求めるために放棄したものだったのである。（九一頁）

これでは歴史ではなくて、むしろまったく反＝儀式主義的な偏見である。なぜならば、完全に内面的で一切の規範をもたず、あらゆる礼拝の形式を有せず、内的状態を外的徴証《しるし》によって表わすことがまったくない宗教といったものはあり得ないからである。世俗社会においても同じことなのだが、外的形式とは宗教が存在するための条件であるのだ。我々は、福音主義的伝統の後継者として形式に疑問をもち自然発生的な表現を求めるように育てられてきたので、丁度、メアリ・ウェッブ*19が描いた、「家庭で作ったケーキと家庭で捧

げる祈りとが常に最善なのよ」という大臣の妹のようになってしまったのである。人間は社会的動物であるが故に儀式的動物なのである。もしある形式による祭祀が抑圧されればそれは別の形式をとって出現するのであり、社会的相互作用が強力になればなるほど別の形式をとって現われる力も強力になるであろう。哀悼の書簡、祝電、および時折の葉書といったものまでがなかったら、遠く離れている友人間の友情といったものは社会において現実化されないのである。友情は友情の儀式がなければ存在し得ないのだ。社会的儀式は、もしそれがなかったら存在し得ないような一種の現実を創出するのである。思索にとって言葉が重要であるよりは社会にとって儀式が一層重要であるといっても、それはいいすぎではあるまい。というのも、なにごとかを知って然る後にそのことを表わす言葉を見出すことは可能であっても、象徴的行為なくして社会的関係をもつことは不可能だからである。

世俗的儀式に関するヨーロッパ的観念を明らかにすることができれば、我々は未開人の儀式について一層の理解を得ることになるであろう。我々個人にとって、日常の象徴的行為はいくつかの役割を果している。それは焦点を設定する仕組みとして、記憶の手段として、さらに、経験を支配するものとしても役立つのである。まず焦点設定の機能についていえば、儀式は枠組を決定する。時間または空間を限定することは——例えば「昔々……」といえばとりとめのないお伽話を受け容れようとする気分を醸成するように——特別な種類の期待を生むのである。こういった枠組設定機能については、ちょっとした個人的事例によって理解し得るであろう。どれほど些細な行動でも意味を担うことは可能だからである。枠組を設定し限界を規定することは、経験を限定し、要求する主題《テーマ》を包み込み、邪魔になる問題を閉め出すことになる。週末旅行用の鞄を何度つめなおしたら、不愉快な会社の生活を思い出させる一切のものを上手に忘れるやり方を会得することができるのだろう。ぼんやりしてつめこんでしまった会社のファイルただ一冊が、休日の効果全体を駄目にしてしまうこともあり得るのだ。こういった枠組設定の問題について、私はここにマリオン・ミルナー[*20]を引用したい。

……枠組は、その外部にある現実からその内部にある異種の現実を区別する。しかし時間[*21]＝空間的枠組は、精神分析的セッションという特別な種類の現実を限定し……、転移と称される創造的錯覚を可能ならしめる……（一九五五年）

ここでミルナーは小児を対象とする精神分析の技術を論じ、小児の患者が玩具をしまっておくロッカーのことを述べているのである。つまりそのロッカーが一種の空間＝時間的枠組を創出し、それが患者にある治療セッションから次のセッションへの連続性を与えるというのだ。

儀式は、我々がさまざまな経験の中から注意を集中するべきものを選択するのに役立つばかりではない。それは行為の段階においてもまた創造的機能を果す。というのは、外的象徴は不思議にも精神と肉体との協同作業を援けることができるからである。俳優の回想録は、物体的象徴が効果的な力をもたらす実例をいくつも物語ってくれる。俳優は自己の役割を知り、その役割をどのように演じたいかをはっきり知っている。しかしなにをなすべきかを知的に知っているだけでは演技をするには不十分なのだ。俳優はいろいろな所作を試みてはそのたびごとに失敗する。ある日、帽子とか緑の洋傘といった小道具を手渡される。すると役柄を象徴するこの小道具によって突然、知識と意図とは完全な演技となって実現されるのである。

ディンカ族の牧畜民が夕食に急ぐとき、路傍の草を束《たば》ねて結んでおくが、これは遅れたことの象徴である。このようにして彼は、夕飯の料理が彼の帰宅にあわせて遅らされるようにという希望を外部に表明するのである。この儀式は、それで彼が夕食に間にあうといった呪術的約束を含んでいるわけではない。つまり彼はこの行動自体が効験をもっていると考えてのろのろと帰宅するといったことはしない。彼はさらに急いで歩くのだ。しかし先ほどの彼の行動は時間を浪費したことにはならないので、先の行為は彼の注意の焦点を、時間通り帰宅したいという希望に集中させたのである（リーンハート）。儀式が記憶に対してもつ作用は非常によく知られている。我々がハンカチに結び目を作るとき、それは記憶に呪術をかけているのではなく、記憶を外的徴証によって確実ならしめようとしているのである。

このようにして儀式は、枠組を設定することによって注意を集中させるのだ。それは記憶を刺激し、現在を過去の関連事項と結びつける。これらすべてにおいて、それは知覚作用を助ける作用をする。というよりはむしろ、それは我々がなにを選択するべきかという原理を変更するが故に知覚作用を変質させるのである。従って、儀式は我々がいずれにせよ経験したはずのものを一層生き生きと経験させる助けをするのだというだけでは不十分であろう。それは単に、缶や箱を開く際の口頭説明をおぎなう視覚的補助のようなものではないのだ。もし儀式が一種の演劇的地図だとか既知のものの図解だとかいったものにすぎないとすれば、それは常に経験に従属するはずであろう。けれども事実において、儀式はこういった二次的役割を果してはいない。それは経験を定式化する際、あらゆるものに先行することとすらあるのだ。つまり儀式は、それがなければまったく知られることがなかったかもしれないような知識を与えることもあるのである。儀式は、経験を白日の下に曝《さら》すことによってそれにただ外面的形式を与えるばかりでなく、そのような表現を与えることにおいて経験を変貌させるのである。同様なことは言語についてもいい得るであろう。全然言葉にならなかったような思想はあり得ないのである。ところがひとたび言葉の枠組ができると、思想は選択された言葉そのものによって変容させられ、限定されてしまう。かくして言語は、おそらくは多少の変貌を経たであろうような思想といったものを創出したのである。

儀式がなければ経験のしようがないものもあるのだ。規則正しい順序に従って生起する事象は、その順序の中にある他のものとの関係から意味を獲得する。そういった全体的構成がなければ、個々の要素は見失われ、知覚不能となるであろう。例えば、規則的に継起してくる曜日なるものは、全体との関係において各々の名称と特殊性とを獲得する。それは時間的区切りを確認するための実用的価値とは別に、全体的パターンの一部としての意味をもっている。それぞれの曜日がそれ自身の意味をもっている以上、もし特定の曜日になにかをしなければならないような習慣があるとすれば、その種の規則的しきたりは儀式と同様の効果をもつ。日曜とは単に休息の日であるわけではない。それは月曜の前日でもあるので、このことは火曜との関係における月曜にとっても同様である。もしなんらかの理由のために我々が月曜日を過してきたことを正しく認識していないような場合には、我々は真の意味で火曜日を経験することができないだろう。一定のパターンの一部を経験するということは、次の部分を意識するのに必要な手順であるのだ。航空機で旅行をする人々は、一日の時間や食事の順序等が右に述べたような意味をもっていることに気がつくであろう。象徴としての意味をもたせようとする意図がないものでも、我々はそれを象徴として受け容れ象徴として解釈してしまうことがあり得るのであって、以上はそういったものの実例である。そこでもし、象徴が経験を支配するといったことを認めるならば、規則正しい順序で継起する意図的な儀式は、その重要な機能の一つとしてこの種の作用をもち得ることを認めなければならないであろう。

今や我々は、再び宗教的儀式の問題にもどることができる。デュルケームは、宗教的儀式の意味は経験を創造し、それを支配することにあることをよく知っていた。彼の主たる関心事は、祭式がどのようにして人々に社会的自我を明示し、またそれによってどのように人間社会を形成するのかを研究することであった。彼の思想はラドクリフ＝ブラウン[*22]によってイギリス人類学界の流れにとり入れられ、ラドクリフ＝ブラウンはイギリスの人類学を変貌せしめた。デュルケームの影響で原始的祭式の執行者は、身振りを表現の手段とする呪術師とはもはや見做されなくなったのである。これはフレーザーに比べれば著しい進歩であろう。さらにラドクリフ＝ブラウンは、宗教的祭式と世俗的儀式とを区別することを拒んだ――そしてこれもまた一つの進歩である。マリノフスキーにおいて、呪術師は旗を振りまわす愛国者とか塩を振り撒く迷信家に等しくなり、これらの人々は、肉食を断ったローマカトリック教徒や墓に飯を供える中国人と同様に扱われるにいたった。つまり儀式はもはや不可解なものでも奇妙なものでもなくなったのである。

〈聖〉なる語も〈呪術〉なる語をも用いなくなった点で、ラドクリフ＝ブラウンは世俗的儀式と宗教的祭式との連続性を回復したようにみえた。しかし不幸にも、その結果研究領域が拡大されるといったことはなかったのである。なぜならば彼は「儀式」なる語をきわめて狭い特殊な意味に用いようとしたからである。それはデュルケームにおける聖なるものの崇拝に代って用いるためのものであり、従ってそれは、社会的意味のある価値をもった行為に限定されなければならなかった（一九三九年）。このようにしてさまざまな語の用法を限定することは、一般に理解の深化をはかろうとする意図によるものである。しかしそういったことが、歪曲と混乱とをもたらすことも多い。今や我々は、人類学者の著作において〈宗教〉のかわりに〈儀式〉なる語が用いられる事態に到達しているのである。現在儀式なる語は、慎重かつ一貫して聖なるものに関する象徴的行為を指すために用いられている。その結果、もう一つの儀式は――つまり宗教的効験をもたない、ありふれた世俗的儀式は――もしそれを研究対象にとり上げるとすれば、別の名称を与えなければならない状況なのだ。従って、ラドクリフ＝ブラウンは片手で聖と俗との障壁を除き去ったが、別の手で再びそれを築き上げたといえるであろう。彼はまた、儀式が知識社会学の理論に含まれるというデュルケームの思考に従うことができず、当時の心理学で流行していた「感情」に関するいくつかの仮定を無批判に受け容れて、儀式を行動理論の一部としてとり扱った。彼は、共通の価値が存在するところでは、儀式はその価値に対する注目を表現し注意を集中させるという。つまり、人々が自己の役割を守るのに必要な感情は儀式によって生まれる、というのだ。例えば、アンダマン島の住民においては、出産のタブーは結婚と母性との価値を表現し、少年労働に伴う生命への危険を表現する。停戦の前に行なわれる戦いの舞踏では、アンダマン島の住民は攻撃的感情を発散しつくす。食物のタブーでは年長者に対する敬意を少しずつ教えこむ等々といった具合である。

こういった研究方法は愚かしいものである。その主たる価値は、タブーは関心を表現するが故にそれは真剣にとり上げなければならないことを研究者に意識させる、といった程度のものであろう。しかし、なぜある食物のタブーが特定の食物を禁じているかとか、なぜある視覚的タブーが特定の光景を禁じ、ある触覚のタブーが特定のものとの接触を禁じているかといったことには、彼はまったく答えないのである。ラドクリフ＝ブラウンは、多少ともマイモニデスと同じように、こういった質問は馬鹿馬鹿しいものだとか、それに対する回答は恣意的なものだとか等々と暗々裡にいいたいのであろう。さらに一層不満なことには、彼は人々の関心事についてはほとんど手懸りを与えていないのである。死や出生が重大な関心事だという程度のことは明々白々であろう。ラドクリフ＝ブラウンの影響をうけたシュリニヴァス[*23]は、クールグ族の禁忌と潔斎とについて、次のように述べている。

出生に伴なう穢《けが》れは、死の結果としての穢れほどはなはだしいものではない。しかしこのいずれの場合にも、穢れは当事者について関心を抱いている親族のみに作用するのであって、穢れとは関心を限定しその関心をすべての人々に知らせるための手段なのである。(一九五二年、一〇二頁)

しかし彼は、これと同じ理論をあらゆる穢れについて適用することはできまい。肉体的排泄物——例えば大便とか唾液とかいったもの——について考えれば、それについてのどのような関心を限定する必要があるであろうか。またそういったものについてのどのような関心をすべての人に知らせたりする必要があるだろうか。

要するにイギリス人が初めてデュルケームの主張を受け容れたのは、デュルケーム以後のすぐれた現地調査によって、デュルケームが安楽椅子で洞察した水準《レヴェル》にまで理解力が高められたときだったのだ。ディンカ族の宗教に関するリーンハートの理論はすべて、儀式がいかにして経験を創出し支配するかを示すためにほぼ捧げられているといえるだろう。春の旱魃の際に執行されるディンカ族の雨乞いの式について、彼は次のように述べている。

ディンカ族自身ももちろん、いつ雨期が近づくかを知っているのだ。……ディンカ族が定期的に雨乞い式を執行する精神を正確に理解するには、この点がかなり重要である。この儀式において、彼等の人間的象徴的行為は、周囲にある自然界のリズムにあわせて行なわれるのである。それは、自然界のリズムを人間の要求に強いて一致させようとする試みではなくて、そのリズムを精神的視点から創り直そうとするものである。(一九六一年)

リーンハートは同様な態度で、健康や平和を求めるための供犠や、近親相姦の罪を贖《あがな》うために捧げる供犠について論じ、最後には、〈スピアマスター〉の生き埋め――これはディンカ族が死そのものと直面し死に勝利する儀式なのであるが――にまでいたっている。これらすべてを通して、彼は儀式には経験を変容させるという機能があることを主張しているのだ。この機能はしばしば遡及的効力を有している。祭式の司宰者は、実際に犠牲を捧げる原因となった争いや不法行為を厳粛に否定することができるからである。これは、祭壇そのものの前で皮肉にも偽証するといったことではない。この儀式の目的は神を欺くことではなくて、過去の経験を定式化しなおすことだからである。あるべき過去が現実の過去にうち勝つために、永遠の善き意志が一時の錯誤にうち勝つために、現実に生起したことが祭式と祭文とによっていいなおされるのである。近親相姦の行為がなされたときには、供犠を捧げることによってその二人の子孫の地位を変更することができ、かくして彼等の罪を消し去ることができる。このとき犠牲は半ば生きている状態で、生殖器を通して縦に斬られる。このようにして、近親相姦を犯した二人の共通の血統は象徴的に否定されるのだ。同様に和平の儀式では、戦いの模倣ばかりではなく、祝福と潔めとの行為が行なわれる。リーンハートは次のように述べる。

外的自然としての宇宙に対しては、言葉を伴わぬ身振りだけで、このようであってほしいという意図を十分に理解してもらえると考えられているらしい。……事実、彼等は象徴的行為によって、戦いの全体的状況を――それは宿怨を抱いている当事者同士が、平和に対する反撥と希望とを等しく含んでいることがわかっているような状況であって、それなしには儀式は成立しないのである――無言で模倣するのである。ディンカ族はこのようにして自らの状況を象徴的に再現するのだが、彼等にとって殺人という状況に伴う唯一の現実的結果（つまり宿怨の存続）を、平和への意志に従い、象徴的行為において超越することによって、彼等は自己の置かれた状況を支配するのである。

その後彼は再び続けて（二九一頁）、儀式の目的には状況を支配することと経験を変容させることとがあることを強調している。

この点を確証することによってのみ、彼はディンカ族が〈スピアマスター〉を生き埋めにする事実を理解し得たのだ。つまり、この基本原理は、〈神《デイヴイニテイ》〉との密接な関係をもったある種の人々は肉体的な死に入るのを見られてはならない、というものなのである。

彼等の死は意図されたものであるか、または意図されたもののように見えなければならないし、彼等の死はある形式をもった公的な祝祭をもよおす根拠でなければならない。

……この儀式は、儀式の対象となる人々が老齢化し肉体的死に至るという究極的認識を、いかなる意味でも否定するものではないのだ。その死はまさしく認識されるのである。こういった儀式の執行によって意図的に変貌させられるのは、死の社会的経験——つまり、生き残った者にとっての死の経験——なのである。……こうして招かれた死は、死として認識されるが、それは平凡な人間や動物の運命たる不本意な死ではないことを人々に認めさせるのである。

〈スピアマスター〉は自殺をするのではない。彼は自らの同族に対して、自己のためでなく、生き残る同胞のため、特殊な形式の死を与えてくれるよう依頼するのである。もし彼が平凡な死に方をすれば、彼が掌握している同胞の生命が彼とともに失われるだろう。儀式によってもたらされる彼の死は、彼個人の生命と彼の同胞の生命とを隔離するのである。つまりこの盛儀において社会は死に対する勝利を獲得するが故に、すべての人々は喜びを示すべきなのである。

ディンカ族が祭式に対してこういった態度を示すという記述を読むと、この著者は激しい潮流に逆らって泳いで行く人のようだという印象を受ける。彼は常に、祭式とはアラジンと魔法のランプであるといった額面通りの理解をしている素朴な観察者の議論を、まるで波をかきわけるようにして、押し退けて行かなければならないからである。もちろんデインカ族は、祭式が自然の事象の推移を一時停止させると考えている。もちろん彼等は、雨乞いの式が雨を降らせ、治癒の儀式が死を遠ざけ、収穫の儀式が実りをもたらすと思っている。けれども彼等の象徴的行為から生まれるのは、具体的成果を生む手段としての効験だけではない。それとは異なった種類の効果が、祭式的行為自体の中に——つまり、その行為が示す主張の中やその行為が刻印された経験の中に——達成されるのである。

ディンカ族の宗教的経験に関してこのことがひとたび明確に説明されれば、その真実性から目をそむけることはできまい。我々は、それを拡張して、自らの問題に適用することができるであろう。まず第一に、我々の儀式的行為には宗教的脈絡において行なわれるものがほとんどないことを考慮しなければならない。ディンカ族の文化は一元的である。彼等の経験の脈絡は大部分が重なりあい浸透しあっているから、彼等の経験はほとんど宗教的なものであり、従って彼等の最も重要な儀式もすべて宗教的なものである。けれども我々ヨーロッパ人の経験はそれぞれ独立したさまざまな領域におけるものであり、我々の儀式もまた然りであろう。それ故我々は、女性たちの春の装いや、町をあげての春の大掃除を、経験の焦点を定めそれを支配するところの再生の祭として扱わなければならないであろう。それは、スワジ族の初物《はつもの》の祭と同じようなものなのである。

我々が忙しく床を磨いたり清掃したりする行為をこのような視点から率直に見直してみるならば、それは主として病気を防ぐための行為ではないことが理解される。我々は物理的存在としての住居を家庭といったものに変えようとして、多くの物を隔離し、境界を定め、眼に見える行為という形でさまざまなことを述べているのである。もし我々が浴室用の洗剤を台所用の洗剤と区別し、男性には階下を掃除させ女性には二階を受けもたせるといったことをすれば、それはブッシュマン族の妻が新しい宿営地に到着したときにすることと本質的に同一のことを行なっているのである（マーシャル＝トマス、四一頁）。ブッシュマン族の妻は、火を熾《おこ》す場所を選定し、地面のその部分に棒を突き刺すという。これが火の位置を定め、右側と左側との区別を設定することになる。かくして住居は、男性用の部分と女性用の部分とに分れるのである。

我々現代人は、象徴的行為を行なう場として、相互に異なったさまざまな場をもっている。ブッシュマン族、ディンカ族および多くの未開文化においては、象徴的行為の場は一つである。彼等が隔離や整頓によって創出する統一体は単に一つの小さな家庭といったものではなくて、あらゆる経験が秩序を与えられるところの全宇宙である。しかし我々ヨーロッパ人にもブッシュマン族にも共通しているのは、危険への恐怖によって汚穢《けがれ》たるものの回避を正当化しているところであろう。ブッシュマン族は、女性用の区域に坐れば男性としての生殖力が弱められると信じている。我々は微生物によって病気にかかる可能性を惧れているというわけである。我々は自らが回避するものを衛生学の視点から正当化するが、それはまったくの空想であることが多い。両者の差異は、我々の行為が科学に基づいているのに反し彼等の行為は象徴体系に基づいているといったものではあるまい。我々の行為もまた、象徴的意味を担っているのである。両者における真の差異は、どれほど強力な象徴群であっても、我々は同一の象徴群をある脈絡から別の脈絡にもちこんだりしないというところにある。すなわちその差異は、我々の経験が断片化されているところにあるのだ。我々の儀式は、相互に関連のない多くの小さな下部世界を創る。ところが彼等の儀式は単一の世界を、しかも象徴によって統一された一つの世界を創造するのだ。以下の二章において私は、儀式的要求と政治的要求とが自由に作用しあうときには、どのような種類の宇宙が生まれるのかを明らかにしたいと思う。

さてここで儀式の効験という問題にもどることにしよう。モースは、未開人の社会は自らに呪術という贋金を払っていると述べている。金銭の比喩は、我々が儀式について主張しようとすることをみごとに要約するものである。金銭は、混乱と矛盾とに満ちた活動ともいうべきものを表わす、固定した、外的な、認識可能な徴証《サイン》であり、儀式とは、内的状態を可視的な外的徴証《サイン》に変えるものだからである。金銭はさまざまな業務を媒介し、儀式は社会的経験を含む諸経験を媒介する。金銭は価値を測定する基準を提供し、儀式はさまざまな状況を標準化することによってそれらを評価する助けとなる。金銭は現在と未来とを繋ぐ作用をするが、儀式も同様である。この比喩の豊かさを考えれば考えるほど、これは比喩以上のものであることが明白になるであろう。つまり金銭とは、極端かつ特殊化された型の儀式にほかならないのである。

　モースの誤りは、呪術を贋の通貨に譬えたことである。金銭は、それに対する社会的信用があるときにだけ、経済活動の促進という本来の役割を果すことができる。もし信用が揺らげば通貨は無価値になってしまうだろう。儀式についても同じことがいえるのだ。すなわち、儀式の象徴が信頼を博しているかぎりにおいて、それは効果をもち得るのである。この意味であらゆる金銭は、それが真の通貨であると贋金であるとを問わず、信用という幻想に拠っているのである。金銭の良否を判定する基準は、それが受け取られるか否かということである。どのような金銭にしても、それと比べればさらに一層通用する範囲が広い別の金銭と対比するのでなければ、贋金といったものはあり得ないだろう。従って未開人の儀式は、それが彼等の信頼を得ているかぎりにおいて、贋金ではなく真正の金銭に譬えるべきであるのだ。

　金銭は、それに対する社会的信用からの自動修正装置《フィード・バック》をもつことによってのみ、経済的活動を生むことに注意していただきたい。儀式についてはこの点はどうであろうか。儀式における象徴の能力《ちから》を信仰することから、どういった種類の効果が生まれるのであろうか。この点でも金銭の類比を用いて、呪術的効験の問題をもう一度とり上げることができるのである。これについては二つの見方が可能であろう。つまり、呪術の能力はまったくの幻想であるとするか、そうではないとするかの二つである。もしそれが幻想でないとすれば、象徴は変化をもたらす能力を有していることになる。奇蹟の問題を別にすれば、この種の能力は二つの次元においてのみ、つまり、個人心理の次元と社会生活の次元においてのみ、作用し得るであろう。社会生活において象徴が能力をもつことは周知のことであり、このことは、通貨との類比によって十分に説明されている。けれども、中央銀行割引歩合は、シャーマニズム[*25]的治療法となんらかの関係があるのであろうか。精神分析学者は、象徴を操作することで治療効果をあげられると主張する。無意識との対決は、未開人が魔法をかけたり解いたりすることとなんらかの関係があるのではなかろうか。私はここで、懐疑的意見を一掃するに違いないような二つの驚くべき研究を引用したい。

その一は、ターナー[*26]によるシャーマニズム的治療法の分析「あるヌデンブ族呪医の実際」(一九六四年)である。私はこれを簡潔に要約してみたい。この治療技術は有名であり、患者の体から血を採り、さらに歯を一本抜く真似をしてみせるというものである。この患者の症候は、心悸亢進と背中の激痛と回復不能と思われる衰弱とであった。この患者はまた、部族内の他の住民たちが自分に敵意を抱いていると信じ込んでおり、社会生活の場からは完全に引きこもっていた。こんなわけで、彼には肉体的障害と心理的不安とが混合した症状が見られたのである。呪医はこの集落の過去の歴史に関する一切を明らかにし、すべての部族民が患者に対するさまざまな怨恨を語りたくなるような状況をくりかえし導き出し、他方では部族民に対する患者の不満を述べさせた。最後に、吸角法[*27]という処置がほどこされて、部族全体を恐るべき期待の中に爆発的に捲き込んだ。部族民の期待は、血を流し気を失いかけている患者の歯を抜くことで極度の興奮に変ったのである。病者が回復したとき、彼等は嬉しそうに彼を祝福し、自分たちもそれに力を貸したという意味で自らを祝福したのである。彼等には喜びを示す理由があったのだ。なぜならば、長時間にわたる治療が、村に緊張をもたらしている主たる原因を白日の下に曝したからである。これからは、この患者は村の問題で人々に認められる役割を果すことができるだろう。反体制的要素が認識されて、村にはわずかの間でも善き結果がもたらされたのだ。つまり、社会構造が分析され再調整されたのであって、軋轢《あつれき》は当面減少したのである。

このきわめて興味深い研究において、我々はみごとな集団治療法《グループ・セラピー》の実例を示されるのである。部族民の悪口と嫉《そね》みとは病者の肉体にある歯に象徴され、熱狂と連帯感との高まりの中に解消されたのだ。病者が肉体的症候から解放されたように、すべての人々は社会的不安から解放されたのである。これらの象徴は、精神身体医学的《サイコソマティック》次元では中心人物たる病者に作用し、一般心理学的次元では部族民たちが態度を変えたという点で部族民たちに作用し、また、集落におけるさまざまな社会的地位のパターンが正式に変ったかぎりにおいて、さらに、この治療の結果住居を変えた人々がいるかぎりにおいて、社会学的次元でも作用したのである。

結論として、ターナーは次のように述べている。

ヌデンブ族の治療法は、超自然的仮装を取り除けば、ヨーロッパの臨床技術にも当然参考になるであろう。なぜならば、社会の網の目に捉えられている人々がすべて一堂に会し、病者に対して正面から悪意を告白し、逆に病者がそれらの人々にもっている怨恨を語ることに耐えられるとすれば、多くの神経症患者に救いがもたらされるかもしれないからである。しかし実際は、このような行動が儀式として認められていることと、呪医の神秘的能力に対する信仰があることとによってのみ、こういった屈辱的行為が可能になるようであり、また苦しんでいる隣人に愛情を示させることが可能になるようである。

シャーマニズム的治療法に関するこのような説明が示唆しているのは、その種の治療法が効果を生むには社会的状況を操作しなければならないといったことであろう。ところがこれとは別の啓発的研究があって、それは、社会的状況については一切論ぜず、象徴が病者の精神に作用する直接的能力だけに注目したのだ。すなわちレヴィ＝ストロース[*28]は、難産を救うために唄われるクナ族のシャーマンの歌を分析したのである（一九四九年、一九五八年）。この場合、呪医は患者に触れたりしない。ただ呪文を吟誦することによって、呪文は効験をもつのだ。この歌はまず、助産婦のおかれた困難な状況と、彼女のシャーマンに対する訴えとを述べることから始まる。次いでシャーマンは一群の精霊を護衛に従えて、患者の魂を捉えてしまった〈ムウー〉の――〈ムウー〉とは胎児をあずかっている霊なのだが――住居に向って出発する（これは歌の中においてである）。歌はその探求を物語り、シャーマンの一行が出会うさまざまな障害と危険と勝利とを歌って、遂に〈ムウー〉とその一党に戦いを挑むことになる。〈ムウー〉が征服され、捉われた魂が解放されると、苦しんでいる母親は子供を産み、歌は終るのだ。この歌で興味深いことは、シャーマンの辿る里程標《ランドマーク》は、文字通り妊娠した女性の膣と子宮だということであり、その深奥部において彼は最終的に彼女のために戦って勝利を得るのである。この歌はくり返しと詳細な描写とによって、産婦の努力はどこが間違っているのかを綿密に説明し、そこに彼女の注意を強制的に集中させる。ある意味では産婦の肉体と体内の器官とは物語の筋が演じられる劇場であるが、問題を危険な旅と宇宙的精霊との戦いに変形することによって、また肉体内部の舞台と宇宙的舞台とを交互に描くことによって、シャーマンは病状についての自己の見解を重ね合わせることができる。女性の恐怖は不可思議な悪霊の力に集中し、彼女の回復の希望はシャーマンとその一行との能力や策略に集中するのである。

　従ってこの治療法は、感覚的状況を思考の対象とすることにあり、そしてまた、肉体が耐え得ないような苦痛を精神に受容させることにあるだろう。シャーマンの語る神話が客観的現実に対応しないということは、まったく問題ではない。産みの苦しみを味わっている女性はその神話を信じきっているからである。女性を護る精霊と悪意をもつ精霊と、また超自然的怪物と呪術的動物とは、先住民の宇宙観の基礎にある一貫した体系の一部を形成している。苦痛に耐える産婦はそれらを受け容れる——というよりはむしろ、彼女はそれらを決して疑ったことがないのである。彼女が拒むのは、こうして自らの体内に侵入してきた、異様で気まぐれな苦痛なのだ。シャーマンは神話を利用することによって、この不可解な要素を、すべてのものが属している統一的体系の中に位置づける。しかし産婦はそれを理解したために諦めてしまうといったことはない。逆に彼女はそれによって回復するのである。

ターナーと同じく、レヴィ゠ストロースもまた、精神分析学者にとってきわめて重要な示唆を残して論考を終えているのだ。

未開人の宗教的信仰に対するあまりに自己満足的な軽蔑をくつがえすには、これらの例で十分だろう。不合理なアリババではなくて権威あるフロイトの姿こそが、原始的儀式執行者を理解する原型なのである。儀式とは事実、創造的なものである。原始的儀式における呪術はお伽話の異様な洞穴や宮殿より一層驚異的であり、階層的秩序に応じてそれぞれに定められた役割を果す人々を包含する調和的世界を創出するのである。原始的呪術は無意味であるどころか、まさに人生に意味を与えるものであるのだ。このことは積極的儀式にばかりではなく、消極的儀式にもあてはまる。つまりさまざまな禁止令は、宇宙の輪郭と理想的社会秩序とを描き出すものにほかならないのである。

＊1　Marshall, L.（未詳）

＊2　Lienhardt, Godfrey（1921-93）　イギリスの人類学者。はじめ文学を専攻したが、後ルース・ベネディクトを読んで人類学に転じた。

＊3　Goody, Jack（1919-　）　イギリスの社会学者。ケンブリッジ大学教授。

＊4　Gluckman, Max（1911-75）　イギリスの社会人類学者。マンチェスター大学教授。

＊5　Mauss, Marcel（1872-1950）　フランスの民族学者・社会学者。

＊6　Malinowski, Bronislaw Kasper（1884-1942）　ポーランド出身のイギリスの人類学者。機能主義の立場から最広義の人間の文化を、未開社会の観察を通して一つの総合体として明らかにしようとした。

＊7　Nadel, Siegfried Frederick（1903-56）　オーストリア生まれのイギリスの人類学者。民俗学的方面と理論面とにわたって影響が大きい。

＊8　この種のものではマナが最も有名だが、類似のものにアルゴンキンのマニツ、シウ族のワカン、オーストラリアのチュリンガ等がある。

＊9　使徒言行録第十五章に述べられた「エルサレムの使徒会議」を指す。

＊10　マタイによる福音書第五、六、七章参照。「心の貧しい人々は、幸いである、天の国はその

人たちのものである」に始まる最も有名なイエスの教え。「イエスがこれらの言葉を語り終えられると、群衆はその教えに非常に驚いた。彼らの律法学者のようにではなく、権威ある者としてお教えになったからである」とされている。

＊11　教会において、悔罪の儀式を執行する際に用いられた指導書。特に中世初期のものが多い。

＊12　Theodore　聖テオドロス（c. 602-90）。第七代カンタベリー大司教として全イングランド教会会議を召集するなどしてカンタベリー大司教座の地位を確立。

＊13　McNeill, John T.　アメリカのキリスト教学者。ユニオン神学校教授。

＊14　Gamer, Helena M.（1900-66）　アメリカの古代・中世学者。

＊15　イタリアの修道会士・教会法学者グラチアヌス Gratianus（十二世紀前半）の編纂した *Decretum Gratiani* に、歴代の法王が手を加えていったもの。

＊16　Thomas Aquinas（1125/26-74）　スコラ哲学を内容・形式ともに大成した中世最大の哲学者。

＊17　イエスが罪人にも等しい取税人と同席し、食事をして、「わたしが来たのは、正しい人を招くためでなく、罪人《つみびと》を招くためである」といったこと。マタイによる福音書第九章参照。

＊18　教会の伝承、律法、儀式等客観的権威の主張に対して、聖書の福音に立ちかえり、神の子キリストによって神より恩恵として与えられる信仰を主張する運動。

＊19　Webb, Mary Gladys（1881-1927）　イギリスの女流小説家。

＊20　Milner, Nina Marion（1900-?）　イギリスの精神分析学者。

＊21　精神分析でいう感情の転移。

＊22　Radcliffe-Brown, Alfred Reginald（1881-1955）　イギリスの社会人類学者。社会を構造をもつ全体としてとらえようとした点、社会の研究に厳密な実証性をとり入れようとした点におい

て人類学の大きな転回点を作った。
*23 Srinivas, Mysore Narasimachar（1916- ）　インドの社会人類学者。カースト論、サンスクリット化論を提唱。デリー大学教授。
*24 Thomas, Elizabeth Marshall（1931- ）　アメリカの人類学者。
*25 原始宗教の一つの型。神霊が実在して人間に憑き、その間人間は神として行動すると信じ、それを基礎にして医療・政治等が行なわれる。
*26 Turner, Victor Witter（1920-83）　イギリスの社会人類学者。
*27 体表面の患部に血を吸い寄せて放血する治療法。
*28 Lévi-Strauss, Claude（1908- ）　フランスの社会人類学者。構造主義の代表的思想家。

第五章　未開人の世界

「ところで、イソギンチャクを植物学者の手から動物学者の手へ移す根拠となる特徴とはどんなものなのだろうか」と、ジョージ・エリオット[*1]は考えこむ。現代人にとっては、どの種に属するのか曖昧な生物はただ随筆家の興味をかきたてて優雅な考察にふけらせるだけである。ところがレビ記においては、イワダヌキ、あるいはシリア産のヤマネズミは不浄であり忌むべきものであるのだ。たしかにそれは異例なるものである。それは耳のないウサギのような相貌を示し、サイのような歯をもち、足についた小さい蹄はゾウの親類であるかのようにみえる。しかしそのような動物の存在は、ヨーロッパ人の文化的体系を根底から揺るがせるような脅威を与えはしない。我々が類人猿と共通の祖先をもつという事実も、今やそれを認識し受容した以上、動物分類学の分野において我々の不安をさそうことは起こり得ないのである。我々が個人として経験する社会的不浄といったものよりも未開人にとっての宇宙的不浄の方がはるかに理解し難い一つの理由は、まさにここにあるだろう。

このことが困難なもう一つの理由は、我々自身の視点と未開文化のそれとの差異を長いこと直視してこなかったというならわしにある。「我々」と「彼等」との間の真の差異はまったく重要視されず、「未開人」という語さえもほとんど用いられていない現状なのである。しかしながら、なぜ未開文化は不浄なものに大きな関心を示すのに、我々の文化はそうでないのかといった疑問に直面することができなければ、儀式における不浄の研究は一歩だに進めることができないだろう。我々にとって不浄とは、美的な、衛生学的な、あるいはエチケット上の問題であって、それが社会の人々を当惑させることがあるというかぎりにおいて意味をもつにすぎない。不浄に対する我々の制裁は社会的制裁である——つまり、軽蔑、社会的追放、悪口、もしくはさらに進んで警察力による処置等々である。ところが人間社会におけるもう一つの巨大な集団すなわち未開人においては、不浄の影響ははるかに広範囲にわたる。重大なる不浄は宗教的罪悪でさえあるのだ。この差異の根源はなんであろうか。我々はこの問題を避けることができないのであり、未開文化と現代文化という二つの型の文化の間に客観的かつ実証可能な区別を設けるべく試みなければならないであろう。もしかしたら我々アングロサクソン民族は、共通の人間性の意味を強調しすぎるのではなかろうか。我々は「未開人《プリミティヴ》」という語には無礼な響きがあるように感じ、それ故にこの語を避け、その結果そういった問題を一切回避してしまう。ハースコヴィッツ[*2]教授はその著書『原始経済学』の第二版を『経済人類学』と改称したが、その理由はたぶん、西アフリカにおける教授の学識ある友人が、そのような一般的な言葉の下に裸の生活を送っているフエゴ島人やオーストラリア先住民と一括されてしまうことに対して嫌悪を表明したからではなかろうか。こういったことは、ある意味では初期の人類学に対する健康な反動でもある。初期の人類学とは、「おそらく野蛮人と文明人との最も尖鋭な差異は、野蛮人がタブーを遵守するのに文明人はその種のことをしないという事情であろう」(ローズ、一九二六年、一一一頁)といったものだったからである。次のような一節を見て不愉快に顔をしかめたとしても——もっとも、私には、こんなものを真面目にとり上げる人がいようとは思えないのだが——それを非難することは到底できないであろう。

今日の未開人は文明人とははなはだ違った精神状態をもっていることを、我々は承知している。彼等の精神は我々のそれよりも一層断片的であり、非連続的であり、「ゲシュタルトから自由」である。ユング[*3]教授はかつてアフリカ奥地を旅行中、案内にたった原住民の眼球が震えおののいているさまに注目したことを話してくれた。それはヨーロッパ人の落ち着いた眼ざしではなく、じろじろと周囲を見まわすせかせかした視線であり、その理由はおそらく危険を常に予想していることだろうと思われた。このような眼球の運動は、警戒を怠らない精神や急速に変化していくイメージ群と相互的関係があるはずであり、従って、そのようなところには論証的推論もしくは黙想や比較といったものの機会はほとんど存在しないであろう。(H・リード、一九五五年)[*4]

もしこれが心理学教授の報告でもあれば意味もあっただろうが、これはそんなものではないのである。私はむしろ、「原始的《プリミティヴ》」なる用語を避けようとする専門家的思いやりは、自らの優越を密かに確信していることの結果だと考えるのだ。自然人類学者も同様な問題をもっている。彼等は「民族的集団《エスニック・グループ》」なる語のかわりに「人種《レース》」という語を用いようとしているが(『現代人類学』一九六四年を見よ)、こういった用語上の問題があるからといって、さまざまな人間を区別し分類するという任務は放棄していないのである。ところが社会人類学者はこのことのために本来の任務に重大な支障をきたしているのであって、それは、彼等がさまざまな人間文化の重大な特徴についての考察を回避するといった程度にまで達しているのだ。それ故、ここで「原始的」なる語がなぜ侮蔑を意味することになるかを探ることは、無意味ではないであろう。

イギリスにおけるこのような問題は、ある程度レヴィ＝ブリュールが[*5]――彼は未開人の諸文化とそれら全体にかかわる特徴とについて、あらゆる重大な疑問を初めて提出した人である――当時のイギリス人研究者、特にフレーザーを堂々と批判したことから生まれている。しかもレヴィ＝ブリュールは強力なイギリス人の反撃に身を曝《さら》したまま防御の姿勢すら見せなかったのだ。そこで、ほとんどの比較宗教学教科書は彼の犯した誤謬を強調するが、彼の発した疑問の価値については沈黙しているということになったのである（例えば、バートレット著、一九二三年、二八三―八四頁、P・ラディン著[*6]、一九五六年、二三〇―三一頁を見よ）。しかし私見によれば、レヴィ＝ブリュールをこのように軽視するのは正しくないと思われる。

レヴィ＝ブリュールは、特別な思惟の方法を記録し、説明することに関心を抱いたのである。彼の出発点は一見逆説的な様相をみせた問題であった（一九二二年）。当時、一方ではエスキモー人やブッシュマン族（あるいはそういった狩猟民族および採集民族、または原始的農耕民族もしくは牧畜民族）の高度な知性について信ずべき報告があり、他方ではさまざまな事象に関する彼等の推論や解釈には独特の飛躍があって、それは未開人の思惟が我々のそれとは大きく異なった道を辿っていることを示唆しているという報告があった。そこでレヴィ＝ブリュールは、次のように主張したのである。すなわち、未開人は論証的推論を嫌うといわれるが、それは彼等の知的能力の欠如のためではなく、彼等に有意義と思われる問題を選択する規準がきわめて厳密だということによるので、その故に彼等は「自己の関心事とは明らかに無関係にみえる問題にはどうしようもない無関心」を見せるというわけである。従って問題は、彼等がいかなる関心事を選択しそれをどのようなものと結びつけるかを見出すことであって、未開人の文化が遠くかつ目に見えない神秘的行為者との関連における説明を好み、連鎖的事象における直接的因果関係への好奇心に欠けるといったことの基礎にあるのは、右に述べたような原理にほかならないというのだ。時にはレヴィ＝ブリュールは問題を個人心理の視点から提出しているようにも思えるが、彼がそれを第一に諸文化の比較の問題と見ており、個人心理が文化的環境によって左右されるかぎりにおいてのみそれを心理的問題としていることは明らかである。彼は個人的性向に関心を示すというよりはむしろ、「集団表象」の——つまり規格化された仮定や範疇の——分析に関心を示した。彼がタイラーやフレーザーを批判したのはまさしくこのことを根拠としてなのであって、フレーザーやタイラーが未開人の信仰を個人心理の視点から説明しようと試みたのに対し、レヴィ＝ブリュールはデュルケームに倣い、集団表象を社会現象として——すなわち社会制度から生まれる集団共通の思考パターンとして——考察したのだ。この点で彼が正しかったことには疑問の余地がないが、彼の強みは分析よりもむしろ膨大な資料の収集にあったため、彼は自らの主張を応用面で生かすことができなかったのである。

エヴァンズ＝プリチャードによれば、レヴィ＝ブリュールのなすべきことは、さまざまな種類の社会構造を検討し、それに伴うさまざまな種類の思惟のパターンを整理し、それによって両者の関連を明らかにすることであったはずだという。ところがレヴィ＝ブリュールは、すべての未開人は我々文明人と対比したときには単一な思惟の形式《パターン》を示すと述べるだけで満足してしまったため、未開人の文化を実際以上に神秘的であるように思わせ、また文明人の思惟を実際以上に合理的であるように描いたといって、一層の批判に曝されることになったのだ（エヴァンズ＝プリチャード「未開人の精神に関するレヴィ＝ブリュールの理論」）。初めてレヴィ＝ブリュールに共鳴し、レヴィ＝ブリュール自身が着手し得なかった実り豊かな領域に彼の問題を導入することによって自己の研究を方向づけたのは、エヴァンズ＝プリチャードだったと考えられる。アザンデ族の妖術信仰を対象とする彼の分析は、まさしくこの種の研究だったからである。それは、集団表象の特殊的事例を記述し、それを明快に社会制度と関係づけた最初の研究である（一九三七年）。この研究に倣って今や多くの業績が発表され、その結果イギリスやアメリカにおいてもさまざまな宗教の社会学的分析に関する膨大な研究が現われて、デュルケームの洞察が正しかったことを証明するにいたった。私がここでレヴィ＝ブリュールの洞察といわずデュルケームの洞察といったのは、レヴィ＝ブリュールがこの問題に加えた奇妙な偏向に関するかぎりでは、彼が批評家たちから手痛い批判を加えられたのも当然だったからである。つまり彼は、師デュルケームがおおよその方向を示していた問題を追究せず、未開人の精神と合理的思惟とを対照させることを思いついたのである。もし彼がこの問題についてデュルケームと同じ視角を保持していたならば、彼は神話的思惟と科学的思惟という混乱した対照にいたることなく、原始的社会組織と複雑な近代的社会組織とを比較対照させていただろうし、もしかしたら、機械的連帯と有機的連帯との差異を——これはデュルケームが未開人の信仰と現代人のそれとの相違の基礎にあると考えた二つの型の社会機構の差異なのだが——解明するのに役立ち得るような貢献をしたかもしれないのだ。

レヴィ＝ブリュール以降イギリスでは、研究対象にとり上げた個々の文化を完全にそれ、、、、、、
自身のものとして、つまり、特定の環境に適応するのに多少とも成功した独自なものとして扱おうとする傾向が見られる（ビーティー[*7]、一九六〇年、八三頁。および一九六四年、二七二頁を見よ）。レヴィ＝ブリュールはもろもろの未開文化を実際以上に均一なものであるかのように扱おうとしたというエヴァンズ＝プリチャードの批判が、定着したのである。しかし今やこの問題を再考しなければならない時期である。もし不浄といった観念が重要な意味をもつような一群の文化を、そうでない一群の文化（その中には我々のヨーロッパ文化も含まれる）と区別することができなければ、我々は聖なる感染といったものを理解できないだろう。旧約聖書学者は、イスラエル文化を未開人の文化と比較することによって一層明快な解釈を得ることに、いささかの躊躇も示していない。フロイト以降の精神分析学者およびカッシーラー以降の形而上学者も臆することなく、我々の現代文明と他のきわめて異なったさまざまな文明との一般的比較を行なっている。人類学者といえどもこういった一般的区別を考えなければならないのである。

正しい比較の基本は、あらゆる人間経験に共通する統一性を強調すると同時に、人間経験の多様性を強調することである。かくして得られた具体的相違点が、比較という作業に意味を与えるのである。これを行なう唯一の方法は、歴史的進歩の本質を認識し、未開社会と現代社会との本質を確認することであろう。進歩とは分化の謂いである。すなわち、未開とは分化せざるものであり、現代とは分化せるものなのである。科学技術の発達は、あらゆる分野において——例えば工業技術と資源、生産的任務と政治的任務等々において——分化の進行を必然的に伴なうのである。

理論的には、さまざまな経済機構が位置する点をむすんで大まかな曲線を描き、その曲線上のどの点にあるかによってそれぞれの経済機構がどの程度に分化した経済制度を発展させているかということを示すことができるだろう。最も未分化な経済にあっては、生産機構におけるさまざまな役割が市場への思惑によって決定されることはなく、特殊技能をもった労働者や職人はほとんど存在しない。同じことが配分の過程についてもいえる。職業紹介所が存在しないと同じように、スーパーマーケットも存在しないのである。個人は、ある共同体の構成員であることによって、つまり年齢、性別、地位、その他の構成員に対する関係等々によって、共同体の生産物からそれぞれの分け前を獲得する。共同体における地位のパターンは、共同体に対する義務としての貢献度によって決定され、この線に沿って富への権利が定まってくるのだ。

ところが、社会的発展と経済的発展とを比較する際に不都合なことには、小規模かつ原始的技術に基礎をおく社会で、しかもなお右に述べたようなやり方ではなくむしろ市場における競争原理に基づいて組織された社会も存在するのである（ポスピシルを見よ）。[*8] しかし政治的領域における発展は、私が提出しようとするパターンの説明に十分に役立つであろう。ほとんどの小規模な社会には、特化した政治制度はまったく存在しない。政治における歴史的進歩は、司法・軍事・警察・議会・官僚等々のさまざまな制度が分化し発展することによって示されるのだ。従って、社会的制度にとって内的分化とはなにを意味するかを跡づけることは、政治の領域ではきわめて容易なのである。

一見したところでは、知的領域においても同様な過程を辿ることができるはずである。さまざまな制度が分化し増殖するとき、観念の分野においてそれに対応する動きが見られないといったことはあり得ないと思われるからである。事実我々は、その通りの事実が見られることを知っているのだ。例えばタンガニーカ森林地帯に住むハドザ族は現在にいたるまで四以上の数を数えるような必要がないので、彼等の歴史的発展は、何百年にもわたって何千個ものコヤスガイで罰金や税金を支払っている西アフリカの種族のそれと大きく隔たってしまっている。我々の中で、数学的言語とかコンピューターとかいった現代的コミュニケーションの技術を身につけていない者は、こういった媒体《メディア》を操作し得る人々に比べればハドザ族の立場にあるといい得るだろう。現代文明が教育の責任を特別な学問分野の形で担っていることは、我々の熟知している通りである。明らかに、特殊な専門的技能の要求とそれを供給するための教育とは、ある種の思考が隆盛をきわめ、ある種の思考がそうなり得ない文化的環境を造り出している。すなわち思考パターンの分化は、社会的条件の分化とともに進行するのである。

このような根拠からすれば、観念の領域においても未分化な思考体系とは対照的な分化した思考体系が存在すると述べ、ここで問題を終らせるのが率直な態度であるだろう。ところがまさにこの地点にこそ、陥穽があるのだ。例えば、ドゴン族の宇宙観はなににもまして複雑であり、分化し、精巧ではないだろうか。あるいは、オーストラリアのムリンバタ族の宇宙観、またサモア族の宇宙観、またこの問題についてなら、西プエブロ族に属するホピ族のそれはどうであろうか。このように考えれば我々が求めている進歩の尺度は、観念の精巧さとか複雑さといったものだけではないことになろう。

我々にとって意味のある思考の分化はただ一つであり、それのみが、さまざまな文化やヨーロッパ科学思想史の尺度として一様に適用し得る規準である。その規準は、思想はそれ自身の主観的条件という桎梏から自らを解放することによってのみ進歩し得るというカント的原理に基づいている。ヨーロッパでは最初のコペルニクス的転回が――つまり、人間の主観的視点に立つ場合にだけ太陽は地球の周囲を回転するようにみえるのだという発見が――絶えずくり返されているのだ。というのは、ヨーロッパ文化においては、最初に数学、次いで論理学が、あるいは歴史、言語、または思考作用そのもの、もしくは自己および社会に関する知識までもが、精神の主観的限界から次第に解放されてきたからである。ヨーロッパ型の文化は、社会学、人類学および心理学等が成立し得る場となっているかぎりにおいて、その種の客観性を求める自己認識および自己意識が欠落した他の文化と区別される必要があるだろう。

ラディンによるウィネベーゴ・インディアンの〈トリックスター〉神話解釈は、右のような問題点を解明する援けとなる。この神話には、進化の動きは常に複雑化と自意識の拡大との方向に向っていたというテヤール・ド・シャルダン[*9]の主題に似た素朴な考え方があるのだ。

このインディアンは、技術的・経済的・政治的に、最も素朴で未分化な条件下で生活していた。しかし彼等の神話は分化という主題全体に対する深い考察を含んでいる。彼等の神話に登場する〈トリックスター〉は、はじめ自意識をもたず無定型な存在だった。ところが物語の進行につれて彼は次第に自己をして自己たらしめるものを発見し、次第に自己の肉体の諸部分を認識し支配するようになる。彼は女性になったり男性になったりするが、最終的に男性としての性的役割をとることに決める。そしてついに、自己の環境をあるがままに評価することを学ぶのである。ラディンは、序文において次のように述べている。

彼はなにごとにも積極的意志をもたない。彼は常に、自己が制御し得ない衝動に動かされるような行為を強いられる。……彼は自己の情熱や欲望にふりまわされるのであり……明確かつ完成した形態をもたない……最初彼は軀の均衡さえも不明瞭な未完成の存在であり、わずかに人間を思わせるような姿をしているにすぎない。この時点においては、彼の腸は身体を包み込んでおり、腸と同様に長い陰茎が身体をとり巻いていて、その頂点に陰嚢が載っかっているといった具合なのである。

彼の奇妙な冒険から二つほど例をとれば、この神話の主題《テーマ》を説明することができるだろう。〈トリックスター〉はバッファローを殺し、右手に小刀《ナイフ》をもってそれを切り刻む。

この作業の最中に突然、左手がバッファローを摑んだ。「その背中の肉は俺によこせ、それは俺のものだ！　そんなことは止めろ、でなければ俺のナイフがお前の所へ飛んで行くぞ！」そこで右手がいった。「お前こそコマ切れにしてやるぞ、間違いなくそうしてやるからな！」そこで左手は摑んでいたバッファローを放した。しかし間もなく、左手は再び右手を摑んだ。……こういったことが何度もくり返された。こんな具合に、〈トリックスター〉は両手を口論させたのである。この口論は物凄い喧嘩となり、左手は深い傷を負ってしまった。……

もう一つの物語では、〈トリックスター〉は自分の肛門があたかも独立の行為者であり仲間であるかのように扱っている。彼は何羽かのカモを殺して眠りに就く前に、この肉に気を付けていろよと肛門に命ずる。彼が眠っている間に、キツネが何匹かやって来る。

しかし、キツネたちが近づいてきたとき、彼等が大変驚いたことに、いずこからともなく屁が放たれた。「プーウ」という音がしたのである。「気をつけろ！　奴は醒《さ》めているに違いない」と叫んでキツネたちは逃げ帰った。しばらくして一匹のキツネがいう。「さて、もうそろそろ眠ったろう。さっきの音は脅かしだよ。彼奴《あいつ》はいつもなにか計略《トリック》を考えてばかりいるんだ」。そこで再びキツネたちは焚火に近づいた。再び屁が放たれ、再び彼等は逃げ帰った。しかも今回は三発である。……それから一層高らかに、さらにまた高らかに、屁が放たれたのである。「プーッ！　プーッ！　プーッ！」。けれども、もはやキツネたちは退散しなかった。それどころか、彼等は焙ったカモの肉を食いはじめたのである。……

〈トリックスター〉は目を覚まし、カモがなくなっているのを知って肛門にいう。

……「やい、お前もだな、この賤しい奴め、お前のやり方ったら一体なんだ。この焚火に気をつけていろといっておいたじゃないか。今日のことは忘れられないようにしてやるぞ。お前の怠慢の罰として、お前が口を使えなくなるように、口を焼いてやる！」こういって彼は燃えている材木をとり上げ、彼の肛門の口を焼いてしまった……そして、我と我が身に感じられる苦痛に叫び声を上げたのである。

はじめ〈トリックスター〉は孤独で、道徳性や自意識に欠け、不器用かつ無力で動物に近いおどけ者である。彼の諸器官はさまざまな事件によって余計な部分を取り除かれ、次々に正しい場所に移しかえられて、最後には人間に近い姿をもつようになる。同時に彼は、次第に一貫した社会関係をもちはじめ、自己の物理的環境についても手痛い教訓を学ぶのである。ある重要な挿話において、彼は木を人間と間違え、木がまるで人間であるかのような反応を示すが、ついにそれは生命のない物にすぎないことに気がつく。こうして彼は次第に自己の機能と限界とを知るようになる。

私の解釈では、この神話は、原始的段階の文化から多くの点において分化してきた現代文明にいたるまでの過程を詩的に美しく述べたものである。最初の型の文化は、レヴィ＝ブリュールが不都合にも述べたような前＝論理的なものなのではなく、前＝コペルニクス的なものであるのだ。前＝コペルニクス的世界は、自己の経験を解釈しようとしている観察者の周囲を回転する。しかし彼は次第に自己を環境から区別し、自己本来の限界と能力とを知るようになる。この前＝コペルニクス的世界は、なににもまして人格的世界である。〈トリックスター〉は、動物も無生物もあるいはそれらの各部分も区別せず、それらが一様に生命と知能とをもった存在であるかのように話しかける。こういった人格的宇宙が、レヴィ＝ブリュールの描いている宇宙なのである。それはまた、タイラーの描く未開人の社会であり、マレット[*10]の描くアニミズム文化であり、またカッシーラーのいう神話的思考である。

以下数頁を費して、私はできるかぎり明確に、未開文化と〈トリックスター〉神話における初期の挿話との類似を強調しておきたい。私はまた、原始的世界観の特徴たる非＝分化という領域をも明らかにしようと思う。私はさらに、原始的世界観は主観的かつ人格的であり、そこにおいてはさまざまな存在様式が混同され、人間存在の限界が知られていないという印象についても詳しく論じようと思う。これはタイラーおよびフレーザーが理解した未開文化観であり、このような考え方から未開人の精神世界に関するさまざまな問題が提起されることになったのである。私は次いで、こういった研究法がいかに真実を歪めているかをも示そうと思う。

第一にこのような世界観は、幸運と不運という概念によってさまざまな事象が説明されるという意味において人間中心的である。幸運および不運とは、どんなものとの関係においても自己を中心とする暗黙の主観的概念だからである。こういった宇宙においては、自然界のさまざまな力は個々の人間に非常に密接な関係をもつと考えられているので、外的・物理的環境をそれ自体として話題にすることはほとんど不可能なほどである。つまり各人の内面は全宇宙ときわめて密接な連続性をもっているので、まるで磁場の中心のようなものであるのだ。一切の事象は、個人がどのような存在であるかとか、どのようなことをしたかといった視点から説明される。このような世界では、サーバー[*11]のお伽話に登場する妖精の王が、落ちて来る流星は自分に向って投げつけられているのだと不平をいう状況や、ヨナ[*12]が出て来て自分が嵐をひき起こしたと告白したりする挿話は、決してナンセンスとは思われないのである。この種の世界と我々の世界との区別は、大宇宙の運行が霊的存在に支配されると考えられているのか、それとも非人格的な力の支配を受けると考えられているのかといったことではあるまい。このような捉え方はほとんど一顧だに価しないだろう。彼等の間では、完全に非人格的なものと思われているさまざまな能力《ちから》でさえもが、個々の人間の行為に直接に反応していると考えられているからである。

　人間が中心にあってさまざまな能力《ちから》がそれに反応するという信仰のいい例として、〈ナウ〉——これは少なくともベチュアナランドのニアエ＝ニアエ地方で、気象条件を左右すると考えられている力なのだが——に対するクン・ブッシュマン族の信仰がある。〈ナウ〉は非人格的かつ非倫理的な力で、明瞭に物であって人ではない。それは、ある種の肉体的構造をもっている猟師がそれに対応する要素を体内にもっている動物を殺したとき、解き放たれるという。従って理論的には、どのような時点の気象条件も、さまざまな猟師とさまざまな獣との複雑な相互関係によって説明し得るのである（マーシャル）。〈ナウ〉と天候とに関するこの仮説は魅力的なものであり、知的にも納得できるはずだと感じられるであろう。なぜならば、これは理窟の上では成立するが、しかし正確な検証は実行し難い見方だからである。

人間中心的世界をもう一歩進んで説明するために、私は、テンペルズ神父[*13]がルバ族[*14]の哲学について述べていることを引用したい。神父は、ルバ族の思惟に関する精密な知識から自分が絶大な権威を以て述べることは、すべてのバントゥー族にあてはまるというようなことをいって、批判をうけている。しかし私の想像では、生命力に関するバントゥー族の観念についてテンペルズ神父が述べていることは、その大要においてバントゥー族全体にあてはまるばかりでなく、はるかに広い範囲にわたって妥当するように思われる。それはおそらく、私が現代ヨーロッパおよびアメリカの文化における分化した思惟と対照させようとする、もう一つの型の思惟全般に妥当するであろう。

神父によれば、ルバ族にとっては創造された宇宙の中心は人間である（四三―四五頁）。彼等の根源的因果律は次の三項である。

(1) 人間は（生者・死者を問わず）他の人間の存在（または力）を直接に強めたり弱めたりすることができる。

(2) 人間の生命力は、力をもった低次の存在（動物、植物または鉱物）に直接の影響を与えることができる。

(3) 理性的存在（精霊、死者および生者）は、低次の力を媒介物として自己の生命的影響力を伝達することによって、他の者に間接の作用を及ぼすことができる。

もちろん、人間中心的宇宙観はこれ以外のきわめて多様な形式をとり得るだろう。人間はいかにして他の人間に影響を与えるかといった思考は、必然的に政治的現実を反映せざるを得ない。従って究極的には、人間の環境支配が可能だとするこの種の信仰は、政治形態における主要な傾向に応じて変化することが理解されるだろう（第六章を見よ）。しかしながら一般的には、人間は誰しも宇宙と等しいかかわりをもっていると主張する信仰と、選ばれた個人が特殊な宇宙的能力をもっているという信仰とを区別することができるのである。運命の観念にしても、運命とはあらゆる人間に普遍的に作用すると考えられている信仰がある。ホメロス文学に代表される文化では、神々が関心を示すのは特定の優れた個人の運命だけではないので、人知の及ばざる所においてあらゆる人々の運命が紡がれ、善かれ悪しかれ他の人々の宿命と綯交《ないま》ぜられているとされていた。現代の実例をただ一つだけあげれば、今日のヒンズー教は過去何千年間と同じく、いかなる個人にとっても出生時における惑星同士の正確な合《ごう》*15が一生の幸運または不運と大きな関係があると教えている。占星天宮図はすべての人々に意味をもつのである。このいずれの例においても、占術者はどのような運命が待ちうけているかを警告することはできても、人間はその運命を根源から変えることはできず、怖るべき打撃をわずかに和らげることができるとか、無理な希望であればその試みを延ばしたりまたは諦めたりすることができるとか、未来に待ちうけている好機を逃がさないよう注意することができるといった程度のことが可能であるにすぎない。

各人の運命が宇宙的秩序と結びつけられる方式にはもう一つの考え方があって、それはずっと柔軟なものである。今日西アフリカの多くの地域では、個人は複合的人格をもち、個人を構成するそれぞれの人格的要素は別々の人間のように行動すると信じられている。その中の一要素は、個人の出生以前にその人の一生を語るという。この人格的要素が反対を表明していた分野で彼が成功を求めて努力するといったことがあれば、彼の努力は常に無益である。人々が失敗したとき、占術者はこの構成要素が語った運命的な言葉を診断して失敗の原因を明らかにし、次いで彼の出生以前の選択を祓《はら》い潔めることができる。絶対に無視できないこの種の運命的失敗の本質は、西アフリカにおける社会の多様性に応じて、まことにさまざまである。例えばガーナ奥地におけるタレンシ族の間では、個人の構成要素における意識的人格ともいうべきものは、温和で非競争的であると考えられている。しかし出生以前に彼の運命を語る無意識的要素は過度に攻撃的かつ競争意識過剰だと診断されることが多く、そのために彼は統制的身分社会において不適応者になるという。これとは対照的に、ニジェール・デルタ地帯のイジョ族では、社会組織が流動的かつ競争的であるため、自己を構成する意識的要素はきわめて攻撃的なものであり、競争に勝ち抜こうとする欲望であると理解されている。この場合運命的失敗をもたらすのは無意識的自己であり、それは無意識の自己が無名と平安とを求めるからである。卜占《うらない》は一個人における目的の矛盾を発見することができ、儀式がそれを正すことができるというのである（フォーテス[*16]、一九五九年。ホートン[*17]、一九六一年）。

このような例は、人格的世界観の中には先に述べたものとは別な形の未分化が存在することを示している。我々はすでに、物理的環境が人間から独立した視点からではなくて、個々の人間の運命との関係においてのみ理解されていることが明らかであるような例を見てきた。今ここにあるのは、自己が行為者として明確な独立性を有していない例である。ここでは人間の自律性の範囲と限界とがきわめて曖昧である。従って宇宙とは、この例のように各人の自然観ならぬ自己観という視角から眺めると、自己の一部として自己を補足してくれるものということになるであろう。

自己の中には多くの人格があって相互に闘争しているというタレンシ族およびイジョ族

の考えは、ホメロス的ギリシア思想に比べれば一層分化が進んでいるように思われる。これらの西アフリカ文化においては、個人を束縛する運命の言葉はほかならぬその人物の一部が述べるとされるからである。従って、ひとたび彼が過去の行為を知れば、自分のかつての選択を放棄することができるのだ。ところが古代ギリシアにおいては、自己はさまざまな外的作因の受動的犠牲者だと見られていたのである。

ホメロスにおいては、そこに登場する英雄《ヒーロー》たちは卓越した威厳と行動力とを有するにもかかわらず、常に自己を自由な行為者ではなく他の力の受動的手段もしくは犠牲者と感じているのであって、これは驚くべきことである。……人間は、自分自身の感情を制御することができないと感じていた。ある観念、感情、衝動といったものが人間を襲う。そこで彼は行動するのであり、やがて喜びや悲しみを味わうことになるのである。それはある神が彼に力を与えたからであり、あるいは彼の理性を奪ったからである。人間は栄華をきわめ、次いで衰亡し、あるいは奴隷の境遇に落ちさえした。人間は病に悩み、あるいは戦で死んだりした。それは神の定めたものであり、人間の役割はずっと以前に決定されていたのである。予言者や占術者はそれを前もって知ることができるだろう。しかし通常の人間は吉凶の前兆についてほとんど知ることがなく、ただ自分の矢が的中するのを見たり敵軍が勝利を得るのを見たりすることで、ゼウスが自分や戦友に敗北の運命を定め給うていたのだと結論するばかりなのである。従って彼はその上なお戦を続けるために待機するといったことはせず、ひたすら逃走したのである。(オナイアンズ[*18]、一九五一年、三〇二頁)

スーダンに住むディンカ族の牧畜民もこれと同じく、自らを独立した行為や反応の主体として明確には認めていないといわれる。彼等は主体である自己が罪悪感や不安感を以て反応するという事実や、こういった感情がまた別の精神状態を醸成するのだという事実を深く考えたりはしないのである。彼等は、さまざまな感情に動かされる自己を、外的な能力《ちから》に——つまり、さまざまな種類の不幸を惹き起こす霊的存在に——左右されるというふうに描写する。そこでディンカ族は、自分自身の内部における自我の相互作用という複雑な現実を正しく把握しようとするとき、宇宙には危険な人格的存在が棲み、それが個々の人間にまで影響力を振っているといったことを想像することになるのだ。これはユングの次の言葉にみられる原始的世界観と、ほとんど正確に一致するであろう。

現在我々が自らの心的存在の不可欠な一部だと考えているもののきわめて大きな部分は、未開人にとっては、いたる所からやってくる投影物の形をとって、楽しく遊び戯れているのである。(七四頁)

このような結びつきがどれほど多様であり得るかを示すために、すべての個人が宇宙と人格的に結合しているとされている世界の例を、もう一つあげることにしよう。中国文化は、宇宙的調和という観念に支配されている。宇宙と最も調和的な関係を確保し得る立場に立つことができる人間は、好運を期待することができるという。不幸の原因は、こういった適切な関係の欠如だけだと考え得るのである。水と大気との影響力は〈風水〉[19]と呼ばれるが、家屋や祖先の墓地の方位がよければ、それは好運をもたらす。職業的地相鑑定家は人々の不幸の原因を占い、それによって人々は家屋や祖先の墓地を模様替えし、よりよき結果をもたらすようにすることができるというわけである。フリードマン博士[20]は一九六六年の著書において、地相鑑定術は祖先崇拝と並んで中国人の信仰において重要な地位を占めると主張している。こういった地相鑑定術によって人間が操作し得る運命には倫理的意味は含まれていないが、究極的に運命は、同一の信仰体系内部で天が徳に応じて与える報《むく》いと調和するはずだとされる。従って結局は、全宇宙はその精密な作用を通して、さまざまな人間の生に結びついていると解釈されるのである。時として〈風水〉を比較的上手に処理する人々もいるが、それは丁度、ギリシア人にも比較的素晴らしい運命に恵まれている人々もおり、西アフリカ人の中にも出生以前に語られた運命によって比較的成功を獲得しやすい人々もいるのと、まったく同じことなのである。

時には、重要なのは特別な個人だけであって人間全体ではないとされることもある。こういった特別な人々は、その資質が好運をもたらすと不運をもたらすとを問わず、平凡な人々を自己の影響下に惹きつける。自らは特別な資質をもたない市井の一般人にとっては、自己の仲間を研究し、その中において避けるべき人物や仕えるべき人物を見出すことが現実的課題となるわけである。

以上に言及してきたすべての宇宙観において、個々の人間の運命は、自己の中に潜む能力《ちから》あるいは他の人間に備わった能力によって影響されると考えられている。宇宙はいわば人間を包みこみ、人間に顔を向けているのである。さまざまな変化を生む宇宙的精力《エネルギー》は個々の人生に織り込まれ、その結果、嵐も病《やまい》も病虫害もしくは旱魃も、一切がこういった人格的関係に基づいて起こることになるのだ。従ってこのような宇宙は、人間との関係において理解されなければならないという点において、人間中心的であるといえよう。

けれども、未分化な原始的世界観が、まったく別の意味において人格的だといわれ得ることがある。人間は本質的に物体ではない。人間は意志と知性とを有するからである。人間はその意志を以て愛し、憎み、情緒的反応を示すのであり、その知性を以て徴証《サイン》を解釈するのである。しかし、私がここでヨーロッパ的世界観と対照させているような宇宙においては、物と人間との間には明確な区別がないのだ。そもそも、我々の行動には人間対人間といった関係の場合にしか見られないものがある。第一に人間は、言葉、身振り、儀式、贈り物等々といった象徴によって相互に伝達を行なう。第二に人間は、道徳的状況に反応する。それ故、宇宙に内在するもろもろの力がどれほど非人格的なものとして定義されようとも、それらが人間対人間の場合における応答と同じやり方で反応するように見えるならば、それらが有している物としての性質は、それらの人格性から十分に分化されていないことになるのだ。それらの力は人格的なものではないかもしれないが、さればといってそれらは完全に物であるわけでもないのである。

ここで陥穽に落ちないように注意しなければならない。うっかりすると、物に関するある種の話し方を見て、そこに人格的なものが意味されていると思うことがあり得るからである。しかし言語上の特徴または混乱といったものを論拠にするだけでは、信仰に関するいかなる必然的推論も成立し得ないだろう。例えば火星に人類学者がいたとして、イギリス人の鉛管工が仲間に差込み《プラグ》の雄《おす》の部分と雌《めす》の部分をよこせといっているのを耳にしたとすれば、彼は誤った結論に達するかもしれないのである。こういう言語上の陥穽に落ちるのを避けるために、私は、非人格的なものだといわれているもろもろの力から反応を生むと考えられる種類の行動に、問題を限定することにする。

例えばニアエ＝ニアエ・ブッシュマン族が雲に男性的性格と女性的性格とがあるとするのは当面の問題とはまったく関係がない。それは我々イギリス人が車や船を「彼女」といっているのと同じことかもしれないのだ。しかし、イツリ森林地帯のピグミー族が不幸に見舞われたとき、森の機嫌が悪いのだといってその機嫌を直すために労を惜しまず一晩中歌を歌ってきかせたり、それによって万事がうまくいくことを期待するといったこと（ターンブル）[21]は、ここでは重要だろう。ヨーロッパの技術者なら頭がおかしくなっていないかぎり、エンジンの故障を小夜曲《セレナード》や呪文で治そうなどと思いもしないからである。

これもまた、原始的で未分化な宇宙が人格的であるようなもう一つのあり方なのである。そしてこの種の世界の人々の間では、宇宙がまるで知性をもっているかのように、また宇宙がまるで徴証《サイン》や象徴や身振りや贈り物に反応しあるいは社会的関係をも認識できるかのように、行動するはずだとされるのである。

非人格的な能力《ちから》が象徴的伝達《コミュニケーション》に応えると考えられている最も明白な例は、邪術に対する信仰である。邪術師とは、象徴的演技によって事物の運行を変えようとする魔法使いである。邪術師は身振りを用いることも、禁厭《まじない》または呪文の中に普通の言葉をはさんで語ることもある。ところで言葉とは人間相互間の伝達に適した方法である。従って、言葉を正しく述べることがある行為の有効性に不可欠であるとされる場合には、語りかけられた物体は返事ができなくとも、ある限度内で言葉による一方的伝達が可能だとする信仰があるはずである。この種の信仰は、語りかけられた物体のもつ明確な物としての地位を、曖昧にしてしまう。このよい例は、ザンデランドにおいて魔女を発見するのに用いられる神託用毒薬であろう（エヴァンズ＝プリチャード、一九三七年）。アザンデ族は自分で木皮から毒薬を醸造する。毒薬は人ではなく物だといわれており、アザンデ族は、毒薬中に神託を下す小人がひそんでいるなどと考えているわけではない。しかし神託が下るためには、毒薬に声高らかに語りかけなければならず、その言葉が質問の内容を明白に伝達していなければならず、その質問が誤解されないよう、二回目に語りかけるときに同一の質問を裏返しの形にしなければならないのである。この場合、毒薬は言葉を聴いてそれを理解するばかりでなく、ある限界内でそれに答える能力があるとされるのだ。つまり毒薬は雛を殺すか、もしくは殺さないでおくかという返答をするのである。毒薬が与え得るのは然り《イエス》か否《ノー》かという答だけで、会話を始めることも自由な対話を行なうこともできない。にもかかわらず、質問に対してこのようにある限度内で反応するということは、アザンデ族の宇宙においてその毒薬がもつ物としての地位を、根底から揺るがすものなのである。それはただの毒薬ではなくて、面接者《インタビューアー》に捕まって大きな質問表にひとつひとつマルやバツをつけられていく人間に似てくることになるのだ。

『金枝篇』には、非人格的宇宙でありながらなんらかの方法で言葉を聴きそれに応える宇宙に対する信仰の例が、非常に多く採録されている。最近現地調査《フィールド・ワーク》を行なった人々の報告書にも同様の例は多い。スタンナー[*22]は、「オーストラリア先住民たちは、天と地とから聞えて来る物音やほとんどすべての自然の事物を、巨大な徴証《サイン》の体系と見做している。先住民を友としてオーストラリア奥地を旅行した人は誰でも、十分な理解力さえあれば、この事実に気がついただろう。つまりその人は、ある風景の中ではなくて、さまざまな意味で満たされ人格化した世界の中を旅することになるからである」と述べている。

最後に、非人格的な宇宙が識別力をもっているといった信仰がある。それは社会的関係における微妙なニュアンス――例えば性交渉の相手が禁じられた親等《しんとう》の中に含まれるか否かといったこと――や、それほどではないニュアンス――例えば殺した男は同族の仲間なのか外部の人なのかとか、またはある女が既婚か未婚かといったこと――を識別し得るという。あるいはまた、宇宙が人間の胸に秘められたひそやかな感情を識別するとされることもある。社会的身分を見分けるというような例は数多く存在する。シャイアン族の狩猟民は、彼等が重要な食料とするバッファローは同族の仲間を殺した男から発する腐臭を嗅ぎわけて遠くに逃れ去り、集落全体の生存を危険に陥れると考えた。ところがこのバッファローは、外部の者を殺した男の臭いに対してはなんらの反応も示さないとされるのである。アーネムランドに住むオーストラリア先住民は、豊饒の祭祀や成人の儀式を終えるに際して媾合の儀式を行なうが、通常、性的関係を厳しく禁じられている人々がこの儀式で媾合すれば、祭式の効験を著しく高めると信じているという(バーント、四九頁)[*23]。レレ族は、患者の妻と性交渉をもった呪医はその患者を治すことができず、呪医の妻と性関係をもった患者はその呪医に治してもらうことはできないと信じているが、それは治療の目的で与えられた薬が患者の生命を奪おうとするからだという。このような結果が生まれるのは、呪医になんらかの意図があるとかあるいは彼がなにかの事情を知っているといったこととは関係がない。薬そのものがこのような識別力を働かせて反応すると思われているのである。さらにレレ族は、全快した患者が速やかに医師に報酬を払わなければ病気が間もなく再発するか、あるいは一層難しい重病にかかると信じている。従ってレレ族の間では、薬は密かな姦通を見抜くばかりでなく負債をも見破る力があるということが、暗々裡に信じられているわけである。アザンデ族が買い求める復讐のお守り《まも》はもっと智恵があり、死をもたらした妖術師を間違いなく発見し、彼の生命を奪ってしまうのだ。このようにして宇宙における非人格的要素は識別力を具えていると考えられ、その故にこの識別力は人間関係に干渉し、道徳律を守らせることができるのである。

　この意味において、宇宙は明らかに人間関係における倫理的価値を判断することができ、それに応じて行動をすることができるのだ。北ローデシア[*24]の高原に住むトンガ族の〈マルウェザ〉とは、道徳律に対してある特別な罪を犯した人を襲う不幸である。〈マルウェザ〉に襲われるような罪は、一般に通常の刑罰を与えることができないものだという。例えば、母系血族集団はその構成員を殺した部外者《アウトサイダー》に対して復讐できるように組織されているので、この集団内部における殺人には復讐することができない（コルソン[*25]、一〇七頁）。〈マルウェザ〉は、通常の制裁が及ばないこの種の罪を罰するのである。

　要するに、未開人の世界観はいくつかの違った意味で人格的な宇宙と向いあっているのだ。そこでは自然の力が人生に織り込まれていると見做されている。物は人間と完全には区別されず、人間は外的環境から完全には独立していない。宇宙は言葉や身振りに応答し、社会秩序を認識し、それを保つために人間世界に干渉してくるのである。

以上私は最善を尽してさまざまな未開人の文化を説明し、分化作用に欠けると思われる信仰を列挙してきた。私が利用した資料は最近の現地調査に基づくものである。にもかかわらずその種の描写は、タイラーやマレットが原始的アニミズムを論ずる際に認めていた一般的イメージと酷似している。彼等が論じたのは、フレーザーが未開人の精神は主観的経験と客観的経験とを混同していると推論した際の根拠にしたような種類の信仰である。あるいは、それは、レヴィ=ブリュールをして集団表象がさまざまな事象の解釈に選択原理を強制する際のやり方を考察せしめたのと同一の信仰である。こういった信仰に関する論争には、いたるところで曖昧な心理学的含蓄がつきまとっていた。

このような信仰は、未開人が多くの点で正しい認識にいたらなかったことの結果だと論じられることがあるのだが、そうだとすると、この種の信仰は子供たちが環境を思い通りにしようとする不器用な努力に驚くほど酷似していることになるのである。クライン[*26]の説を採ろうとピアジェ[*27]の説によろうと、発達心理学の問題は同じことになる。すなわち、それは内部と外部との混同であり、物と人間との、自己と環境との、徴証《サイン》と手段との、言葉と行為との混同である。こういった混同は、たぶん、人間が幼時の混沌たる未分化な経験から知的・道徳的成熟にいたる際の必然的かつ普遍的段階なのであろう。

そこで、すでにくり返し述べたことをここで再びくり返すことが必要になる。つまり、人間と事象とをこのようなやり方で結びつけるのは未開文化の特徴をなすものではあるが、それは分化作用の欠如に由来するわけではないのである。これらの信仰は、必ずしも未開社会の構成員個人の思惟を表現するものですらないのだ。彼等のひとりひとりが宇宙観についてきわめて異なった見解をもっていることさえ十分あり得るだろう。ファンシナ[*28]の論文には、ブショング族の中で邂逅した非常に独創的な三人の思索家に関する愛情ゆたかな回想があるが、彼等はいずれも己れの個性的哲学を好んで彼に説明したという。一人の老人は、現実などというものは存在せず、すべての経験は移り変る幻影にすぎないという結論に達していた。第二の男は数霊学的[*29]形而上学を発展させていたし、第三の男は、他の誰にもわからないきわめて複雑な宇宙論的図式を展開していた（一九六四年）。運命、妖術、マナ、呪術といった観念を哲学の一部と考えたり、あるいは少なくとも体系的思考だと見做したりすることは、誤解を生じやすい。それらは、エヴァンズ＝プリチャードが述べたように、諸制度と結合しているばかりでなく、制度そのものなのである——どの点から見てもそれらは〈人身保護令状[*30]〉または〈ハロウィーン[*31]〉とまったく同じものなのである。それらはすべて、いくぶんかは信仰から、いくぶんかは慣習から成立しているのだ。もしそれらにまったく慣習的側面が欠如していたならば、それらは民族誌学の記録に留められることがなかったはずだ。それらは他のあらゆる制度と同じく、変化に抵抗すると同時に強い圧力には敏感である。個人はそれらを無視することによってあるいはそれらに関心を抱くことによって、それらを変えることができるのである。

　このような信仰を生み出したのは生活に対する現実的関心であって形而上学に対する学問的関心ではないことを想起するならば、それらのもつ一切の意義が一変してみえるであろう。アザンデ族の一員に、毒薬の神託は人間なのか物なのかと訊ねることは、アザンデ族自身が決して発しない愚問なのである。アザンデ族が毒薬の神託に言葉で話しかけるという事実は、彼の精神に物と人とについての混乱があるといったことを決して意味しているわけではない。それはただ、彼が知的一貫性を求めようとしてはいないということや、この領域では象徴的行為をすることが妥当に思えるということを意味するにすぎないのだ。彼は言葉と身振りとによって見るがままの状況を表現することができるのであり、そのような祭式的要素が合体して一つの技術に結晶しただけであって、この技術はどの点からみても、ある問題を計算機《コンピューター》に入れるためのプログラミングのようなものであろう。私見によれば、ラディンがすでに論じたこと（一九二七年）はこれに近いことであり、またゲルナー[*32]がさまざまな教義や概念に含まれる諸矛盾の社会的機能を指摘したとき論じたこと（一九六二年）もそういったことであろう。

　信仰をそれ自体として考察することをやめて信仰と繋がる慣習に注目させようとした最

初の学者は、ロバートソン・スミスである。それ以後、信仰そのものに対する個人的関心は現実生活によって明確に限定されるといったことについて、多くの証言が積み重ねられている。このことは未開人の文化に関してのみいえることではあるまい。「我々」文明人が職業的哲学者でないかぎり、「彼等」未開人についていえることは「我々」についてもいい得るのだ。実業家も農夫もあるいは家庭の主婦も、体系的形而上学を完成するだけの時間や意図をもっているものは一人として存在しないであろう。我々の世界観も、未開人のそれと同じく、特定の現実的問題に応じて断片的に獲得されるものであるのだ。

エヴァンズ＝プリチャードはアザンデ族における妖術の観念を論ずるにあたって、[*33]彼等の好奇心が個々の事象の特異性に向けられていることを強調している。もし老朽した穀物倉が倒れてそのすぐ近くに坐っていた人を圧し殺したとすれば、この事件は妖術のせいだとされる。アザンデ族は、老朽した穀物倉が崩壊するのは当然だということを腹蔵なく認めており、そのすぐ近くに人が何時間も何日間も坐っていれば、それが倒れたとき圧し潰される可能性があるということも認めている。しかしこういった一般的法則は彼等の思索にとって興味深い分野ではない。彼等の関心を惹く問題は、二つの別々の因果的連鎖の接点から独特の事象が出現したということなのである。何時間もの間、誰も穀物倉の近くに坐っておらず、従ってそれが倒れても誰にも被害を与えず、誰も殺したりしないような事態が続いていた。また、何時間もの間、被害者以外の人々がその建物の近くにいる状態が続いていた。それらの人々は建物が倒れれば命を失っていただろうが、しかしたまたまその時そこに居あわせなかったのである。アザンデ族に魅力ある問題は、なぜ穀物倉が丁度その時間に倒れたのかということであり、なぜ特定の某々なる人物がそこにいて他の誰もいないときにそれが倒れたのかということなのだ。自然の一般的法則は、アザンデ文化の技術的必要を満たす程度には十分正確かつ精密に観察されている。しかし技術的知識が検討し尽されると、彼等の好奇心は、特定の個人が宇宙の運行に捲き込まれたことに対して焦点をあわせるように変っていくのである。なぜそれは彼の身の上に起こらなければならなかったのだろうか、彼がその不幸を避けるにはどのようなことをなし得るのだろうか、それは誰かに責任があるのであろうか、といったわけである。こういったことはもちろん、人格神的世界観についてもいい得るであろう。妖術の場合と同様に、精霊の作用だとして説明し得る問題はかぎられている。四季の規則的な運行、雲と雨との関係、雨と収穫との、旱魃と流行病との関係等々は十分認められているのである。それらは、より個人的かつ緊急な問題を解決するための背景として、当然のこととされているのだ。いかなる人格神的世界観においても、中心的問題はアザンデ族における問題と同一である。すなわちそれは——なぜ、この農夫の作物が不作で、隣人の作物はそうでないのか、なぜこの男がバッファロー狩りで大怪我をしたのに、同じ仲間である他の人々はそんなことがなかったのか、なぜこの男の子供や牛が死んだのか、なぜそれは私なのか、なぜそれは今日なのか、それをどうしたらいいか、――といったものである。こういった疑問は常に、自分および自分たちの共同体にかかわる個人的不安を説明することに集中している。しかしながら、今や我々は、デュルケームが知り、フレーザー、タイラーおよびマレットが知らなかったところのことを知っている。つまりこういった質問は、一義的には、四季とかその他の自然環境についての個人的好奇心を満足させるために述べられたものではないのだ。それは社会の支配的関心を——すなわちいかにして社会を協力的に組織すべきかという問題を——解くために述べられているのである。なるほどこのような問題は、自然の中における人間の位置との関連においてしか答えられないであろう。しかしそのような形而上学は、いわば緊急な現実的関心の副産物といったものにすぎない。人類学者が現実の慣習に含まれている宇宙観の図式を作成する場合、もしその宇宙論を個々の人間が意識的に抱いている体系的な哲学として提出するようなことがあれば、それは未開人の文化を著しく歪めることになるのである。我々ヨーロッパ人ならば——天文学の特殊な一分野において——宇宙論そのものを研究することができるだろう。しかしながら未開人の宇宙観は、外国産の鱗翅類を正確にピンでとめて展示するような具合にはいかない。そんなことをすれば未開文化の本質を歪曲することは避けられないのである。未開文化にもそれなりの技術的問題があるがそれには過去数世代にわたって一応の結論が出ている。未開人が直面している問題点は、そういった問題との関係において、自分をも含めた人間をどのようにして組織するべきかということなのだ。それは例えば、いかにして不穏な若者たちを統制すべきか、いかにして不満をもった隣人たちを宥《なだ》めるべきか、いかにして自己の権利を獲得すべきか、いかにして権威の簒奪を防ぐべきか、あるいはいかにして権威を正当化すべきか等々といったことである。このような現実の社会的目的に役立たせるために、外なる世界はすべてを知り無限の力をもつとするあらゆる種類の信仰が活用されるのだ。たとえ特定の共同体における社会生活が、ある一定の形式に落ち着いたとしても、緊張や闘争を伴うさまざまな社会問題は再び新しく発生しようとするであろう。そこで、その種の問題を解決する機構の一部分として、因果応報・運命・亡霊の復讐・および妖術等に関する信仰が制度として結晶するのである。そんなわけで、未開人の文化においては、私がこれまで明らかにしてきた原始的世界観がそれ自体として思索・考察の対象になることはめったにないのだ。それは他のさまざまな社会制度に従属するものとして発達してきたのである。このかぎりにおいてそれは間接的に発生したものであり、このかぎりにおいて未開人の文化は、自意識をもたないものとして――つまりそれ自身の制約を意識の対象としないものとして――理解しなければならないのである。

社会進化が進行していくにつれて、さまざまな制度は急速に増加し特殊化する。この変化は相互作用的であって、社会による支配の増大がさらに急速な技術的進歩を可能にし、それがまた社会による支配の増大への道を拓くといった具合である。最終的にそれは現代世界にいたるのだが、ここでは経済的相互依存が現在までに人間が到達した最高の程度にまで達している。社会的分化作用の不可避的な副産物の一つは、社会意識――つまり共同体生活におけるさまざまな過程にかかわる自己意識――である。さらにまた、分化作用は特殊な形式の社会的強制を伴う。それはすなわち構成員を社会に同調させるための特殊な金銭的誘因や特別な型の刑罰であり、構成員の行動を調査するための特別な警察や監督や進行係等々であり、要するに小規模な未分化の経済的条件下においては決して想像し得ないような社会的統制装置の全体である。これは有機的連帯の経験であって、この経験の故に我々は、原始的社会機構の弱点を克服しようとする人々の努力を理解することが困難なのである。つまり彼等は、同文の契約書を三通作成して各人が保存するといったこともせず、免許証も旅券《パスポート》も無線パトカーももたないままに、なんらかの手段によって社会を構成しなければならず、多くの男女を社会の規範に従わせなければならないのだ。レヴィ＝ブリュールが、社会制度を比較しないである型の思惟を別の型の思惟と比較したのはなぜ誤りであったのかを、私は以上で証明することができたと考えたい。

なお、以上のことから、熱心なキリスト教徒やイスラム教徒やユダヤ教徒をその信仰の故に未開人の中に分類するといったことはなぜ誤りなのかが理解されただろう。そういえば、ヒンズー教徒、仏教徒、モルモン教徒もまた必ずしも未開人に分類すべきではないのである。なるほど彼等の信仰は、「それはなぜ私の身の上にふりかかったのか。それはなぜ今起こったのか」等々といった疑問に答えるために発達してきたことは事実であり、彼等の宇宙が人間中心的で人格的であることも事実である。おそらくこういった形而上学的疑問を抱懐しているというまさにこの点において、これらの宗教は現代世界における変則的制度と見做すことも可能であろう。その種の信仰をもたないものには、このような問題は一顧だに価《あたい》しないだろうからである。しかしながらこのことだけのために、それらの人々は現代世界に異様に突出した原始的文化の突起のようなものだということはできない。なぜならば彼等の信仰は時代につれて再三再四いい換えられてきたものだからであり、信仰と社会生活との相互関係はほとんど断ち切られているからである。教会が世俗的世界に属する政治や知的問題から手を引いて特別な宗教的領域に退いたというヨーロッパの歴史は、原始から現代への移行の全過程を表わす歴史なのである。

最後に、「未開・原始的」なる言葉の使用を止めるべきか否かの問題をもう一度考えてみたい。私は止めるべきでないと考えている。それは美術においては、明確かつ敬意のこめられた意味を有している。それは科学技術において、そしてたぶん経済学においても、明快な意味を与え得るだろう。人格的・人間中心的で未分化な世界観は原始文化の特徴であるといういい方に対する異議は、どのようなものであろうか。その唯一の根拠は次のような考え方にあるだろう——つまりこの語は宗教的信仰に関するかぎり、科学技術および芸術の領域では見られない軽蔑的意味を有しているといったことに由来するであろう。英語世界のある部分については、このようなこともある程度いい得るかもしれない。

原始経済という観念には、ややロマンティックなところがある。なるほど現代人は、物質的・技術的には原始時代と比較にならぬほど優れたものをもっている。しかしある文化の特徴を論ずるのに、明らさまに物質的基礎だけを論拠にする人はいないであろう。相対的貧困とか豊かさとかいった事実は問題にならないのだ。そしてまた原始経済なる観念は、金銭の仲介なしに財貨や用役(サービス)を取り扱うものである。従って未開社会の人々は経済的現実に直接向きあっているのに対して、我々は金銭のもつ複雑・意外かつ気ままな作用によって常に予定を変えざるを得なくなるという点においては、彼等は我々より優越しているのである。しかしながら同様な基準を精神的経済に適用すると、我々は彼等より優越していると思われる。というのは、彼等の外的環境に対する関係は複雑かつ予測し難い行動をする悪鬼や亡霊によって仲介されるのに、我々は外界に比較的単純かつ直接に対しているからである。ところが我々のもつこの種の優越性は、さまざまな種類の発展を可能ならしめた我々の富と物質的進歩とに起因している。従ってこのように考えれば、未開社会の人々は経済的領域と精神的領域との両者において、究極的には不利な立場に置かれていることになる。この二重の優越性を感じている人々がそれを誇示するようなことを抑えるのは当然であり、これがおそらく、原始文化を現代文化とまったく区別したくないとする人々の理由なのである。

ヨーロッパ大陸の学者には、こういったことを気にする神経質なところがないようである。「未開人《ル・プリミティフ》」という言葉は、リーンハート、レヴィ＝ストロース、リクールおよびエリアーデの書物において堂々と用いられている。私が下し得る唯一の結論は、これらの学者は密かに自らの優越性を信じているというようなことではなくて、自らの文化とは別な形式をもった文化の価値を十二分に評価しているのだということである。

＊1　Eliot, George（1819-80）　本名 Mary Ann Evans、一種の哲学的心理描写によってイギリス小説史に一時期を画したとされる。
＊2　Herskovits, Melville Jean（1895-1963）　アメリカの人類学者。ヒューマニストの名が高い。
＊3　Jung, Carl Gustav（1875-1961）　スイスの精神病理学者・心理学者。集団的無意識という仮説によってフロイトの理論を修正した。
＊4　Read, Herbert Edward（1893-1968）　イギリスの詩人・批評家。文芸批評、美術批評、社会批評に健筆を振った。
＊5　Lévy-Bruhl, Lucien（1857-1939）　フランスの哲学者・社会学者。ソルボンヌ大学教授をつとめた。
＊6　Radin, Paul（1883-1959）　ポーランド生まれのアメリカの人類学者。
＊7　Beattie, John（1915-96）　イギリスの社会人類学者。
＊8　Pospisil, Leopold Jarolav（1923-　）　チェコ生まれのアメリカの人類学者。

＊9　Teilhard de Chardin, Pierre（1881-1955）　フランスの古生物学者・神秘家。進化の概念を生命のみでなく、宇宙的規模にまで拡大しようとした。
＊10　Marett, Robert Ranulph（1866-1943）　イギリスの代表的人類学者。アニミズム理論を修正、アニマティズムを提起した。
＊11　Thurber, James Grover（1894-1961）　アメリカの作家。微妙なユーモアを生かした作品が多い。
＊12　旧約聖書ヨナ書の主人公。神からニネベに行くことを命じられたがこれに従わず、タルシシュにおもむこうとして、途中暴風雨にあって海に投ぜられた。しかし神の助けによって三日三晩大魚の腹中にあって生命をつなぎ、ニネベに行って神の命を伝え、市民を悔い改めさせた。
＊13　Tempels, Placide（1906-　）　オランダの聖職者・人類学者。
＊14　ルバ族はバントゥー族の一部族。
＊15　惑星が相互に近づいて見えること。
＊16　Fortes, Meyer（1906-83）　イギリスの社会人類学者。ケンブリッジ大学教授。
＊17　Horton, Robin　イギリスの社会人類学者。
＊18　Onians, Richard Broxton（1899-1986）　イギリスの古典学者。ロンドン大学名誉教授。
＊19　中国の陰陽家の語。山川水流の様子を視、天地二気が完全に調和する地域を択んで、都城・住居・墳墓を営む術。
＊20　Freedman, Maurice（1920-75）　イギリスの社会学者・人類学者。
＊21　Turnbull, Colin M.（1924-94）　アメリカの人類学者。アメリカ博物館研究員。
＊22　Stanner, William E. H.（1905-81）　オーストラリアの人類学者。
＊23　Berndt, Ronald Murray（1916-90）　オーストラリアの人類学者。

＊24　一九六四年に独立してザンビアとなる。
＊25　Colson, Elizabeth Florence（1917-　）　アメリカの人類学者・民俗学者。
＊26　Klein, Melanie（1882-1960）　ウイーン生まれの心理学者。イギリス精神分析協会々員。児童精神分析の大家。
＊27　Piaget, Jean（1896-1980）　スイスの心理学者。デュルケーム、レヴィ＝ブリュール等の影響をうけ、児童と成人との心性の間には論理的構造において質的差異があるとしている。
＊28　Vansina, Jan　ベルギーの社会人類学者。
＊29　誕生の年月等が人間の運命に及ぼす影響を解明する術。
＊30　人身保護の目的で拘禁の事実・理由等を聴取するため被拘禁者を出廷させる令状。チャールズ二世の暴政に反して英国議会が一六七九年に発した人身保護法によるもの。
＊31　十月三十一日に在天の諸聖人を祭るもの。
＊32　Gellner, Ernest André（1925-95）　パリ生まれのイギリスの哲学者・社会学者。
＊33　witchcraft　著者は共同体において二つの構造の間隙ないし共同体の周辺に属する人々がもつとされている反社会的な霊的能力を「妖術」と定義する。

第六章　能力《ちから》と危険

無秩序が形式《パターン》を破壊することは当然であるが、他面では形式の素材を提供する。一方、秩序は制約を意味している。秩序を実現するためには、ありとあらゆる素材から一定の選択がなされ、考えられるあらゆる関係から一定の組み合わせが用いられるからである。従って無秩序とは無限定を意味し、その中にはいかなる形式も実現されてはいないけれども、無秩序のもつ形式創出の潜在的能力は無限なのである。これこそが、我々が秩序の創造を求めながら、ただ無秩序を否定し去るといったことをしない理由である。我々は、無秩序が現存の秩序を破壊することは認めながら、それが潜在的創造能力をもっていることをも認識しているのだ。無秩序は危険と能力《ちから》との両者を象徴しているのである。

祭式は無秩序のもつ潜在的能力を認めている。精神が混乱し無秩序の状態におちいるとき——つまり夢、失神状態および狂気において——祭式は、意識的努力によっては到達し得ない能力《ちから》や真実を見出そうとするのである。意のままに人々を支配する能力や病者を癒す能力は、一時、理性的抑制を放棄し得る人々に与えられるとされるのだ。アンダマン島の住民は、時に自らが属する集団を離れて狂ったように森林を彷徨《さまよ》うことがある。彼が正気に返り人間社会に復帰するときには、病者を癒す神秘的能力を得ているという（ラドクリフ＝ブラウン、一九三三年、一三九頁）。このような考え方は広く認められているきわめて一般的なものである。ウェブスター[*1]は、〈呪術師の出現〉を論じた章において、同様な例を多く挙げている（『呪術――社会学的研究』）。私はここでさらにエハンズ族の例を引いておこうと思う。これはタンザニア中部に住む種族で、彼等の間で占断《うらない》の術を身につける方法として認められているものの一つは、狂気して奥地にわけ入ることである。この種族の調査に従事したヴァージニア・アダム[*2]によれば、彼等の祭式の周期は毎年の雨乞いの儀式において完成するという。もし予期された時期に雨が降らなければ、人々は邪術が行なわれたものと考える。彼等は邪術の効力を消滅させるために、阿呆を一人選び出し彼に奥地を彷徨《さまよ》い歩かせるのである。彼が道に踏み迷っているうちに、それとは知らず邪術師の業《わざ》を打ち破るというのだ。

こういった信仰の中には、混沌たる領域に対する二重の働きかけがある。つまり、第一に、人間が危険を冒して無秩序の領域に入りこむ。第二に、それによって社会の限界を超えようとする危険な試みを行なうのである。このような近づき難い領域から帰還した人々は、理性と社会との支配内に留った人々には得られない一つの能力《ちから》を獲得するのである。

このようにして祭式が秩序の形式と混沌の形式とに働きかけるということは、汚穢《けがれ》を理解する上で決定的に重要である。祭祀において、汚穢はあたかも自らをそのまま存続させる能力をもちながら、しかも常に他者を侵そうとするものであるかのように扱われる。形式をもたざるものもまた、ある場合には危険な能力《ちから》を、ある場合には善き能力を有しているとされているのである。レビ記において汚れたものは、宇宙の様式《パターン》に調和しないような曖昧かつ分類不可能なものであることは、すでに見た通りである。それらは聖潔と祝福とに矛盾するのだ。しかし明確な形式をもつものとそれに欠けるものとに対する態度は、社会的儀式において一層明らかであろう。

まず、境界線上にある人々はどのように見做されているのかを考えていただきたい。それはなんらかの理由で社会を形成する力からとり残された人々であり、明確な立場をもたない人々である。彼等は倫理的な悪は全然犯さなくとも、彼等の地位ははっきりしないのだ。一例として出生以前の小児をとり上げてみよう。その現在の立場はまことに曖昧であり、未来も同様に不明確であろう。というのは、それが男性か女性かとか、それが幼児期のさまざまな危険をこえて生き残れるかどうかといったことは、誰にもわからないからである。そこで小児はしばしば、傷つき易くしかも危険なものとして扱われるのだ。レレ族は、出生以前の小児とその母親とは常に危険な状態の中にあると見做しているが、胎児は他人に危険を与える気まぐれな悪意をもっているとも考えている。レレ族の女性は妊娠すると病人に近づかないように気をくばるが、それは胎児が接近することで咳や熱を悪化させないためなのである。

ニアキュサ族の間でも同じような信仰が記録されている。つまり妊娠した女性が穀物に近づくとその量が減ってしまうというのだが、それは胎児が大喰いで、穀物を盗むからである。妊婦は、まず初めにこういった危険を消滅させるための儀式として善意の身振りをしなければ、刈り入れや醸造をしている人々に話しかけてはならないのだ。ニアキュサ族は、胎児が「大きく口をあけて」食物を盗むのだといい、このことを「内《なか》にいる種《たね》」が「外の種」と争うことは避けられないのだと説明する。

お腹《なか》の中の子供は……妖術師《ウイッチ》のようなものである。それは妖術を用いるようにして食物を損う。つまりビールはいやな味になり、食物は育たず、鍛冶屋の鉄は細工がしにくくなり、乳もよく出なくなる。

胎児の父親でさえも、妻が妊娠している間は戦闘や狩猟で危険に曝されるというのである(ウィルソン、[*3]一九五七年、一三八―三九頁)。

レヴィ＝ブリュールは、月経血と流産とが時によって同じ種類の信仰を生む場合があることに注目した。つまりマオリ族は、月経血を一種の出来そこないの人間と見做すのである。もし血が流出しなかったらそれは人間になっていたはずであり、従ってそれは、生きたことがない死者というあり得ない地位を占めることになるのだ。彼はまた、早産した胎児は生者にとって危険な悪霊をもっているというありふれた信仰をあげている(三九〇—九六頁)。レヴィ＝ブリュールは境界領域には危険がひそむといった一般化にはいたらなかったが、ヴァン・ジェネップ[*4]はさらに深い社会学的洞察をもっていた。彼は、社会とは多くの部屋や廊下を具えた家のようなものであって、そこでは一つの場所から出て他の場所へ移動するのは危険とされると考えたのである。危険は過渡的状態の中に存在する。その唯一の理由は、過渡的状態とは一つの状態でも次の状態でもなく、明確に定義し得ないものだということなのである。ある状態から別の状態に移らなければならない人は、自らが危険に脅かされているばかりでなく、他の人々にも危険を与える。この危険は、彼を旧い状態から明確に分断し、しばらくの間隔離し、次いで新しい状態への参入を公的に宣告する儀式によって防ぐことができる。移動＝通過そのものが危険であるばかりでなく、隔離の儀式までもが多くの儀式の中で最も危険な儀式とされるのである。少年が成人の儀式で死ぬとか、彼の母親や姉妹が少年の安全について気をもんでいるとか、少年がその儀式における困難や恐怖のため、あるいはその不首尾に対する超自然の罰のために死を招くことがあるといったことは、我々がしばしば目にするところである。ところが一方では、きわめて安全で危険の脅威がまるで嘘のように聞こえるような儀式の実際が、やや単調に語られるのだ（ファンシナ、一九五五年）。しかし我々は、かくしてでっちあげられた危険は境界線上の問題に関して重要なことを表現しているのだと信ずることができる。成人の儀式で少年の生命が危険に曝されるということは次のことに等しいであろう。つまり正式の構造から離れて境界領域に入ることは、少年を殺すかさもなければ成人たらしめるに十分な能力《ちから》に曝されることだというに等しいのである。もちろんここにある死と再生との主題は、右に述べた以外の象徴的機能をもっているだろう。初めて成年に達した者は旧き生《せい》を死に、新しき生に生《う》まれ変るのである。汚穢《けがれ》と聖潔《きよめ》式とに関するありとある観念が、この事件の厳粛さと再生の儀式の能力《ちから》とを誇示するために利用される——このことは明らかである。

死の儀式と再生の儀式との間にある境界線上の時期において、成年に達した新参者たちは一時的に社会の追放者となる。その儀式が続く間、彼等は社会の中に自己の地位をもたないからである。場合によって、彼等が実際に遠く離れた場所に移って生活することもある。場合によっては、彼等は社会の追放者でありながら共同体のすぐ近くに住み、共同体中に完全な地位をもつ者との間に偶然の接触が起こることもある。そのような時には、彼等は危険な犯罪者のような行動をすることがある。つまり彼等は、他人を襲ったり、盗みを働いたり、強姦したりすることが許されるのだ。彼等がこの種のことをするよう命じられることさえある。反社会的行動をするということは、彼等が境界線的状況にあることを示すにふさわしい表現なのである（ウェブスター、一九〇八年、第三章）。境界線上にいたということは、危険と接触していたことであり、能力《ちから》の源泉にいたことに等しいのである。隔離された状態を脱して初めて成人の世界に入った人々をあたかも能力が満ち満ちた人々のように扱い、興奮した、危険な、絶縁と冷却期間とを必要とする人々のように遇することは、形式と無秩序とに関するさまざまな観念と一致するであろう。汚《けが》れ、淫猥および無法といったものは、彼等の状態を表わす他の祭式的表現と同じく、隔離の儀式と象徴的関係を有するのだ。彼等が不法な行為をしても咎めを受けないのは、子宮の中の胎児が悪意や貪慾を抱いても咎めを受けないのと同じことなのである。

もしある人が社会体系中のいかなる地位をも占めず、それ故に辺境地帯の存在であるような場合には、それに伴う危険を防ぐためのあらゆる警戒は、他の人々が講じなければならないように思われる。辺境にある人物は、自己の異常な状況をいかんともし難いからである。世俗的意味で――祭式的意味でなく――社会の辺境にいる人々を眺めるときにも、我々はおおよそこういった見方をするのである。我々の社会で受刑者たちの更生指導にたずさわっている社会事業家《ソシアル・ワーカー》は、彼等を安定した仕事に落ちつかせることの困難さを報告しているが、これは大体において社会一般の態度から生ずる困難であろう。わずかの期間でも刑務所の「中」に入った者は、通常の社会組織から永久に「外」に出されてしまうのである。その男にはっきりと新しい地位を与え得るような集団的儀式が行なわれないままに、彼は——彼と同様に信頼できず、扱いにくく、あらゆる邪悪な社会的態度をもつと考えられている人々とともに——社会の辺境に留まってしまうのだ。同じことは、精神病の治療施設に入ったことのある人々についてもいえる。彼等が家庭にいるかぎり彼等の特異な行動も容認されるが、ひとたび彼等が正式に異常者として分類されると、まったく同じ行動が堪え難く思われてくるのである。一九五一年、カナダでは精神病への態度を変えさせようとする企画が実行に移されたが、それについての報告書によれば、人々の行動が容認される限界は、彼等が精神病院に収容されるか否かによって定まってくるという。正常な社会から病院という辺境地帯に入ったことのない人は、どのような偏屈な行動をしようとも隣人たちにその行動を容認される。心理学者であれば直ちに病的なものに分類するような行動も、普通、「ただの気まぐれさ」とか「そんなことはすぐ治るよ」とか「世の中にはいろいろな人がいるんだ」とかいう言葉で片づけられてしまう。しかしひとたび彼が精神病院に収容されると、そういった寛大な態度はすべて失われるのである。かつては正常であると判断され、正常でないという心理学者の言葉が強い反感を与えたほどの行動が、今や異常だと見做されるというのだ(カミングの引用による[*5])。従って、精神病院に勤務している人々は、退院患者を社会復帰させることについて、受刑者援護協会の人々とまったく同じ問題をかかえていることになる。受刑者や精神病者についてのこういった一般の考え方が客観的根拠をもたないという事実は、ここでは問題にしない。それよりはむしろ、境界線上の地位はいたる所で同じような反応を生じ、これらの反応が境界線の問題を表わす儀式によって意識的に演出されていることを知る方が、一層興味深いことであろう。

未開人の宇宙に潜むさまざまな能力《ちから》や危険の地図を描くためには、形式をもつものとそれに欠けるものといった観念の相互作用を明確にする必要がある。能力をめぐるきわめて多くの観念は、社会とは一連の形式であって、それを囲繞する非＝形式と対照をなしていると把える思考に基づいている。さまざまな形式の中にはある能力があるが、一方不定形な領域、周辺地帯、混乱した内的境界、および外的限界を超えた所には、それと別種の能力があるというのである。もし穢《けが》れが特別な種類の危険であるならば、さまざまな危険が存在する領域のどの部分にそれが位置するかを知るためには、考え得る一切の能力の源泉を明らかにする必要があるだろう。未開人の文化においては、不幸をもたらす物理的作用は、その作用の原因と考えられる人格的なものの介在ほどの意味をもたない。結果としての不幸は世界のいたる所で同一である。旱魃は旱魃であり、飢餓は飢餓であって、流行病、小児労働、老衰等々も同じことであり――ほとんどの経験は共通のものと考えられる。しかしそれぞれの文化はその特徴に従って、これらの災殃《わざわい》が下るやり方を支配する独自の法則を信じているのだ。人間と不幸との間には、人格的関係が介在しているのである。従ってさまざまな能力を明らかにする手続きは、他者の運命に影響を与える一切の人格的介在を分類することによって進めなければならない。

人間の行動によって解放され得る霊的能力はおおよそ二種類に分類し得るだろう——それは内的なるものと外的なるものとである。前者は行為する主体の精神に宿るもので、邪眼[*6]、妖術、幻視や予言の能力等である。後者は行為する主体が意識的に行使しなければならない外的象徴、すなわち、呪文、祝福、呪《のろ》い、禁厭《まじない》、祭文および祈願等々である。これらのもつ能力を作用させるためには、霊的能力を解放する行為が必要とされる。

このようにして能力《ちから》の源泉を内的なものと外的なものとに分類する方法は、制御し得る能力とし得ない能力という区別と相互的関連をもつことが多い。通常の信仰によれば、内的な霊的能力は必ずしも作用者の意志によって発動されるとはかぎらない。自分がそのような能力をもっているとか、そういった能力が発動されつつあるとかいうことにまったく気がつかない場合すらあり得るのである。このことに関する信仰は場所によってさまざまである。例えば、ジャンヌ・ダルク[*7]は自分に話しかける声がいつ聞えてくるかわからなかったし、意のままにその声を聞くこともできなかったし、その言葉の内容や、その命令に従った結果次々に生じた事件にしばしば驚かされたという。アザンデ族によれば、妖術師《ウイッチ》は自分の妖術が作用していることに必ずしも気がついていないが、それについて警告をうけるとその作用を抑えるための統制力をある程度行使できるという。

これと対照的に、呪術師が誤って呪文を唱えるといったことはあり得ない。特定の目的をもつことは、一定の結果を生む条件である。父親の呪いもそれが効力をもつためには、口に出していうことが必要なのである。

制御し得る能力《ちから》と制御し得ない能力とをこのように対照させたとき、あるいは心霊と象徴とをこのように対照させたとき、汚《けが》れはこの間にあってどのような地位を占めるであろうか。私見によれば、汚れとは、それらとはまったく異なった種類に属する危険の源泉なのである。意図的なるものと意図的ならざるもの、内的なものと外的なものといった区別は汚れとは関係がないのだ。汚れの本質を明らかにするためには、別の方法を用いなければならないのである。

しかしまず霊的能力の分類を続ければ、右の方法とは別に、危険を及ぼす者と及ぼされる者との社会的地位による分類が可能である。ある種の能力《ちから》は社会組織を守るために発動される。それは共同体に悪をもたらす者に対して発動され、その能力がもつ危険は悪をもたらす者に向けられる。この種の能力の使用は、すべての善き人々の承認を受けなければならない。それ以外の能力は社会に対する危険と考えられ、その利用は公認されることはないのである。公認されない能力を用いるものは悪をなす者であり、彼等の被害者は無垢の人であるから、善良なる人々はすべて彼等を駆り出そうとするであろう——これらは妖術者《ウイッチ》であり邪術師《ソーサー》である。これが白魔術《ホワイト・マジック》と黒魔術《ブラック・マジック》という旧来の区別なのである。

さて、右に述べた二種の分類法の間にはなんの関係も存在しないのであろうか。私は仮に、ある相互関係の存在を仮定してみたい。つまり、社会構造が明らかに権威の座を認めている場合には、そういった座を占め得る人々は、制御し得る、意識的な、外的な、そして公認された明らかな霊的能力を――すなわち、呪いや祝福を与える能力を――与えられていると考えたい。社会構造が危険かつ曖昧な役割をもつ人々を必要とする場合には、こういった人々は、制御し得ぬ、無意識の、危険な、咎むべき能力を――すなわち妖術や邪眼といったものを――もつとされていると仮定するのである。

換言すれば私は、社会組織が明確な秩序をもっている場合には権威の座にある人々に明確な能力が与えられていることを予想するのであり、社会組織が混乱をきわめている場合には混乱の源泉たる人々が不可解な能力をもつとされていることを予想するのである。私がいいたいことは次のことである。すなわち、形式とそれを囲繞する非＝形式との対照が、象徴による能力と精神による能力との分布を説明するだろうということであり、外的な象徴体系は明示的社会構造を支え、形式の欠落した内的な霊的能力はその構造を非＝構造の領域から脅かしているということなのだ。

この相互関係を立証することは疑いもなく困難であろう。一つには、明確な秩序をもつ社会構造、すなわち明示的社会構造を正確に定義することが困難なのである。人々はたしかに、社会構造の意識をもち歩いている。彼等は、社会構造中に認められるさまざまな調和と階層制とに応じて自己の行動を規制し、社会構造の重要な一部に関する自らの見解を、同一場面に現われる他の登場人物たちに絶えず印象づけようとしている。この社会意識はゴフマン[*8]がみごとに証明しているので、ここでその問題に関してさらに詳細に論ずる必要はあるまい。衣服にせよ食物にせよその他さまざまな日用品にせよ、一切のものを我々は舞台上の小道具と見做しているのであり、それによって自己の役割を演ずるやり方や自らが演技する場面に演劇的効果を与えようとしているのである。我々の行なうすべてのものは意味をもち、意識的象徴の役目を担わないものはなにひとつ存在しないのだ。しかも観衆はすべてを理解している。ゴフマンはこのようにして日常的状況を分析する枠組を設定するため、俳優と観衆、舞台と楽屋といった区別を有する演劇の構造を利用したのである。演劇との類比から出てくるもう一つの利点は、演劇的構造は時間的区分をもっているということである。すなわち、演劇には発端と最高頂《クライマックス》と大団円とがあるのだ。この故にターナーは、明らかに非連続な時間的単位を形成すると認められる行動をいくつかの群にまとめて記述するのに、社会演劇という概念を導入することが有益だと考えたのである（一九五七年）。私の信ずるところでは、社会学者は社会構造のイメージとしての演劇という観念を完成するにはいたっていないのだが、私の目的にとっては次のような説明で十分であろう。すなわち私が用いる社会構造とは、社会の一切を常に全的に包含する全体的構造を必ずしも指すのではなく、個々の行為者＝俳優が大なり小なりの程度に社会の一員であると意識するような個別的状況を指すのである。こういった状況では、彼等はあたかも他者との関係であらかじめパターン化された立場にいるかのように行動し、またあたかもさまざまな関係のあり得べき型《パターン》の中からあるものを選択するかのように行動する。俳優の形式感覚が彼等の行動に対してさまざまな要求をし、彼等の欲望を強く支配し、ある欲望は容認し、ある欲望は抑えつけてしまうのである。

社会構造全体について、一部の人あるいは一個人がどんな見解をもとうとも、それは社会学者のそれとは必ずしも一致しないであろう。以下において私は、社会構造という言葉を用いて、社会の主たる特色、血統《リニッジ》、出自集団あるいは氏族集団の階級組織、さまざまな地域の社会的格づけ、王族と平民の関係等を示すであろう。時によって私は、小規模な下位＝構造を——入れ子箱《チャイニーズボックス》のようにそれ自体がまた別の下位＝構造を含んでおり、かくしてそれら全体が主構造の間隙を充塡しているようなものを——論ずることもあるであろう。特定の状況においては個々の人間はこういった構造のすべてを意識するのみならず、それらの相対的重要性をも意識しているように思われる。なるほど彼等はその時々において、どのような次元《レベル》の構造が重要であるかについて必ずしも同じ考え方をするわけではない。しかし彼等は、いやしくも共同体が成立し得るためには、伝達《コミュニケーション》の問題を克服しなければならないことは知っている。彼等は、儀式、言葉および身振り等々によって、その時点で重要と思われるのはどの次元の社会構造なのかという意見を表現し、それについて同意に達するために絶えず努力する。各種の危険や能力《ちから》がさまざまなところに具わっているとする考えはすべて、相互の伝達《コミュニケーション》によって社会のさまざまな形式を創出しようとするこのような努力の一部なのである。

明白な権威と制御可能な霊的能力との間には相互的関連があるだろうという私の推定は、『人類学再考』に載せられたリーチ論文に示唆を得たものである。[*9] ただその思考の展開に際しては、私はやや異なった方向をとった。彼の示唆によれば、災殃《わざわい》を下すことができる制御可能な能力《ちから》は、権威の体系において明らかに重要な地位に立つ人々にあるとされることが多く、それとは対照的に、意志にかかわりなく害を与える能力は同一の社会においてより不明確で混沌たる領域に潜むとされる。彼の主たる関心は、相似的ではあるが対照的な社会状況において用いられる二種類の霊的能力を対照させることにあった。リーチはある種の社会を、相互に影響しあう内的構造をもった体系群として提示した。これらの体系群の中の一つの体系内に生きることによって、人々は自己が属する体系の構造を明らかに意識するようになるというのである。この構造の最も重要な部分は、支配的地位にはさまざまな形の制御可能な能力が与えられているという信仰によって支えられる。例えば、ニアキュサ族における〈首長〉は、目に見えない大蛇《パイソン》に敵を追跡させる一種の邪術によって、敵を攻撃することができるという。父系社会に属するタレンシ族の間では、父親は、息子に悪意をもつ祖先の能力にある程度意志的に接触し得る権利をもち、母系社会をなすトロブリアンド島民においては、母方の伯叔父は意図的に用いることができる呪文や護符によって自己の権威を支えるとされている。権威の座はあたかもスイッチと――つまり、体系全体を守る能力を発動するために特定の人々が適切な場所に手を出しさえすれば操作が可能であるようなスイッチと――繋がっているかのようである。

これは、我々の熟知しているデュルケームの原理に沿って論ずることができるだろう。つまり宗教的信仰は社会が自分自身をどのように意識しているかを表現し、社会構造は社会を保持するための刑罰能力を与えられているのである。このことはきわめて明白である。しかし私は、社会構造において明示的部分に地位を占めている人々は意志による制御が可能な各種の能力をもつとされる傾向があり、これと対照的に、それほど明らかな地位をもたない人々は、より明確な地位にいる人々を脅かす能力、意志による制御が不可能な能力があるとされているといいたい。リーチがあげた最初の例は、カチン族の妻である。彼女は夫の権力集団と兄弟の権力集団との接点に立ち、二つの構造相互の間における地位を保持するのだが、無意識かつ本能的な妖術の行使者と考えられている。同様に、母系社会に属するトロブリアンド島民およびアシャンティ族における父親や、父系社会であるティコピア族およびタレランド族における母親の兄弟は、無意識のうちに危険を与える源泉だと思われている。これらの人々は共同体全体の中で狭いながらも独自の活動領域をもたないわけではない。けれども、彼等が帰属してはいないが、しかしそれなりに役目を果さなければならない一つの内的な下位＝体系という視角から見れば、彼等は他所者《よそもの》なのである。

彼等は彼等自身の体系中においてはなんら疑わしい存在でなく、その体系のために意志によって制御することができる種類の能力を振っているかもしれない。彼等のもつとされる、無意識に害を与える能力が実際に発動されることは決してないかもしれない。例えば母系社会における父親のように、彼等本来の場であり、しかも彼等が他所者《よそもの》であるところの下位＝体系の一隅で彼等が平和な生活を送りつつあるときには、その能力は眠ったままであるのかもしれないのだ。しかしながら実際には、こういった役割を冷静に演技することは困難なのである。もしどこかが狂ったならば、もし彼等が怒りや嘆きを感じたならば、その時には、二つの体系に引き裂かれた彼等の帰属意識や彼等の関係する構造における曖昧な地位の故に、その構造に完全に所属している者の眼から見れば、彼等は危険なものに見えるのである。危険なのは、二つの構造の間隙的立場に怒りを感じた人が存在するということであり、このことはその人間の特別な意図とはなんの関係もないのである。

このような場合、社会構造において明確に組織化されかつ意識化された部分は、この体系を防御するために明確かつ意識的な能力《ちから》で武装する。不明確かつ構造をもたない部分は無意識の能力を放射するとされ、それが誘因となって明確に組織化された部分に所属する人々は曖昧な部分を縮小したいという要求を抱くのである。このように二つの構造の間隙において不幸もしくは怒りを覚えている人々が妖術を用いたと告発されるとき、それは彼等に対する警告のようなものである——すなわち、あなた方は反抗的感情をもつばかりでなく、自分の立場をしっかり考えてみよという警告のようなものなのである。以上の仮説が一般に妥当することが判明すれば、霊的能力と定義される妖術を構造的に限定することもできるであろう。それは、共同体において構造が比較的不明確な部分にいる人々がもっとされている反＝社会的な霊的能力ということになるだろうし、彼等を告発することは、世俗的形式の制御が困難な部分に制御を加えるための手段ということになろう。従って、妖術は非＝構造の中に見出されることになる。つまり妖術師とは、社会的には壁や羽目板張りの隙間に棲むゴキブリやクモの類のものなのである。彼等の惹き起こす不安や嫌悪は、別の思惟構造においては別の形の曖昧なるものや矛盾したものが惹き起こすものであり、彼等がもつとされている種類の能力は、彼等の曖昧かつ不明確な地位を象徴しているのである。

このように考えれば、我々はさまざまな型の社会的混沌を区別することができよう。ここまでは、ある下位＝体系にあっては明確な地位を占め、別の体系にあっては曖昧な地位を占めながら、それにもかかわらずそこでもなんらかの義務を負っているような魔力所有者だけを考察してきた。これらの人々は合法的な部外者《よそもの》といえるであろう。その典型としては、ジャンヌ・ダルクをとり上げることができる。彼女は宮廷における農民であり、鎧をまとった女性であり、作戦会議においてはまったくの門外漢であった。彼女を魔女だとする告発は、彼女が完全にこの範疇に属することを証明しているのである。

しかしながら妖術はしばしば、以上のものとは別の種類の曖昧な社会的関係の中で作用すると考えられている。その最もふさわしい例は、アザンデ族の妖術信仰にある。彼等の社会の正式な構造は、王族、宮廷、裁判所、軍隊を軸とし、明確な階層制度によって王族の代理官にいたり、さらに地方司令官を通して一家の家長につながっていた。この政治体系においては、競争の分野はそれぞれの地位によって系統的に分離されており、従って平民が貴族と競争するようなことはなく、貧者が富者と、息子が父親と、女性が男性と争うといったことはなかった。彼等の間では、政治構造によって未組織のままにされていた領域においてのみ、人々はお互いに妖術をかけたと告発しあったのである。ある役職を求めて強力な競争者《ライバル》と争ったすえに勝利を収めた男は、競争相手が嫉妬のあまり自分に妖術をかけたと告発したであろうし、一人の夫を共有する妻たちは互いに妖術をかけたと告発しあっただろう。アザンデ族の妖術師は危険な者であるが、自分ではそうと気づいていないとされていた。彼等の妖術は、怒りとか恨みとかいう感情を感ずるだけで発動されたのである。そういった告発は、一人の人間を擁護し他の人間を罪ありとすることによって、彼等の置かれた状況を調整しようとしたのであった。王族は妖術師ではないことになっていたが、彼等は互いに邪術[*10]を用いたと非難しあった。このように考えれば、アザンデ族も私が設定しようとしている型《パターン》に一致することになるであろう。

社会体系の不明確な区域から発し無意識に悪をなす能力《ちから》のもう一つの類型は、マンダリ族の例によって説明される。彼等の間では土地を所有する氏族《クラン》は、隷属民を従えることによって勢力を伸ばしていく。不幸な隷属民とは、なんらかの理由によって自己の領土に対する権利を失い、保護と安全とを求めて他者の領土に移って来た人々である。これらの人々は土地もなく、身分も低く、土地所有者集団の一員たる守護者《パトロン》に従属している。しかし、彼等は百パーセント隷属的だというわけでもないのだ。事実、守護者の影響力と身分とは彼の忠実な臣下たる隷属民にある程度まで依存しているのである。隷属民が多くなりすぎ、彼等が大胆になりすぎると、守護者の血統《リニッジ》を脅かすことさえあり得るのだ。彼等の社会の明示的構造では土地を所有する氏族がその基礎になっている。ところが守護者たちは、隷属民を妖術師だと思うことが多い。彼等の妖術は守護者に対する嫉妬から生じ、無意識に作用するという。妖術師は自己を抑制することができず、怒りを抱くのは彼等の本性であり、災殃《わざわい》は彼等から自動的に生まれるのである。すべての隷属民が妖術師であるわけではないが、妖術師の遺伝的家系は識別され、怖れられている。彼等は権力構造の隙間に生きる人々であり、よりよき地位をもっている人々の脅威だと考えられているのだ。彼等は危険で統御できない能力を有しているとされているから、彼等を抑圧する口実は用意されている。つまり守護者は隷属民たちが妖術をもつとして彼等を告発し、正式の手続を経ることなく直ちに命を奪うこともできるのである。ある例では、守護者の一族は大きな焚火を用意し、焼き豚を一緒に食べないかと妖術師の容疑をかけられた者を招待し、その場で彼等を縛り上げて焼き殺してしまった。このようなやり方で、土地の所有は家系《リニッジ》によるのが正しいという構造が、土地をもたない隷属民が保護を求めている比較的流動的な領域に対して主張されるのだ。

イギリス社会におけるユダヤ人は、マンダリ族における隷属民に似ている。ユダヤ人は商業で不正なしかも不明朗な利益を得ているという信念が、彼等に対する差別を正当化する口実に使われる——ところがユダヤ人がイギリス人の気にさわる真の理由は、常に彼等が〈キリスト教世界〉の正式な構造の外にいたということなのである。

社会的に曖昧または不明確な地位にあって、そのために意識せざる妖術をもつとされるものには、おそらく一層多様な型が存在するだろう。そのような例はいくらでも、容易に引用することができるであろう。いうまでもなく、私は第二義的な信仰やわずかの間流行し間もなく消え去ってしまう短命な観念を問題としているのではない。以上において私が仮定した相関関係が、ほとんどの持続的精神能力を分類するに際して一般的に妥当とするとすれば、それは汚穢《けがれ》の本質をも明らかにすることになるのである。なぜならば、私見によれば、祭式における汚穢もまた、形式あるものとそれを囲繞する形式に欠けるものとの相互作用から生ずるからである。汚穢の危険は、形式が侵されたときに触発されるのだ。

このように考えれば、幸運と不運とを支配する三種の能力《ちから》が存在することになるであろう。その一は、正式な構造を代表する人々によって行使されその正式な構造を守るために発動される能力であり、その二は、二つの構造の間隙に棲む人々が振う不可解な能力であり、その三は、いかなる人が行使するのでもなくて、構造に内在し形式のいかなる侵犯に対しても発動される能力である。未開人の宇宙観《コスモロジー》を研究するためにはこういった三重の図式が考えられるのだが、この試みは不幸にも、いくつかの例外にぶつかって挫折してしまう。これらの例外はあまりに重要なので、到底無視することができないのだ。重大な困難の一つは、邪術を――これは制御可能な精神能力の一形式であるにもかかわらず――世界の多くの場所において、私の仮説によれば無意識の妖術をもつとされるはずの人々が会得しているとされていることである。私が無意識の妖術をもつと予想したのは、二つの構造の間隙にあって悪意をもち、反社会的であり、人々に咎められ、無垢な人々に災殃《わざわい》を及ぼそうとする者であって、私の仮定では、彼等は意識による制御が可能な、象徴に基づく能力を用いるはずがないのである。また、不満を抱く者を発見し敵を滅ぼすための無意識かつ自動的な力を発するような王族も、現実に存在している――ところが私の仮説に従えば、王族は明示的かつ制御可能な形の能力だけをもつとされるはずなのだ。従って私が設定しようとした相関関係は一般的には妥当しないことになるのである。しかしながら否定的事例をさらにくわしく検討するまで、私はこの仮説を放棄しないでおくことにしたい。

社会構造と神秘的能力との相関関係を明らかにするのが困難な理由の一つは、比較すべきいずれの要素もきわめて複雑だということである。明白な権威を認識するというだけでも、必ずしも容易なことではないであろう。例えば、レレ族における権威とはきわめて弱いものであり、彼等の社会体系は弱小の権威が縦横に交叉したものであって、そのいずれもが世俗的関係において大きな実効性をもってはいない。彼等の正式な地位を支えるのは、多くの場合呪《のろ》いもしくは祝福を与える霊的能力だとされており、それはある形式に叶った言葉を発することと唾《つば》を吐くこととの中にあると考えられている。呪いと祝福との能力は権威ある者の属性である。父、母、母の兄弟、伯叔母、担保をとっている者、村の首長等は、呪いをかけることができる。ただ、ほしいままに呪いを求めてそれを他者に投げかけることは誰にもできない。息子は父に呪いをかけることはできず、もしそのような試みをしたとしてもそれは効果をもたない。ここまでは、このパターンは、私が確立しようとしている一般的規範に一致することになる。しかし、もし呪いをかける権利を有している人がそれを正式な呪いの形で表現しなければ、口にたまった唾は吐き出されないままに災殃《わざわい》をもたらす能力をもつと考えられているのだ。そこで正当な怒りを感ずる者はすべて、悪意の唾が密かに災殃をもたらしたりしないために、秘められた怨恨を抱いているよりはむしろそれをはっきりと口に出して賠《つぐな》いを求めるべきだとされるのである。この信仰においては、制御可能な霊的能力とそれが不可能な能力とを、同一の状況にいる同一の人物がもつとされるわけである。けれども、レレ族における権威の形式《パターン》は明確に表現されることがないので、これは否定的実例とはいえないであろう。逆にこの例は、権威とはきわめて傷つきやすい力であって容易に無に帰してしまうものだという警告にもなり得るのだ。さまざまな種類の権威をよりよく説明し得るためには、先の仮説を一層精密化する用意がなければならないのである。

レレ族におけるこの語られざる呪いとマンダリ族における妖術信仰との間には、いくつかの類似点がある。この両者ともが特定の地位との結びつきをもち、両者ともに霊的・内面的・無意識的なものだからである。しかし、前者における無言の呪いが公認された形の霊的能力であるのに反し、後者における妖術師は社会的に否認されている。前者では無言の呪いが災殃《わざわい》の原因だと判明したときにはその発動者は賠償を要求されるのに反し、後者では妖術を所有していることが明らかにされればその発動者はむごたらしく罰せられる。従って無言の呪いは権威の側に向けられているわけであり、権威と呪いとの関係はこのことを証明している。ところが、レレ族にあっては権威は弱く、マンダリ族の場合はそれが強いのである。このことから、次のことが示唆されるであろう。つまり、先の仮説を正しく検証するためには、一方の極では正式な権威がまったくなく、他方の極では強力な世俗的権威があるような、すべてを包含する尺度を提示しなければならないということである。この両極端のいずれにおいても、私は、どのような人々にどのような種類の霊的能力があるとされるのかをあらかじめ述べる用意はない。なぜならば、正式な権威が存在しないところでは先の仮説は適用され得ず、世俗的手段によって権威が十分に確立されているところではそのような権威は霊的かつ象徴的な支えを要求することが少ないからである。ところが原始的状況下においては、権威は常に不安定なものになりがちなのである。この理由の故に、我々は権威ある立場にいる人々の不首尾を常に考慮する用意がなければならないのだ。

まず、権威ある地位にあって自己の職務に属する世俗的権力を濫用する人間の場合を考えてみよう。彼の行為は不正であり、彼はその本務を辱しめる者であり、その任務に付与されている霊的能力に価しないことは明らかである。このような場合、彼の不正をうまく正当化してしまうような形式《パターン》の信仰を多少とも修正する余裕がなければならない。つまり彼は悪人に対して意志による制御が可能な能力《ちから》を振っているのではなく、無意識かつ不正な能力を使用する妖術師の仲間だとされなければならないのである。なぜならば自らの職務を濫用する権力者は、簒奪者と同じく不法であり、悪鬼であり、仕事の妨害者であり、社会体系にとっては無駄な重荷だからである。そのような権力者が振うと思われる危険な能力を予想して、この種の修正があらかじめ行なわれていることはしばしばある。

サムエル記においてサウル[*11]は、神に与えられた能力《ちから》を濫用した指導者として描かれている。[*12]彼が自らに与えられた任務を果すことを怠り、人々が彼に背くようになると、彼のカリスマは彼を離れ、怖るべき怒りと憂愁と狂気とが彼を襲う。それ故、サウルが彼の職権を濫用するとき、彼は意識的統制力を失い、味方にとってすら脅威となるのだ。もはや理性を支配することのできなくなったこの指導者は、無意識の危険になる。サウルのイメージは、意識的な霊的能力は権威が明示される構造の中に与えられ、制御不能な無意識的危険はその構造を脅かすものの中に与えられるという仮説に、見事に妥当するのである。ルグバラ族は、権力の濫用をもたらしかねない信仰をうまく調整するために、これと似てはいるが違った方法を用いる。彼等の間では、血統《リニッジ》の長老は、その血統の最大の利益のために行動しない若者に罰を加えるため、祖先の霊を喚び出す特別な能力があるとされている。ここでもまた、意識的かつ制御可能な力が明示的構造を支えているのだ。しかし、もし長老が自らの利己的な関心に動かされていると思われるときは、祖先は長老の言葉を聴かないか、あるいはその能力を長老の意のままに用いることはないという。これは、権力の座を占める人間がその地位に伴う権力を不当に振るった場合である。彼の正当性が疑問とされた以上、彼はその地位から追われなければならず、そのために彼の批判者は彼が堕落して妖術を――つまり、暗闇の中で作用する怪しい邪悪な能力を――用いたと告発する（ミドルトン）[*13]。この告発自体が、彼等の社会構造を明確化し強化する武器となる。これによって、犯罪的行為が混乱と曖昧との原因であることを明らかにし得るのである。これらの二つの例は、意識的能力は構造体の重要な立場にいる人々によって行使され、構造体の昏く不透明な部分からはそれとは別の能力が発生するという仮説を、鏡に映したように対称的な形で発展させたことになるであろう。

邪術はまた別の問題になる。邪術は呪文、言葉、身振り、さらにはさまざまな道具を利用して災殃《わざわい》を与える一種の能力であって、それは意識的かつ意図的にのみ用いることができる。我々がたどってきた論理からすれば、邪術とは霊的能力を意識的に支配する形式である以上、社会構造において重要な地位を占めている人々が用いるものでなければならないことになるであろう。しかし実際は、そうではないのである。邪術は、権威の座にある者ばかりでなく、我々が妖術の源泉とした社会構造の間隙に棲む人々の間にも見出されるのだ。一見したところこの現象は、明確な社会構造は意識的能力に対応しているという仮説を否定するように見える。しかし精密に検討すれば、邪術がこのような範囲に分布していることは、邪術信仰に伴う権威の形式《パターン》と矛盾していないのだ。

ある社会では、権威の座は競争によって手に入れることができる。そのような社会では正統性を確立することは困難であり、それを維持することも困難であって、それは常に逆転する可能性をもっている。こういったきわめて流動的な政治体系では、霊的能力に対する独特な型の信仰が存在することが予想されるであろう。邪術には権力の濫用を防ぐ装置が内在していないという点で、それはすでに述べた呪いとか祖先の霊を喚び出す能力とかとは別種のものである。例えばルグバラ族の宇宙観は祖先が血統《リニッジ》の価値を守るという考え方に支配されており、イスラエル人の宇宙観はエホバの正義という観念に支配されていた。このいずれにおいてもその能力《ちから》の源泉たるものは欺くことも濫用することもできないという前提を含んでいる。もしその職にある者が自らの能力を濫用すれば、霊による支持は失われるのである。これと対照的に、邪術とは本質的に意識によって支配し得る能力《ちから》であってしかも自由に濫用し得る能力なのである。邪術信仰が盛んな中央アフリカの諸文化にあっては、この形式の霊的能力は医術の言葉だけを用いて詳説されている。邪術は自由に行使することができる。邪術の能力を獲得する労を惜しまない者は誰でも、それを用いることができるのだ。邪術それ自体は、倫理的にも社会的にも中立的なものであり、濫用を防止する原理をまったく含んでいない。それは外部から自動的に作用するのであり、邪術者の意図が純粋であると邪悪であるとを問わず等しく見事に作用するのである。もし特定の文化において霊的能力なる観念が主としてこういった医術的言語によって表わされているとすれば、自己の職権を濫用する者も社会構造の間隙にいる者も、勝れた血統に属する者や村の首長のそれと等しい霊的能力を、等しく利用できるはずである。従って、もし邪術を習得しようとするあらゆる人が邪術を利用し得るとすれば、政治的支配権の座も同様にあらゆる人が公然たる競争によって獲得できると考えるべきであり、そのような社会においては正統的権威、権威の濫用および不法な叛逆といったものの間にはあまり明確な区別は存在しないのだと考えるべきなのである。

東はコンゴ地方から西はニアサ湖にいたるまでの中央アフリカの邪術信仰は、邪術のもつ悪しき霊的能力は誰でも利用できることを前提としている。原則的にはこれらの能力は母系出自集団の首長に付与されており、それらの人々が権力の座についたとき敵対する部外者に対して行使することができるとされている。老人は自己のそういった能力を部下や親類縁者に作用させることができると考えられており、老人が不愉快または卑劣な人間である場合、部下や親類縁者が死ぬとそれは老人のせいだとされがちである。長老の地位とはやや高いといった程度のものであるにすぎないのだが、老人は常にその地位から引きずり下ろされ、面目を失わされ、追放され、あるいは毒を用いた試罪法にかけられる危険に曝されているのである（ヴァン・ウィング、[*14]三五九―六〇頁。コピトフ、[*15]九〇頁）。そうなると別の競争者が現われて老人の公的な職務を奪い、一層の用心のもとにそれを行使しようとするのだ。このような信仰は、私がレレ族の研究においてすでに証明しようとしたように、権威の定義が明確でなく現実にほとんど支配力をもたないような社会体系に対応する（一九六三年）。マーウィック[*16]はチェワ族の間に同様な信仰があって、これは、因襲からの解放をもたらす効果をもっていると主張した。なぜならば、どんな若者が、ある役職を占める反動的老人を邪術を用いたと告発したとしても――その役職から年長者が退けられれば、若者がその地位を占める資格をもっているような場合でも――疑惑を招くことがないからである（一九五二年）。つまり、もし邪術信仰が自らを権力の座に引き上げる手段として現実の効用をもっているとしても、それはまた、権力への道程を短くし不安定なものにするためにも役立っているのである。

いかなる人も邪術に手を染めることができるという事実、また邪術は社会に悪をもたらすためにも善をもたらすためにも行使し得るという事実は、さまざまな霊的能力を逆の方向からも分類し得ることを示唆している。中央アフリカでは、邪術はしばしば権威ある地位に必要な付属物となっているからである。母親の兄弟は、敵の邪術師と戦って自分の子孫を守ることができるために邪術を知らなければならない。しかしそれは両刃の剣のようなもので、その用い方が賢くなければそれは自らを滅すこともあり得るという。とすれば、ここには正式な職務についた人がその職務を十分に果せない可能性、いやむしろそういった予想すらもが常に存在することになろう。邪術信仰は世俗的権力の濫用を抑制する作用をもしているのだ。つまり、もしチェワ族またはレレ族の指導者が人気を失えば部下が彼を追放することができるのであって、邪術信仰にはそのための免責条項が含まれているのである。ティヴ族の〈ツアヴ〉信仰は高貴な家系における長老の権威を保障すると同時に限定してもいるのであるが、このことについて私が読んだ読み方は以上の通りである(ボハンナン)[*17]。従って誰もが自由に行使し得る邪術は、権威者が不正なことをした場合にそなえる霊的能力の形式だということになる。これが、先に述べたものと逆に、妖術と邪術とを同一の種類のものとみる分類法である。妖術信仰も邪術信仰と同じく任務を正しく果さないことを予想し、それに制裁を加えようとする傾向をもつことは、我々がすでに見た通りだからである。けれども、妖術信仰は間隙的立場にある人々がその任務に反することを予想するのに対し、邪術信仰は重要な役割をもった人々の不首尾を予想しているのである。そこで、権威者の不正にそなえたこのような能力《ちから》を、権威者の正義を支えようとする能力と対照させることによって、霊的能力と社会構造との対応関係を示す全体的図式は一層の一貫性をもつであろう。

チュートン族の〈幸運《ラック》〉についての観念や、ある形式をとったバラカやマナは成功＝偏向型の信仰として邪術と対照的である。マナとイスラム教徒のいうバラカとは、ある公式の地位から——その地位を占める者の意図には無関係に——滲み出してくる。それは人に打撃を与える危険な能力《ちから》であるか、もしくは善をもたらす恵み深い能力であるかのいずれかである。マナまたはバラカを放射する首長とか王族とかいうものがいて、それらの人々に触《さわ》ってもらうだけで祝福と同じ価値が生じ、成功の保証が得られ、あるいはそれらの人々が自ら戦場に現われるか否かで勝利を獲得するか敗北に終るかが決まるという。けれどもこれらの能力は社会体系の一般原理に深く結びついてはいない。時にはバラカとは自由に浮かび漂う恵み深い能力で、社会内部の権力や忠誠心の公式的分布状況とは無関係に作用することがある。

こういった自由奔放で恵み深い感染力が人々の信仰において重要な役割を演じているとすれば、正式の権威が弱いとか不明確であるといった事情か、あるいはなんらかの理由で政治構造が無力化され、その結果祝福を与える能力がその構造の重要な部分から発することができないといった事情を予想することができるであろう。

ルイス[*18]博士は宗教的儀式をもたない社会構造の一例を述べている。ソマリランドでは、世俗的能力と霊的能力とは一般に切り離して考えられているという（一九六三年）。世俗的関係における勢力は戦闘力から生じ、ソマリ族は戦闘的で競争的であって、彼等の政治機構は力は正義なりとする戦士的体系になっている。けれども、宗教的領域ではソマリ族はイスラム教徒であり、イスラム社会の内部における戦いは悪だと信じているのである。この信仰がきわめて厚いため彼等の社会構造からは祭式的要素が脱落し、従ってソマリ族は神の祝福や災殃《わざわい》が社会の代表者から発するといった主張をすることはない。宗教は戦士によってではなく、神の僕《しもべ》によって表象されている。彼等は聖なる人間であり、宗教と律法との専門家であるが、彼等は人間と神との仲介者であるばかりでなく人間同士の仲介者でもある。彼等が戦士的構造の社会に捲きこまれることがあれば、それはきわめて不本意なことなのである。彼等は神の僕として霊的能力をもっているとされる。従って彼等が世俗的世界を脱すれば脱するほど、また彼等が謙虚になり貧しくなり弱くなればなるほど、彼等の祝福（バラカ）は偉大なるものになるというわけなのである。

　もし右のような博士の理論が正しいとすれば、これは激烈な内部闘争を社会組織の基礎とする他のイスラム教徒たちにも等しく妥当するであろう。しかしながらモロッコのベルベル族はこのような神学的根拠をもたないのに、霊的能力の分布については同様な傾向を示している。すなわちゲルナー教授の御教示によれば、ベルベル族はイスラム社会内における戦争を悪とする観念をもっていないのである。さらにまた、軍事組織の指導者が政治組織の間隙にいるある種の人々よりも霊的能力が弱いとされるのは、多くの下位部分に分かれた競争的政治体系に共通の特徴であるのだ。ソマリ族の聖なる僕《しもべ》は、タレンシ族の〈大地の霊堂の祭司〉やヌエル族の〈大地の僕《しもべ》〉に相当するものと見るべきであろう。すなわち肉体的弱者に霊的能力が賦与されているという逆説は、それを正当化する種族ごとの教義よりも一般的社会構造によって説明されるべきなのである（フォーテスおよびエヴァンズ＝プリチャード共著、一九四〇年、二三頁）。

　この形のバラカは妖術を逆転したようなものである。それは正式の政治構造には属さず、そのさまざまな部分の間を浮遊している能力《ちから》である。政治構造を強化するために妖術を告発するのと同じ目的で、政治構造の中にいる人々はバラカを利用しようとする。妖術や邪術と同じように、バラカの存在や力は経験的に、つまりあることが別のことの後に起こったからといった具合に証明される。妖術師や邪術師は彼等が怨恨を抱いている人に不幸が起こったとき、はじめてそれと確認されるのだ。不幸が起こったことは妖術が作用したことを示している。誰もが知っている恨みが、妖術師である可能性を示すのである。本来そのような嫌疑が彼に集中するのは、彼が争いをしたという評判のためなのである。バラカもまたそれと同じく経験的に、あることが別のことの後に起こったということで確認されるのだ。驚くべき好運があったということがバラカの存在を示すのだが、それがまったく思いがけないこともよくある（ウェスターマーク、I、[*19]第二章）。そういうとき、ある人が敬虔で学識が深い聖者であるという評判が社会の関心を彼に集中させる。妖術師の隣人たちに災殃《わざわい》が起こるたびに妖術師の悪評が一層ひどくなるように、聖者の評判は好運が出来するごとにますます高まるのである。雪だるま式の効果は、この両者においてまったく同一である。

失敗＝偏向型の能力《ちから》は消極的自動修正装置《フィード・バック》を具えている。つまり、そのような能力をもっていると思われる人々が身のほどを忘れて権力を振るおうとすると、彼は告発されて本来の姿にもどるのである。告発されるかもしれないという懸念は、現実に反目が起こるに先立って、すべての人々に対して自動温度調節装置《サーモスタット》のような働きをする。それは一種の制御装置である。ところが成功＝偏向型の能力は積極的自動修正装置《フィード・バック》となる可能性をもっているのだ。それは無限に名声を高め、ついには爆発的な効果をもたらすということにもなりかねない。妖術が制度化された嫉妬であるといわれてきたように、バラカは制度化された讃美として作用することがあり得る。従ってそれが自由競争社会で作用するときには、それは自己＝強化的になる。それは優勢な軍勢の味方になる。それはかつて成功をもたらしたという経験に支えられて多くの信者を惹きつけ、かくして一層の成功をもたらす。「人々は、事実、バラカの所有者として扱われることによって、バラカの所有者になるのである」（ゲルナー、一九六二年）。

しかし私の信ずるところでは、部族的社会体系において相争っているさまざまな構成分子がすべてバラカを利用し得るわけではないのであって、このことは今ここで明らかにしておくべきであろう。それは、さまざまな政治的状況に応じてさまざまな作用をする能力についての観念だからである。つまり、権威の確立した体系においては、バラカは権威の座を占める者が発することができ、彼等の安定した身分を強化して反対者を敗北させることができる。しかし他方では、バラカは権威、正邪といった観念を粉砕する潜在力をもっている。なぜならばその唯一の証拠はそれが成功をもたらすことにあるからである。バラカの所有者は他の人々と同じような道義的制約を負ってはいないのだ（ウェスターマーク、I、一九八頁）。同様のことはマナについても〈幸運《ラック》〉についてもいえる。それは既成の権威の側に立つこともあり得るし、便宜主義《オポチュニズム》の味方をすることもあり得る。レイモンド・ファース[*20]は、少なくともティコピアにおいてはマナは成功を意味しているという結論にいたった（一九四〇年）。ティコピアのマナは、世襲的首長の権威を表わすものである。ファースは、もしある首長の治世が好《よ》き運命にめぐまれなければ、その王朝は危険に瀕するか否かを考察し、首長の地位はそのような嵐を乗り切る程度の力をもっていると結論したのだ（そしてそれは正しい結論である）。コップの中で社会学《ソシオロジー》を研究する大きな利点の一つは、大規模な状況であったら混乱を生ずるような事象を冷静に認識し得るといったことであろう。けれども、そのような状況においては真の意味での嵐だとか大変動だとかを観察できないのが弱点である。ある意味では、植民地における人類学《アンスロポロジー》はすべてコップの中のものである。たとえマナが成功を意味するとしても、それは政治的便宜主義《オポチュニズム》の観念としてもまことに適切である。植民地の平和という人工的条件のために、かかる成功＝偏向型の能力《ちから》に内在する闘争と叛逆との可能性は隠蔽されてしまったのかもしれない。人類学は政治的分析においてしばしば弱点をさらけ出している。人類学者は時に政治体系の分析のかわりに、騒乱もなく闘争もなく力の均衡についての真剣な評価もまったくない空疎な組織のレポートを提出するのである。これでは必然的に不正確な解釈を生まざるを得ない。従って、ここで植民地以前の実例にもどることが有益であるかもしれないのだ。

いかなる特定の人物にも属さない便宜主義的なマナやバラカがそうであると同じく、我々の祖先たるチュートン族にとっては、〈幸運《ラック》〉が競争的政治構造の中で――流動的で世襲的権力がほとんどない政治構造の中で――自由に作用していたと思われる。こういった信仰は忠誠心の発生に応じて急速に変化し得るものであり、また正邪の判断をも変え得るものなのである。

私は、成功＝偏向型の能力《ちから》と妖術や邪術との相似的関係を――ただしこの両者共に失敗＝偏向型であり、権威の分布状況とは無関係に作用することができるのだが――できるかぎり強調しようと試みてきた。ところで、この種の成功＝偏向型能力が妖術と共通にもっているもう一つのものは、それが意志とは無関係に働くという本質である。バラカをもっていることがわかるのは、その効果が現われたからなのである。敬虔な生活を送り、軍人組織の外部で生きる人は多いであろうが、偉大なるバラカを獲得した人は多いとはいえないのだ。マナもまたまったく無意識に発動することができる。レイモンド・ファースは彼の釣針に大きな魚がかかったことをマナのせいだとされたときの事情を意地悪く描いているが、この例からわかるようにマナは人類学者が無意識に発動することさえあることになる。古代スカンジナヴィア人の伝説《サーガ》には、突然〈幸運〉を発見したり〈幸運〉に見放されたりしたため危機が解決した話がかぎりなく含まれている（グレンベック[*21]、第一巻、第四章）。

成功をもたらす能力のもう一つの特徴は、その能力が感染することがよく見られるということである。それは物体によって伝達される。バラカと接触していたものはどのようなものでも、バラカを獲得することができる。〈幸運〉もまた先祖伝来の家財や家宝を通して伝達されることがある。もしそれらのものが手から手へ移ったとすれば、〈幸運〉もまた手から手へ移ったのである。この点において、これらの能力は汚れ《けが》に似ている。なぜならば、汚れは接触によって危険を伝達するからである。しかしながら、これらの成功能力がもつ可能性、気まぐれで破壊をもたらす可能性という本質は、既存の社会体系の外郭を支えようという厳密な目的をもった汚れとは、対照的なのである。

要するに、個々の人間に霊的能力があるとする信仰は、社会構造の支配的形式に対して中立的であることもそれから自由であることも決してないのである。たとえそのようなものに囚われず自由奔放に浮遊するかにみえる霊的能力があったとしても、仔細に検討すれば、それは右の原理と矛盾してはいないのだ。つまり、霊的能力が正式な社会体系から独立して存分に活動するようにみえるような状況は、その体系自体が例外的に正式な構造を欠いている場合だとか、正統な権威が常に挑戦に曝されている場合だとか、中心を欠いた政治体系のさまざまな部分が争いあって仲裁を求めている場合だとかにかぎるのである。このような場合、政治権力を求めて争っている有力な人々は、自由に作用する霊的能力の所有者を自己の味方につけようとせずにはいないであろう。以上から、社会体系にはそれ自身を創造し自らを維持していく能力が十分具わっていると考えられることには、疑問の余地がないのである。

今や汚穢《けがれ》の本質を明らかにするべき時期である。あらゆる霊的能力が社会体系の一部であることはすでに確認された。つまり霊的能力は社会体系を表現し、社会体系を操作する制度を生み出すのである。これは宇宙に属する能力《ちから》が結局人間社会に結合されたことを意味するであろう。というのは、運命のさまざまな変化とは、なんらかの社会的地位を占める人々によって誘発されるからである。しかし他方ではそれと別種の危険をも考慮しなければならないのであって、これは人々が意識的にも無意識的にも発しているかもしれないものであり、精霊の一部には属さず、秘密の伝受や修業等によって購《あがな》うことも学ぶこともできないものである。これが汚《けが》れの能力《ちから》であって、それは観念の構造自体に内在し、結合すべきものを隔離したり隔離すべきものを結合したりする象徴的行為を罰するのである。従って汚穢《けがれ》とは、宇宙構造にせよ社会構造にせよ、構造の輪郭が明確になっていない場においては発生の可能性がないような種類の危険だということになるであろう。

汚《けが》れを与える人は常に間違ったことをしたとされる。彼が悪しき条件を醸成したような場合もあるし、あるいは横切ってはならない線を横切ったにすぎないような場合もあるが、このような侵犯だけでだれかに対する危険を解き放つのだ。汚れをもたらすことは、妖術や邪術と違って、人間と動物とに共通した能力である。汚れは必ずしも人間から発するとはかぎらないからである。進んで汚れを生むようなことも可能ではあるが、意図はその結果とは無関係である——それは不注意によって生ずることが一層多いであろう。

ここで私は、人間がもつとされる能力《ちから》ではなく、人間の行為によって生じ得るとされる特別な種類の危険について、でき得るかぎり厳密な定義を試みてみたい。すなわち、不注意な人間に危険をもたらす能力とは、きわめて明らかに観念の構造自体に内在する能力であり、つまりは観念構造が自らを守るための能力なのである。

＊1　Webster, Hutton（1875-1955）　アメリカの社会人類学者。
＊2　Adam, Virginia（未詳）
＊3　Wilson, Monica　イギリスの社会人類学者。
＊4　van Gennep, Arnold（1873-1957）　フランスの民俗学者。フランス民俗学の方法論を確立した。著書多数。
＊5　Cumming, Margaret Elaine（1915-　）　アメリカの社会学者。J. Cumming は未詳。
＊6　悪魔の眼ともいう。こういった眼をもっている人に睨まれると災が来るという。
＊7　Jeanne d'Arc（1412-31）　百年戦争のときオルレアン城を包囲したイギリス軍を破り祖国の危機を救ったが、後にイギリス軍に捕えられ、魔女として火刑に処せられた。しかし一九二〇年、聖人の列に加えられた。
＊8　Goffman, Erving（1922-82）　アメリカの社会学者。
＊9　Leach, Edmund Ronald（1910-89）　イギリスの人類学者・社会学者。
＊10　妖術（witchcraft）は怒りや恨みを抱いただけで自動的に発動されるが、邪術（sorcery）は意図的にのみ発動される。
＊11　Saul　イスラエル初代の王で、預言者サムエルに見出され、王位についた。しかし後ペリシテ人に敗れて死んだ。サムエル記（上）参照。
＊12　本来信仰者に与えられる霊的能力を指すカトリックの用語であったが、マックス・ウェーバーによって学術用語として用いられるようになり、大衆の支持を得る特殊な能力等を指すようになった。
＊13　Middleton, John Francis M.（1921-　）　イギリスの社会人類学者。
＊14　van Wing, Josef（1884-?）　ベルギーの社会学者・人類学者。

＊15 Kopytoff, Igor (1930-) 中国生まれのアメリカの文化人類学者。ペンシルヴァニア大学教授。
＊16 Marwick, M. G.（未詳）
＊17 Bohannan, Paul James (1920-) アメリカの社会人類学者。ノースウェスタン大学教授。
＊18 Lewis, Ioan M. (1930-) イギリスの人類学者。ロンドン大学教授。
＊19 Westermarck, Edward Alexander (1862-1939) フィンランドの社会学者・哲学者・人類学者。
＊20 Firth, Raymond William (1901-2002) ニュージーランド生まれの社会人類学者。ロンドン大学教授。
＊21 Grönbech, Vilhelm P. I. (1873-1948) デンマークの神話学者。

第七章　体系の外縁における境界

社会という観念は強力なイメージである。社会は、それに内在する権利によって構成員を支配し、あるいは彼等を行動に走らせる能力《ちから》を有する。このイメージはある形式を——すなわち、外的境界線と辺境区域と内的構造とを——具えている。その外的境界線には、同調する者に報酬を与え、侵そうとする者に反撃を加える能力が伏在している。辺境区域や構造化されない部分にも潜在的活動力《エネルギー》が秘められている。社会の象徴としては、構造化された社会の内部、辺境区域あるいは境界線上における人間のどのような経験も、容易に利用することができるのである。

ヴァン・ジェネップは、どんな具合に建築物の入口が新しい身分の獲得を象徴するかを示した。新郎はなぜ新婦を抱いて楣《まぐさ》*1を横切るのであろうか。なぜならば、階段、梁《はり》および戸口の側柱等は日常生活において家屋に出入する必要条件たる枠組を形成しているからである。扉《ドア》を通り抜けるという平凡な経験も、さまざまな種類の参入を表現することができる。十字路、拱廊《アーチ》、季節の変化、新しい衣裳等々もまた同様である。どのように低次の経験であっても、儀式に包含することによって高度な意味を付与することができる。儀式的象徴体系の源泉が個人的かつ内面的であればあるほど、それが伝達する意味は印象的になる。また逆に、その種の象徴の源泉が人間経験の基礎にある一般的なものであればあるほど、それは広くまた確実に受容されることになるであろう。

生物という構造体は扉の側柱《ドア・ポスト》や楣よりも一層適切に、複雑な社会形式を反映することができる。それ故に、供犠の儀式はどの場合にはどのような種類の動物を用いるかを――幼獣か成獣か、雄か雌かあるいは去勢したものか、等々を――詳しく定めているのであり、こういった律法《おきて》は供犠を必要とする状況のさまざまな側面を示しているのである。動物を殺すやり方もまた律法に定められている。ディンカ族は、近親相姦の罪を潔めるべく犠牲を捧げる場合には、動物を縦に斬り裂いて性器をも二分する。休戦の祝いには腹部を半ば横に切る。場合によっては窒息死させることも、あるいは踏みつけて殺すこともあるのだ。さらに、人間の軀《からだ》によって表わされる象徴体系は一層直接的である。肉体はいかなる有限の体系をも表わし得る雛型《モデル》となる。つまり肉体の境界は、危険もしくは不安定なあらゆる境界を象徴し得るのである。また肉体は複雑な構造を有している。従って肉体のさまざまな部分がもつ機能やそれらの部分の相互関係は、他の複雑な構造を表わす象徴の源泉となり得るであろう。肉体の中に社会の象徴を見ようとしなければ、そしてまた、社会構造に内在すると信じられている能力《ちから》や危険が凝縮して人間の肉体に再現されていると見なければ、排泄物、乳、唾液等にかかわる祭式を理解することは不可能なのである。供犠に捧げられた雄牛の軀が社会状況を示すものとして用いられていることは容易に理解し得るであろう。しかし同様にして、人間の肉体による祭式を解釈しようとするとき、心理学的伝統は社会から眼を背けて個人に注目してしまう。つまり、集団の儀式が生命のない扉の側柱《ドア・ポスト》や動物の犠牲を用いるときは社会的関心を表現するであろうが、それが人間の肉体によって執行される場合には個人的・私的な関心を表わすのだと解釈されてしまうのである。しかし、祭式が人間の肉体を用いて執行されるからといってこのように解釈を変えるべき理由はまったく存在しないだろう。私の知るかぎりでは、この事情が方法論の上に明言されたことは一度だにない。この説の主唱者は明らかに仮定にすぎないものから出発しているのであり、それはある種の儀式がもつ形式と精神病質者の行動との間には強い類似性があるということを論拠にしているのだ。その仮定とはすなわち、未開文化はある意味において人間精神の発展における幼児的段階に相当するというものである。従って、そのような祭式は精神病質者や幼児の精神を支配している関心と同じものを表現しているかのように解釈されることになるのである。

心理学的洞察を支えるために未開文化を利用しようとする最近の試みを、二つほど例に挙げさせていただきたい。そのいずれもが似たような一連の主張から発したものであり、いずれも文化と個人心理との関係を明確にしていないために誤解を招き易いものである。ベッテルハイム著[*2]『性の象徴的傷痕』は主として割礼と成人の儀式との解釈を扱ったものである。著者は、さまざまな心理的現象を解明するためにオーストラリア先住民とアフリカ人との一連の儀式を利用しようとする。彼の関心は特に、精神分析学者が少女の男性性器羨望を強調しすぎ、少年における女性羨望の意味を見落していることを証明しようとすることにあるのだ。この発想はもともと、思春期に近づいた統合失調症の子供たちを対象とする研究から示唆を得ているという。おそらく、彼の発想は健全であり重要でもあるだろう。私は、統合失調症に対する彼の洞察を批判しようとするつもりはまったくない。けれども彼が、男性性器の出血をもたらすための儀式は、女性の出産能力に対する男性の羨望を表現する意図から生まれていることは明らかであるといった議論を展開するとなると、人類学者の立場からそれは社会的祭式の解釈としては不十分であると抗議せざるを得なくなるのだ。これが不十分であるのは、それが記述的であるにすぎないからである。人間の肉体に刻み込まれるものは社会のイメージなのだ。彼が引用している種族においては──それは半族[*3]もしくは多くの部分に分れているムルンギン族とアランタ族とであるが──集団的儀式は部族の各部分間における均衡の象徴を創出することにかかわっていると考える方が、より妥当だと思われるのである。

私がとり上げようとする第二の著書は『エロスとタナトス』であるが、著者ブラウン[*4]はここで「古代人」の文化と現代文化とがそれぞれ表現すると思われる幼児的幻想と神経症的幻想という視点から、その両者を明確に比較し概観している。未開文化に関して彼がベッテルハイムと共に認めている前提は、ローハイム[*5]に由来する（一九二五年）。つまり未開文化は自己変容的《オートプラスチック》であり、我々の文化は環境変容的《アロプラスチック》だというのである。未開人は自己を対象として操作することによって欲望を達成しようとするのであって、自然界の豊饒や女性の服従もしくは狩猟における成功等を獲得するために、彼等は自らの肉体に儀式的意味をこめた外科手術を施す。しかし我々の現代文化においては、外的環境に直接働きかけることによって欲望を達成しようとするのであり、その結果は現代文明の最大の特徴たる圧倒的な技術的成果になっているというのだ。ベッテルハイムは、儀式偏向型文明と技術偏向型文明との差異をこのように要約する立場をとっているのである。けれども彼は、未開人の文明は不十分かつ未成熟な人格から生まれたものであると考え、未開人の貧弱な技術的成果は彼等の心理的欠陥によって説明し得るとまで想定している。

もし文字以前の民族が現代人のそれに匹敵するほど複雑な人格構造をもっていたとすれば、もし彼等の防衛機制が我々のそれと同じく精妙をきわめていたとすれば、もし彼等の良心が我々のそれと同じく洗練されたきびしいものだったとすれば、もし彼等の自《エ》我《ゴ》と超自我《スーパーエゴ》と無我意識《イド》*6との間の動的《ダイナミック》な相互作用が我々の場合と同じく複雑であり、彼等の自我が我々のそれのように外的現実に直面しそれを変化させるだけの適応性をもっていたとすれば——彼等は、我々の社会と（おそらく同質ではなくとも）同程度に複雑な社会を発達させていたであろう。しかしながら彼等の社会は小規模なままであり、外的環境を処理する点では相対的に無力なままだった。おそらく、このような事情の生じた理由の一つは、彼等が環境変容作業によるよりもむしろ自己変容作業によって問題を解決しようとする傾向を有していたことにあるだろう。（八七頁）

ここで再び、多くの人類学者とともに次のことを主張しておきたい。すなわち未開文化それ自体は、幼児や神経症《ノイローゼ》患者に類する人格をもった原始的な型の個人が創ったものだなどと想像する論拠はまったく存在しないということである。私はまた、このような仮説の基礎にある推論を明らかにするよう心理学者に要求しておきたいと思う。こういった議論全体の基礎には、祭式が解決しようとしている問題は個人心理にかかわる問題であるという前提があるのだ。事実ベッテルハイムはさらに、原始的儀式を執行する人々を挫折感に襲われて自分の頭をなぐりつける小児に譬えている。こういう前提が彼の著書全般の基礎になっているのである。

ブラウンもまた同じ前提に立っているが、彼の推論は一層精緻である。彼は文化の根源的条件は個人の人格的特徴に起因するとは考えない。この点で彼は、個々の人格に対して文化が加える規制の効果を正しく考察していることになる。しかしながら彼は、未開文化を全体としてみるとそれはあたかも小児または知能の遅れた大人に譬えられるかのように考えるにいたっているのである。例えば、原始文化はその目的を達成するために肉体を用いた呪術の力を借りようとする。それは、小児肛門期性欲の段階に譬え得る文化的発展段階だという。

小児期の性欲は〈他者〉の喪失に対する自己変容的代償作用であり、昇華とは〈自己〉の喪失に対する環境変容的代償作用である。(二七〇頁)

彼はこのような大前提から出発し、続けて、「原始」文化は小児性欲と同じ目的を——すなわち、喪失、別離および死といった耐え難い現実からの逃避を——志向していると論ずる。こういった警句《エピグラム》的表現は、その本質からいって曖昧である。こういった理論を提出する際には、未開文化に対する新しい研究方法として、十分かつ明確な説明を与えてほしいものである。ところがブラウンはこの主題をきわめて簡単に展開しているにすぎない。それは次のようである。

古代人にとっては去勢コンプレックス、近親相姦のタブーおよびペニスのリビドーを非性欲的興味に向けさせることが——すなわち、生殖衝動を転移して彼等の生活を囲繞する親族体系を支えるところの例の抑圧されたリビドーに変えることが——なによりも大切なのである。低次元の技術に対応する低次の昇華は、我々がすでに述べた定義によって、弱小な自我《エゴ》を意味する。それは自らの前＝性器期の衝動と（否定によって）和解するにいたっていない自我《エゴ》である。その結果は、小児的自己愛《ナルシシズム》から生ずる一切の空想的欲望が未昇華の形で表現されるのであり、従って古代人は幼児期の呪術的肉体を保持しているのである。（二九八—九九頁）

こういった幻想をもつ古代人は、無限の自己充足的享楽を求める小児的願望を肉体だけで満足させ得ると想像する。それは現実からの逃避であり、喪失、別離および死といったものに直面することの拒否である。このような幻想を昇華することによって自我《エゴ》は発達する。自我《エゴ》は肉体に苦行を課し、排泄物の呪術を否定し、そのかぎりにおいて現実に直面するだろう。しかし昇華は別の意味での非現実的な目標を設定し、結局、喪失、別離および死等々に直面したとき別の意味での虚偽の逃避を自我に提供することになる。私の理解では、彼の理論はこのように進行するのである。なるほど精妙な工業技術によって我々と小児的願望の満足との間に多量の物質が介在するようになればなるほど、昇華作用は忙しくなったのだろう。しかしその逆は疑わしく思われる。文明の物質的基礎が発達していなければ、それに応じて昇華作用が行なわれ難いといった議論は成立し得るだろうか。原始的技術に基づく原始的社会を小児的空想に比較する場合、それが説得力をもち得るためにはどのようにして正確な比較をすればいいのであろうか。低次元の技術はどのようにして「自らの前＝性器期の衝動と（否定によって）和解するにいたっていない自我《エゴ》」を意味することになるのであろうか。ある文化が他の文化よりも昇華されているというのはどのような意味においてなのであろうか。

これらは明らかに、人類学者が口をはさむことのできない専門的問題であろう。けれども二つの点において、人類学者は発言したい問題をもっている。その一は、未開文化は本当に排泄物を用いた呪術に余念がないといえるのかということであり、その回答は明らかに〈否〉である。その二は、未開文化は本当に現実からの逃避を求めていると思われるのかということである。彼等は外的領域における努力の失敗の代償として、本心から呪術を――それが排泄物を用いるかどうかは別として――用いているのであろうか。ここでもその回答は〈否〉なのである。

まずはじめに排泄物を用いた呪術の問題を考察してみたい。そういった報告は、第一に、他の象徴的主題《テーマ》よりも肉体の主題《テーマ》を相対的に強調しているという点において、第二に、未開人の祭式では肉体から排出されるものに肯定的態度が示されるか否定的態度が示されるかという判断において、事実を歪めるものであるのだ。

ここでは第二点を最初にとり上げてみよう。未開文化において排泄物および肉体の一部だったものが利用されるといったことは、通常の場合、小児的性的幻想という主題《テーマ》と両立しないであろう。つまり排泄物等々のものは愉《よろこ》びの源泉として扱われるどころか、そのようなものの利用は非とされる傾向が見られるのだ。しかも肉体の周辺部に宿っている能力《ちから》は欲望達成の手段として考えられるどころか、むしろ回避されることの方が多いのである。民族誌学の書物を不用意に読んだためこうして誤った印象をもつにいたった理由は、主として二つある。その一は報告者の偏向であり、その二は観察者の偏向である。

邪術師は邪《よこしま》な欲望を追求するとき、もともと肉体の一部であったものを用いると考えられている。確かにこの意味では、排泄物を用いる邪術は術者の欲望のため利用されることになるが、しかし邪術に関する報告は通常、その被害者だと主張する者の視点からなされているのである。自らを邪術の被害者と考えている人々は邪術に用いる薬物の鮮明な叙述を常に行なうことができるだろう。しかしながら、自ら邪術師であることを告白した人々の口述にかかる禁厭《まじない》の秘法を記した書物はごく稀である。誰かが不法に自分に害を加えようとして自己の肉体の一部であった物を用いていると疑うことはあるにしても、だからといって、そういう情報の提供者がそういう物を自己の目的に利用し得ると考えているわけではない。従って、一種の視覚的錯覚のため、貸借《バランス・シート》表の負の側にあるものが正の側にあるようにみえるといったことがしばしば生ずるのである。

観察者の偏向もまた、未開文化が肉体の残存物を積極的に利用する限度を実際以上に強調しすぎている。排泄物の呪術に言及した言葉はすべて読者の目に入り彼の注意を奪ってしまうのだが、この理由は心理学者が最もよく知っているであろう。かくして第二の歪曲が生ずる。つまり、豊かで広汎な象徴体系が見逃されるか、あるいはそれが糞便を用いたわずかな原理の中に包摂されてしまうのである。こういった歪みの一例として、第三章で述べたウィネベーゴ・インディアンの〈トリックスター〉神話に関するブラウン自身の議論をとり上げてみたい。〈トリックスター〉の長い冒険談の中で、肛門の話題はわずか二、三度出現するだけである。そこから私は、〈トリックスター〉が自己の肛門をあたかも独立した人間のように扱おうとする一例を引用した。この部分に関するブラウンの印象は私のそれとは非常に異なっているので、私は最初、彼は豊かな学識を用いて、神話の紹介者ラディンよりも一層直接の源泉に遡ったのだろうと誤解したほどである。というのは彼はこの部分について、「原始的神話に現われる〈トリックスター〉は未昇華でむき出しの肛門愛にとりつかれている」と述べているからである。

ブラウンによれば、ウィネベーゴ・インディアンの〈トリックスター〉は、偉大な文化英雄[*7]でもあるのだが、「この〈トリックスター〉は排泄物、泥、粘土といったものから汚《きたな》らしいやり方で世界を創造することができる」という。彼はその例としてこの神話の中から次のような挿話を引用するのだ。すなわち、〈トリックスター〉は、一種のタマネギを食うと腹にいっぱいガスがたまるから食ってはいけないという警告を無視し、それを食べてしまうのだが、その結果屁が激しく放たれるたびに、彼の軀は次第に空高く吹き上げられる。彼は人間たちに自分を抑えてくれと頼み、人間たちが彼を下そうと努力していることに感謝した途端、最後の一発で彼等をはるかかなたに吹き飛ばしてしまうという部分である。しかしラディンが述べたままの物語をどのように探索しようとも、〈トリックスター〉の放屁がなんらかの意味で創造的であるという徴証はまったく発見することができないのである。それはむしろ破壊的である。ラディンの語彙や緒言を探究すれば、〈トリックスター〉は世界を創ったのではなく、いかなる意味でも文化英雄ではないことがわかるであろう。ラディンは、ここに引用した挿話は完全に否定的教訓を含んでおり、〈トリックスター〉が社会的存在として次第に発展していくという主題に一致したものだと考えているのだ。排泄物の呪術を未開文化に読みこみすぎる偏向については、以上で終ることにする。

肛門愛に未開文化が対応するという主張の第二の問題は、いかなる未開文化にせよ、未開文化がどのような意味で別離とか喪失とかいった現実からの逃避であるのかを問うことである。彼等は死と生との一体性を無視しようとしているのであろうか。私の印象ではその逆に、汚《けが》れた物体に能力《ちから》が宿っていることを最も明らかに認めている種類の祭式は、物理的に充満しきった現実を肯定する最大の努力をしているように思われる。肉体の象徴体系を率直に発展させた文化は、肉体の呪術を一つの逃避として用いているどころか、逃れ得ない苦痛や喪失を含む経験に直面するためにそれを用いていると見ることができるであろう。このことは最終章で示すことになるが、未開人はこのような主題によって生の巨大な逆説《パラドックス》に直面するのである。ただこの問題は小児心理との類似に関係があるので、ここでごく簡単にそれに触れておきたい。すなわち、未開文化は汚物を創造力として扱うという思考を民族誌学が支持するかぎり、それは未開文化の主題を小児性欲の幻想に等置し得るという思考を否定しているということである。

この問題が陥りやすい以上二つの曲解を修正するには、肉体的汚物が能力《ちから》の源泉と考えられるような脈絡を注意深く分類するべきであろう。まず汚物は、祝福を授ける能力を具えている人々の手にあっては、祭式において善きことをもたらすために用いることができる。例えば血は、ヘブライ人の宗教では生命の源泉と見做され、聖なる供犠の場合以外には一切触れてはならないものだったのである。次に場合によって、重要な地位にある人々の唾は祝福を与える能力があると考えられることがある。時には、前王の屍体から王位の継承者に塗る聖油の材料がとられることもある。例えば、ドラケンスベルグ山脈[*8]に住むラヴドゥ族の間では、前女王の腐爛した遺体が一種の軟膏を調整するために用いられ、これによって、現女王は天候を支配することができるようになる(クリーゲ[*9]、二七三―七四頁)。

こういった例は無限にあげることができるのだ。それらの例を挙げようとすれば、前章で試みた分析を——それは社会的あるいは宗教的構造体が自己を護るために所有していると考えられるさまざまな能力の分析であったが——くり返すことになるであろう。同じことは、災殃《わざわい》を下す儀式の手段としての肉体的汚物についてもいえる。それは、社会という構造体を護る重要な地位を占める人々も、構造体における彼等の地位を脅かす邪術師も、構造体の弱点に向って骨片等のものを投げつける体制外の者《アウトサイダー》ももっているとされるのである。

しかし我々は、ここではじめて中心問題に近づく用意ができたことになるのだ。肉体の排泄物が災殃《わざわい》の象徴ともなり能力《ちから》の象徴ともなるのはなぜであろうか。邪術師が成人の儀式に参加する資格を授けるとき、血を流したり近親相姦を犯したり人肉を食したりすると考えられるのはなぜであろうか。成人の儀式における彼等の呪術はほとんど、人体の周辺部に宿ると考えられている能力《ちから》を操作することから成立しているのはなぜであろうか。肉体の周辺部には特に能力《ちから》や危険が潜んでいると考えられるのはなぜであろうか。

第一に我々は、公的な儀式は小児的幻想と共通のものを表現しているという考えを除外することができる。小児は自分の肉体の限界内で性的欲望を満足させようと夢想するといわれるが、この性的欲望は、おそらく人類共通のものであろう。従って肉体を用いた象徴体系は、人類に共通な象徴体系の一部であり、これが人間感情に深く訴えるのは各人の経験の故である。けれども、祭式はこうした人類一般の象徴体系から特定のものを選択して利用するのだ。つまりある祭式はこの部分を用い、別の祭式はあの部分を用いるといった具合に展開していくのである。心理学的説明はその本質上、特定の文化に固有な特徴をもつものを解明し得ないのである。

第二に、あらゆる周辺部は危険を秘めている。もし周辺部があちこちに引きまわされれば、基本的経験の形態が変ってしまうからである。どのような観念構造においても侵され易いのはその周辺部である。従って肉体の開口部は特に傷つき易い部分を象徴していると予想するべきであろう。そういった開口部から漏出する物質は、この上なく明白に周辺部の特徴をもった物質なのである。唾、血、乳、尿、大便あるいは涙といったものは、それらが漏出するというただそれだけのことによって、肉体の限界を超えたことになる。軀から剝落したもの、皮膚、爪、切られた毛髪および汗等もまったく同様である。肉体の周辺部を他の周辺部とはまったく関係のない別種のものとして扱うのは誤りなのだ。ある個人の文化的・社会的経験を特に重要視する理由がないと同じく、ある個人が自己の肉体的・情緒的経験に対して示す態度を特に重要視する理由はあるまい。このことこそ、世界中の各種の祭式が肉体のさまざまな相を扱う方法が一様でないことを説明する鍵であろう。ある場所においては月経の汚穢《けがれ》は致命的危険として怖れられ、ある場所においてはそのようなことは全然見られない(第九章参照)。ある地方においては死の汚穢が日々の関心事であり、ある地方においてはまったくそうしたことはないのである。ある地域においては排泄物は危険であるが、ある地域においては単なるお笑い種《ぐさ》にすぎない。インドでは料理された食物と唾とは汚《けが》れを伝え易いとされるが、ブッシュマン族はメロンの種をあとで焙って食べるために、口からとり出して集めておくのだ（マーシャル＝トマス、四四頁）。

つまりあらゆる文化はそれぞれ独自の危険と問題とをもっているのである。ある文化が肉体の周辺のどの部分に能力《ちから》が宿ると信じるかは、その文化の中で肉体がどのような状況を反映しているかによって決定される。このようにして、最も深い恐怖と欲望とが、一種の機智に富んだやり方でみごとに表現されると考えられるのだ。肉体の汚れを理解するためには、社会における既知の危険から考察を始めて、主題として選択された肉体の一部という未知の問題に遡るよう試みるべきであり、またその選択はどのような意味で適切なのかを認識しようと試みるべきであろう。

心理学者たちは、あらゆる行動は個人が自己の肉体に抱いている最も内奥な関心に還元できるといったことを必死で証明しようとしているが、それはただ自己の専門領域に対する執着にすぎないのである。

かつて精神分析に対する批判として、無意識はあらゆる凸型の対象の中に陰茎《ペニス》を見、あらゆる凹型のものの中に膣《ヴァギナ》もしくは肛門を見ると嘲笑されたことがある。私の考えでは、この言葉こそが事実の特性をみごとに捉えているのである。（フェレンツィ[*10]『精神

分析における性』二二七頁。ブラウンの引用による）

自己の領域に最後まで執着することは、専門的職業に携わる者すべての義務である。社会学者には、このような還元主義に彼自身の還元主義を対決させる義務がある。あらゆるものが肉体を象徴することが真であるように、肉体があらゆるものを象徴することも同じく真なのである（しかも、先に述べたことが真であるが故に一層真なのである）。このような象徴体系は幾重にも折り重なった内的意味を通して肉体を対象とする自己の経験にまで遡るのであり、社会学者は、このように幾重にもなった象徴体系から社会における自我の経験についての洞察を引き出すため、心理学者とは逆の志向性をもった努力を傾注するのが当然であるのだ。

もし肛門愛が特定の文化的段階で表現されることがあるとしても、そのことから当然に肛門愛を有する種族がいると予想することはできないだろう。それがいかなるものであるにせよ、まず肛門愛とある文化とが類似していると考え得る根拠を探さなければならないのだ。その手続きは控え目にいえば、フロイトが行なった洒落《ジョーク》の分析のようなものであろう。フロイトは言語形式とそこから引き出される可笑しさとの関連を見出そうとして、洒落の解釈をいくつかの一般原理に丹念に還元した。この原理を利用して洒落を案出するといったことはどのような喜劇台本の作家にもできないが、この原理は、笑いと無意識と物語の構造との間の関連を理解する助けにはなるのである。当面の問題にとってはフロイトの方法は適切な例となる。なぜならば、汚《けが》れはユーモアを逆にした形式に似ているからである。汚れは人を可笑しがらせることはないから、洒落とは違う。しかし汚れの象徴体系の構造は、洒落の構造と同じく比較と両義性とを利用しているのだ。

ここで四種類の社会的汚穢を区別しておく必要があるだろう。その一は外的境界線に迫る危険である。その二は体系の内部における境界線の侵犯から生まれる危険である。その三は体系内部の境界線付近に宿る危険である。その四は内的矛盾から生ずる危険——つまり基本的原理のあるものが他の基本的原理に否定され、その結果ある点においては体系自体が自己と戦うように見える危険——である。本章において私は、肉体の境界を表わす象徴体系が共同体の外的限界に対する危険を表現するため、汚れ(これはつまり可笑しくない機知である)という形式でどのように用いられているかを示したいと思う。

クールグ族における儀式中心の生活を見ると(シュリニヴァス)、彼等は危険な不浄物が生活体系に侵入することの恐怖に憑かれた民族であるという印象を受ける。彼等は肉体とはあたかも包囲攻撃を受けている都市であって、スパイや叛逆者を警戒するために一切の出入が監視されているかのように扱っている。肉体から一度外部に排出されたものはすべて、再び受容されることはなく厳重に回避されるのだ。最も危険な汚《けが》れは、一度肉体の外部に出たものが再び内部に入ることである。他の基準から見ればまったくとるに足りない一篇の神話が、彼等の行動や思考体系のきわめて大きな部分を正当としているため、民族誌学者シュリニヴァスがその神話に三、四回も言及しなければならないほどなのである。その神話は次のようである。ある女神が、力《ちから》や智慧を競うあらゆる試みにおいて二人の兄弟に勝利をおさめた。将来誰が最も高い地位につくかはこの競《あらそ》いの結果決定されることになっていたので、二人の兄弟はある策略を用いて女神をうち負かそうと決心した。すなわち、女神はうまく欺されて、自分が嚙んでいたキンマ[*11]が兄弟たちのそれよりも赤いかどうかを見るためにそれを一度口から出し、再び素早く口に入れるといったことをしたのである。女神は、一度口の中にあって唾液で汚されたものを食べてしまったことに気がついたが、ひとたびこのことがわかると、歎き悲しみつつも自己の敗北が正当だと認めざるを得なかった。この失敗のため、それまでの女神のあらゆる勝利は無に帰して、彼女の兄弟たちが永遠に優位に立つことが当然のこととして決定されたという。

クールグ族はヒンズー教におけるカースト制度の中に座を占めている。ヒンズー教インドの内部において彼等は例外的でもなく異例でもないと見做すべき理由は十分にある（デュモン[*12]およびポコック[*13]共著）。従って彼等は清浄と不浄といった視点から地位・身分を考えるのであり、こういった考え方はカースト制度が支配している体制においてはすべて妥当するのである。つまり、最下級のカーストに属する者が最も不浄であり、彼等の賤しい労役によって上級のカーストに属する者は肉体的不浄から免れることができるのだ。下級のカーストに属する者は衣服を洗い、散髪に従事し、屍体に衣服を着せる等々のことをする。カースト制の体系全体が一個の肉体を表象し、その内部では分業によって頭は思索や祈りを担当し、最も賤しい部分が老廃物を排出するのである。一つの地方における下位《サブ》＝カースト[*14]共同体はそれぞれ、清浄・不浄を表わす体系の中での自己の相対的地位を意識している。個人の立場から見れば、カースト的清浄の体系は、上方に向って構成されていることになる。つまり自分より上位にいる人々はより清浄なのである。逆に自分より下位の地位はすべて、それらの相互関係がどれほど複雑に区別されていようとも、彼にとっては汚れたものである。かくして、この体系の中に座を占めるいかなる個人にとっても、障壁を築かなければならない怖るべき非＝構造は、下位にあることになる。悲しい機知にも比すべき汚穢《けがれ》は、カースト構造における下降を、肉体的機能を解説するかのように、糞便・血および屍体との接触といったことによって象徴するのである。

クールグ族は他のカースト同様、外部および下位にあるものに対してこういった恐怖を抱いていた。しかし彼等は山岳地帯に定住し孤絶した共同体を形成していたので、周辺の世界とは時折統制可能な形で接触したにすぎない。彼等にとっては、肉体の出入口という模型《モデル》は、より大きな社会の中での少数民族の立場といった不安を象徴的に示すものとして二重に適切な模型《モデル》なのである。ここで私は次のことを述べておきたいのだ――つまり、さまざまな儀式が肉体のさまざまな開口部に関する不安を表現するとき、この不安に対応する社会学的意味は、少数集団の政治的・文化的統一性を護ろうとする配慮だということなのである。イスラエル人は歴史的に常に大きな圧迫を受けてきた少数民族であった。それ故彼等の信仰においては、肉体から漏出したものはすべて――血も膿も排泄物も精液等々もすべて――汚《けが》れたるものだったのである。イスラエルの国境地帯が絶えざる脅威を受けてきたことが、肉体の完全と統一と純潔とを求める彼等の配慮の中にこのようにして反映されたのは当然であろう。

ヒンズー教のカースト制度は、あらゆる少数者集団を包摂しながら、それぞれの少数者集団を明確に区別しつつ文化的下位《サブ》=単位《ユニット》として包摂するものである。いかなる地域においても、下位《サブ》=カーストといったものはすべて少数者になりがちであろう。カーストの地位が聖潔かつ高位のものになるにつれて、下位《サブ》=カーストはますます少数者たらざるを得ない。そのような場合、屍体や糞便との接触に対する彼等の嫌悪は、全体としてのカースト制度における秩序を表現するというだけではあるまい。肉体の周辺部に関する不安は、彼等が集団として存続し得るかという危惧をも表明しているのだ。

インド人個人の排泄行為に対する態度がどのようなものかを考えるとき、カーストにおける汚《けが》れの問題への社会学的研究法は、精神分析的研究法よりはるかに納得的であることが明らかになる。祭式で排泄物に触れることは汚れを受けることであり、また便所清掃人がカースト体系の最下位に属することは周知である。もしこういった汚穢の規範が個人的恐怖を表現するのであれば、ヒンズー教徒は排泄行為については抑制的態度を示し、これを秘し隠そうとすると予想し得るであろう。ところが彼等は通常その種のことに対してきわめて無関心な態度を示すのであって、しかもそれは舗道・ヴェランダ・公共的広場ですら清掃人が巡回して来るまでは排泄物が散乱しているといったほどであることを知ると、我々はかなりの衝撃を受けざるを得ないのである。

インド人はあらゆる所で排泄行為をする。彼等が脱糞するのは大体の場合鉄道線路際においてである。しかしまた、彼等は浜辺でも街路でも脱糞し、しかも身を隠すものを決して求めないのである。……このようにして踞《しゃが》んでいる姿は——外国からの訪問者にとっては、その姿はしばしの後、ロダンの〈考える人〉のように永遠かつ象徴的なものになってくるのだが——決して話題に上ることもなく、新聞記事になることもなく、小説や物語で言及されることもなく、長編映画や記録映画に現われることもない。それは、自国を美しく見せようという当然の意図から出たものだと解釈されるかもしれない。しかし事実は、このようにして踞んでいる人々の姿はインド人の目に入らないのであって、彼等はそういった人々が存在することさえも否定するかもしれず、しかも彼等の否定はこの上なく誠実なものなのである。(ナイポール、第三章)[*15]

口唇性欲とか肛門性欲とかを論ずるよりは、むしろ、カーストにおける汚穢が表象するのはそれが主張するままのものであると論ずる方が、一層納得的であるだろう。それは、肉体のイメージに基づき、社会階層制度の秩序維持を第一の関心とするところの象徴的体系なのである。

唾液や生殖器からの分泌物が涙よりも一層汚れをもたらすのはなぜかを訊《ただ》すには、インドにおけるこのような実例を利用することができる。ジャン・ジュネ[*16]は述べている——もし私が熱烈な愛を抱いて彼の涙を飲むことができるとしたら、彼の鼻先に付着した透明な水滴を飲めないのはなぜであるのか、と。これに対しては次のような回答が可能であろう。第一に、鼻から出た分泌物は涙ほど透明ではないからだ、と。それは水に似るというよりはむしろ糖蜜に似ている。どろどろした粘液性のものが眼から分泌したとすれば、それは鼻汁同様、詩にはふさわしくないものであるだろう。けれども、透みきって滝のように流れ落ちる涙は、ロマンティックな詩の素材になるのだ。それは汚《けが》れをもたらしはしない。その理由は、いくぶんか涙が自然に洗浄の象徴体系中にくみ入れられていることにもある。涙とは流れる水を運ぶ川のようなものである。それは眼を潔め、浄化し、洗うものである以上、どうして汚《けが》れをもたらすことがあり得るであろうか。しかしながらさらに大きな意味をもつのは、涙が消化作用とか生殖作用といった肉体的機能にいささかのかかわりももたないということなのである。ただしこのことの故に、涙が社会関係や社会作用を象徴し得る範囲は狭いものになる。このことはカースト構造を考察すれば明らかになるであろう。聖潔の程度を示す階層制度中の地位が生物的に子孫に伝えられる以上、性行動はカーストの聖潔を保持するには重要である。この故に、高貴なカーストにあっては、境界線にかかわる汚《けが》れは特に性関係に集中しているのだ。個人がどのようなカーストに属するかは母親次第で決定される。女性が自分より高位のカーストの者と結婚しても、その子供たちは母親のカーストを引き継ぐからである。従って、女性はカーストに入る門のようなものである。女性の純潔は厳重に守られ、もし女性が下位のカーストに属する男性と性関係をもったことがわかれば、彼女は残酷な罰を与えられる。男性の性的純潔はこのような責任を担っていない。それ故、男性の乱雑な性関係は大した問題にはならない。下位のカーストの女性と性関係をもっても、それを潔めるには沐浴の儀式のみで足りるのだ。しかし男性の性行為にしても、境界にかかわる汚穢《けがれ》の故に肉体が負っている悩みから完全に自由であるわけにはいかない。つまりヒンズー教徒の信仰によれば、精液には聖性が宿っており、それは無駄にしてはならないのだ。インドにおける女性の純潔を論じた鋭い論文（一九六三年）で、ヤルマン[*17]は次のように述べているのである。

カーストの純潔性は女性において守られねばならず、男性にははるかに大きな自由が許されているとはいえ、男性も精液中に含まれる聖性を浪費すべきでないことはもちろんである。周知のように男性は下位のカーストに属する女性ばかりでなく、すべての女性を避けるようにと勧められているのだ（カーステアズ、一九五六年、一九五七年。ゴフ、一九五六年）。なぜならば、精液の喪失はこの強力な要素の喪失に等しいからであり……いかなる女性とも絶対に同衾しないのが最善だということになるからである。[18][19]

男性の生理も女性の生理もともに、生命の源泉を流出させたり希釈してはならない容器に譬えることができる。女性は、純粋な内容に不純物を混入することが可能な入口そのものと見做される。男性は、貴重な物質を滲出し喪失することによって全体系を弱体化する小穴のように扱われるのである。

性的侵犯にはしばしば男女別々の道徳的基準が適用される。父系による家系組織においては、妻はその集団に入る扉《ドア》のようなものである。この点で妻の立場はヒンズー教のカーストにおける姉妹のそれと似ている。妻の姦通によって不純な血が家系に侵入するからである。従って、不完全な容器という象徴的表現は、それにふさわしく男性よりも女性の方により大きく傾こうとするのだ。

肉体の開口部は儀式によって防御することができる。これを出口と入口とに関する社会的関心の象徴として扱えば、料理された食物が清浄でなければならないといったことが重要な意味をもってくる。次に引用するのは、料理された食物が汚れを受けそれを伝播する可能性に関する一節である(『インド社会学論叢』Ⅲ、一九五九年七月、三七頁)。

もし人がある物体を利用すれば、その物体は彼の一部分になり、彼の一部を占めることになる。このようにしてある物がある人の一部になるといったことは、食物の場合一層重要な意味をもつことは疑いないのだが、問題は調理の場合、ある物がある人の一部になるという事情が吸収に先行するということであるのだ。調理とは、ある家族が食物を完全に自己のものにすることを意味すると解釈できるだろう。それはほとんど、食物が各人によって「内的に吸収される」以前に、調理によって集団的に前消化状態におかれるといったようなことなのである。それ故ある人がさまざまな人の手で用意された食物を食べれば、食物に触れた人々の性質をもある程度もたざるを得ないのだ。食事という状況の一面はこのようなことである。もう一つの面は、調理ずみの食物には、汚れがきわめて容易に滲透し得るということである。

これは、調理ずみの食物に関するヒンズー教的汚穢《けがれ》の象徴体系を正しく記録したもののように読める。しかしながら、あることの記録がその根源の説明に等しいかのように記録を提出するだけでは、なにものをも獲得したことにならないであろう。インドにおいては、調理の過程が消化吸収の第一歩と見做されるといい、従って調理は食事と同じ意味で汚《けが》れを受け容れ易いという。けれども、こういった強迫観念がインド、ポリネシアの一部およびユダヤ教等々に見出されながら、人間が坐って食事をするあらゆる場所に見出されるわけではないのはなぜか。私は、社会組織の外的境界線が圧迫を受けていなければ、食物が汚れをもたらすことはまったくなさそうだといいたいのだ。さらに、インドでは現実生活における料理が祭式的意味においても聖潔《きよ》くなければならないのはなぜかを説明することもできるであろう。さまざまなカーストにおける潔さは、カースト相互間における複雑かつ世襲的な分業と相互的関係をもっている。従ってそれぞれのカーストによって行なわれる仕事は象徴的意味を担うことになる。一個人の業務は、そのカーストの身分にかかわる相対的清浄についてなにごとかを語っているのである。ある種の労働は——例えば我々がすでに見た洗濯屋、理髪師、掃除夫等の労働は——肉体の排泄機能に対応する。皮革業者、軍人、棕梠液採取業者は流血やアルコール飲料にかかわりをもっている。それ故、彼等の職業がブラーマン的理念と矛盾するかぎりにおいて、彼等は聖潔の体系の中で下位を占めることになる。しかしながら食事が食卓に用意される地点は、清浄の体系と職業の体系との相互関係が整理されなければならない地点なのである。というのは、食事とはさまざまな程度の清浄さをもついくつかのカーストの——例えば、鍛冶屋、大工、縄製造職人、百姓等の——努力が結合したものであるからだ。従って食物を肉体に摂り入れる以前に、止むを得ず食物と接触した不浄なるものからそれを分離するため、なんらかの明確な象徴的切断が必要になる。そこで清浄なる手に委ねられた調理の過程が、このような切断の儀式となるのである。我々は、食物の生産が相対的に不浄な人々の手によって行なわれる所ではどこでも、こういった切断の儀式が見出されると考えていいであろう。

未開人の祭式とそれを包含する社会秩序および文化との関連は、以上のような一般的方向において見出すべきであるのだ。私が右に挙げた例は未完成ではあるが、祭式の主題を扱うある種の流行の方法に対する一般的批判の一例としたい。ここで私の意図を明らかにするために、さらに未完成ではあろうが、もう一つの例を加えておこう。心理学者は、ユロック・インディアンにおける汚れの観念について多くの文献をつみ重ねてきた（エリクソン[*20]、ポシンスキー[*21]）。北カリフォルニアに住むこれらのインディアンたちは、クラマス川の鮭漁によって生活しているのだが、もし彼等の汚穢《けがれ》に関する規範が強迫観念を表わしているといい得るとすれば、彼等は各種の液体に関する行動といった強迫観念に憑かれていたと見ることができるであろう。彼等は善き水を悪しき水と混合しないよう、川の中に小便をしないよう、海水と真水とを混ぜないよう等々といったことに周到な注意を払っているからである。しかし私の主張は、こういった規範が強迫神経症を意味するなどということはあり得ないということであり、高度に競争的な彼等の社会生活に伴なう流動的無定形性を考慮しないかぎり、それらの規範は理解し得ないということなのである（ドゥボイス[*22]）。

以上を要約してみよう。個人的な関心事と未開人の祭式との間にはある関係が存在することは疑い得ない。しかしその関係は、ある種の精神分析学者が想定したような単純なものではないのだ。未開人の祭式が個人的経験を基礎にしていることはいうまでもなく、それは自明のことであろう。しかしながら、未開人の祭式が個人的経験を利用するやり方にはきわめて幅広い選択の余地があるので、祭式は第一義的には人類に共通な個人的問題を解こうとする要求に触発されて発生したということは不可能であるし、いわんや臨床的研究によって祭式を説明することは一層不可能なのである。未開人は、集団的祭式によって個人の神経症を癒そうとか防ごうとかしているわけではないのだ。心理学者は、個人的不安を集団の場において表現することによって個人的問題を解決し得る可能性があるか否かといったことはいい得るであろう。しかしながら、そういったことは当面の問題とは無関係なのである。祭式とは特定の文化を——すなわち経験を統制する独自の仮説群を——創出しそれを維持しようとする試みであることを認識しなければ、祭式における象徴体系の研究を開始することは不可能なのである。

どのような文化も、社会形式、価値観、宇宙論および一切の知識を包含し、かつあらゆる経験を統合する一連の相関的体系である。ある種の文化的主題は、肉体を操作する儀式によって表現される。こういった非常に一般的な意味においては、未開文化は自己変容的であるといい得るであろう。しかしその種の儀式の目的は、現実からの消極的逃避ではないのだ。それらの儀式が目的とするものを小児の現実逃避から生まれる指しゃぶりや自慰と比較してみても、有益な成果は得られないのである。祭式はさまざまな社会関係の形式を制定し、社会的関係に可視的表現を与えることによって、人々に自らの社会を熟知せしめる。すなわち祭式は、肉体という象徴的媒体を通して政治的共同体に働きかけるのである。

＊1 入口・窓等の上の横木。

＊2 Bettelheim, Bruno (1903-90) オーストリア生まれのアメリカの心理学者・セラピスト。

＊3 ひとつの社会が外婚単位である二集団から成るときのそれぞれの集団。

＊4 Brown, Norman Oliver (1913-2002) アメリカの社会批評家。フロイト的視点から歴史を再解釈した。

＊5 Rôheim, Géza R. (1891-1953) ハンガリー生まれの人類学者。人類学に精神分析学的方法を導入したことで有名。

＊6 いずれもフロイトの用語。無我意識《イド》とは性欲等の原始的本能的衝動の源泉。自我《エゴ》とはイドが現実の抵抗により抑圧代償化された沈澱物として分化するもので、イドの反省的部分であり、イドの動物的要求を統制するもの。超自我とは自我が社会的抵抗によって分化したもので、これによって無意識的・道徳的監視が行なわれる。

＊7 生産技術・医療等の重要な生活の方法・現存の制度等をはじめて創出したと信じられる神話的存在。

＊8　南アフリカ共和国東部を北東方向に走る山脈。
＊9　Krige, Eileen J. (1904-　) and Krige, Jacob D. (1896-?)　イギリスの民族誌学者。
＊10　Ferenczi, Sándor (1873-1933)　ハンガリー生まれの精神分析学者。はじめフロイトに師事したが、後に彼から離れた。
＊11　コショウ属のつる草。ここではbetel nut（ビンロウの種をキンマの葉で包んだもの）を指す。口内清涼剤として用いられる。
＊12　Dumont, Louis (1911-　)　フランスの社会学者。
＊13　Pocock, David (1928-　)　イギリスの社会人類学者。
＊14　カーストの下位にあって、さらに細分化されたもの。
＊15　Naipaul, Vidiadhar Surajprasad (1932-　)　インド系のイギリスの作家。
＊16　Genêt, Jean (1910-86)　フランスの作家。私生児として生まれ、少年感化院に送られ、乞食・泥棒・男娼をしながらヨーロッパを彷徨。裏切り、男色等を主題とする汚辱にまみれた生を描き、そこに驚くべき壮麗な逆説的美の世界を創出した。
＊17　Yalman, Nur　アメリカの社会学者。シカゴ大学教授。
＊18　Carstairs, M.（未詳）
＊19　Gough, Kathleen (1925-90)　イギリスの社会人類学者。
＊20　Erikson, Erik Homburger (1902-94)　オーストリア生まれの精神分析学者。後にアメリカで活躍。
＊21　Posinsky, Sollie Henry (1917-　)　アメリカの人類学者・心理学者。
＊22　Dubois, Cora (1903-91)　アメリカの人類学者。

第八章　体系の内部における境界

二十世紀初頭においては、感染に関する未開人の観念は倫理とはなんの関係もないと考えられていた。呪術《マジック》と呼ばれる祭式の特殊な範疇が学問的討論の場にはじめて提出されたのは、このような状況下においてである。もし汚穢《けがれ》の祭式が倫理となんらかの関係をもつことを示し得るならば、それは当然に宗教の領域内に座を占めるべきだったといい得るのである。初期の宗教が初期の人類学の手にあってどのように扱われていたかという概観を完成するためには、汚穢は事実道徳と大きなかかわりを有していることを証明しなければならないであろう。

汚穢の規範は倫理的規範に厳密に対応するものではない。倫理的に悪であると判断されながら汚れの信仰に触れない行為もあれば、倫理的にはそれほど不都合とも思われないのに汚穢の禁忌に触れかつ危険とされている行為もある。時によっては、倫理的に悪であってしかも汚穢をもたらすものもある。つまり汚穢の規範は、倫理的に是認されない行為のごく一部を強調するにすぎないのだ。それにもかかわらず、汚穢と倫理とのかかわり方にはなんらかの法則性があるのか否かを問うことが必要なのである。

この質問に答えるためには、倫理的状況をより厳密に考究し、良心と社会構造との関係についても考察を加える必要がある。概して、個人の良心と社会的道徳規範とは絶えず影響を与えあうものである。デイヴィッド・ポール[*1]は次のように述べている。

個人的良心を生成し形成する社会的規範は、逆に個人の良心によって再生され、形成し直される。……このような真の意味での相互的過程の中で、社会的規範と個人的良心とはともに変化して行くのである。つまり、両者のいずれもが他者から発生すると同時にそれに影響を与え、他者を規定すると同時にそれによって規定されるのだ。かくして両者とも同じようにそれぞれの志向性を修正され、幅を増していくのである。(九一―二頁)

通常の場合はこの両者を厳重に区別する必要はあるまい。しかしながら汚穢《けがれ》の領域を理解するには、個人が自らに対して是認する行動と他者に対して是認する行動との中間にある区域に――つまり個人が原理的問題として認めるものと、彼がその原理に反して今この場で自己のために激しく希求するものとの間にある領域、あるいは彼が巨視的な立場において認めるものと微視的な立場に立って認めるものとの間にある領域に——どうしても立ち入らなければならない。右に述べたすべてのものの中にこそ、矛盾を生む余地があるからである。

まず我々は、倫理的状況とは明確に限定し難いものであるという認識から出発するべきであろう。一般にそれは明快であるよりは曖昧かつ矛盾を含んだものであることが多い。倫理的規範とは本質上一般的なものであり、その規範を特定の場合に適用するに際しては曖昧にならざるを得ないのだ。例えば、ヌエル族は地域社会内における殺人や近親相姦は悪だと信じている。けれども彼等にも、なすべき行動を規定する別の規範に従って殺人を犯さざるを得ないような場合も生じ得るであろう。ヌエル族は少年時代から実力で権利を守るように教えられているため、殺害の意図はなくとも格闘中に同一集落内の人間を殺すこともあり得るのだ。また、性関係を禁止する規範は複雑であるが、親族間の遠近を数えるやり方は場合によってはむしろ通り一遍のことがある。男性にとって、特定の女性が性関係を禁止される親等《しんとう》*2の中にあるか否かを確かめることは容易ではない。こういったことから、どのような行為が正しいかについてさまざまな見解が生ずる場合が起こり得るであろう。なぜならば、倫理的判断にとって重要なことと、ある行為の結果に対する評価とは必ずしも一致しないからである。ところが汚穢《けがれ》の規範は、倫理的規範とは対照的に、不明確な余地を残さない。それは行為者の意図とか、権利と義務との微妙な均衡とかに依るものではなく、汚れにとって唯一の実質的問題は、禁じられた接触が行なわれたか否かという事実だからである。もし汚穢による危険を道徳律における重要な点に平行して巧みに設定するといった配慮がなされれば、それは理論的には道徳律を補強することができるであろう。しかしながら、汚れの規範をそのような配慮の下に設定することは不可能である。というのは、道徳律はその本質からして、単純、堅固かつ硬直したものに還元し得ないからである。

しかしながら、汚れと倫理的態度との関係をさらに精密に検討すれば、道徳律を単純化しそれをこういったやり方で補強しようという試みにきわめて近いものがそこに見出されるであろう。先ほどの例を続ければ、ヌエル族にとっては自己の行為が近親相姦にあたるか否かを判断し得ない場合がある。しかし彼等の信仰では、近親相姦は皮膚病という形で不幸をもたらし、それは供犠を捧げることによって避けられるという。もし近親相姦の危険を冒したことを彼等が知れば、彼等は供犠の儀式を執行してもらうことができる。もし性関係をもった者の親等がきわめて遠いから危険性が小さいと考えれば、その後皮膚病が発生したか否かによってこの問題を解決することもできる。このようにして、汚れの規範は不確実な倫理的問題を解決する助けとなり得るのである。

ヌエル族が危険と見做している接触に対する態度は、必ずしもその接触を非とする態度ではない。母と息子との近親相姦といった場合であれば彼等は恐怖を感ずるであろうが、禁じられた性関係にはこういった罪悪感を生まないものも多い。「ちょっとした近親相姦」は、最高の家系においてさえ、いつ起こるかもしれないとされているのだ。同様にして、姦通は妻を盗まれた夫にとって危険な結果をもたらすとされるが——つまり、妻の不貞行為の後に夫が妻と性関係をもてば、彼は背中に苦痛を生じがちであるが——それは姦夫が動物を提供して供犠を捧げれば容易に避けることができるという。ただ、姦通の現場では姦夫を殺しても補償する必要はないとされているものの、ヌエル族は姦通それ自体を否定しているとは思えないふしがあるのだ。我々の印象では、彼等が他人の妻を追いかけるのは、通常の男性なら誰でも夢中になる危険な遊戯《スポーツ》のようなものと見做していると思われるのである(エヴァンズ゠プリチャード、一九五一年)。

さてこれが汚れ《けが》れへの恐怖をもつと同時に倫理的判断をも下す同じヌエル族なのである。近親相姦や姦通に対する罰はしばしば生命にかかわるものとされるが、このようなものが社会構造を維持するため彼等の厳格な神によって外部から課せられているといったことは、人類学者は信ずることができない。近親相姦や姦淫の掟が破られるとき、社会構造の健全性は重大な危機に曝されるであろう。というのは、地域的構造は全的に、姦淫の掟とか結婚の支払金とか夫の身分とかいったもので規定される人間的範疇から成立しているからである。このような社会を生み出すためには、ヌエル族は明らかに近親相姦や姦淫に関する複雑な規範を創り上げる必要があったのであり、またそのような社会を維持するために、彼等は禁じられた接触から生ずる危険の脅威によって、その種の規範を補強したのである。こういった規範や制裁は、ヌエル族が一般的立場において考える場合の社会的良心を表わしている。しかし、姦通とか近親相姦とかいった個々の事例はすべて、それとは違った興味を彼等におこさせるのだ。男性は概して妻を奪われた夫の立場よりは、むしろ姦通した男の立場に立つようである。彼等が個々の事例に直面したとき、結婚生活や社会構造を護るために倫理的非難の感情が触発されるといったことは少ない。ここに汚穢《けがれ》の規範と道徳的判断との不一致が生まれる一つの原因がある。この事実が示唆することは、汚れの規範は社会的に有効なもう一つの機能を――つまり、道徳的批判が弛緩したとき、それを整備するという機能を――もち得るということであろう。ヌエル族の夫が姦通の汚れのため不具になったり、あるいは死にかかったりすると、密通者の犠牲者と見做される。もし密通者が罰金を払い供犠を捧げなければ、夫は間もなく死ぬことになるとされるのである。

この例によって、もう一つの一般的問題点が示唆されるであろう。以上に挙げた例は、ヌエル族が倫理的には無色に近いと見做しながら、しかも危険な能力《ちから》を発生させると信じている行為の例である。しかし、彼等が全的に非難すべきものと見做しながら、にもかかわらず自動的に危険を招くようなことはないとする種類の行動もあるのだ。例えば、息子が父親を崇敬《うやま》うのは積極的義務であり、息子の非礼な行為は非常に悪いものだと考えられている。しかしそういった行為は、義父母に対する不敬とは違って、自動的に罰を招来するようなことはない。この二つの社会的状況の差異は、合同家族の長[*3]であり同時に家畜の支配者としての実父が、自己の優越した地位を主張し得る強力な経済的地位を占めるのに反し、義父または義母はそうではないというところにある。この説明は一般的原則に――すなわち、無法な行為と感じられたものに対し、社会秩序の中でそれにふさわしい現実的制裁が与えられる場合には、汚穢《けがれ》の観念は生じにくいという原則に――一致するであろう。人間的立場からいえば、無法なるものが罰を加えられずにまかり通ろうとするとき、他の制裁の欠如を補うため汚《けが》れの信仰が求められるという傾向があるのだ。

要するに、ヌエル族の行動全体から彼等が倫理的悪として否定するような種類の行為を抽出すれば、彼等の道徳律の一覧表を作成することができるわけである。もし彼等の汚穢《けがれ》信仰を表わす別の一覧表を作成すれば、この一覧表はいくつかの点で道徳律の大略と一致はするであろうが、両者が完全に重なり合うことは決してないのである。汚れの規範の大部分は、夫婦間および義理の親族間の礼儀作法にかかわっている。これらの規範を犯した者にふりかかると考えられている罰は、ラドクリフ＝ブラウンの社会的価値に関する公式で説明することができる。つまりこれらの規範は、その社会における結婚の価値を表わしているのである。それはある社会に特有な汚れの規範――例えば、結婚という形で女性を贖《あがな》うために支払われた牛の乳をその女性が飲むことを禁止するといったもの――である。

このような規範は社会に認められた一般的態度（つまり、夫の家畜を尊重するといったこと）の是認を表現していることは当然であるが、道徳律と重なり合うことはない。これらの規範は、社会構造となんらかの関係を有している行動の価値に注意を惹くという意味において、間接的に道徳律と――道徳律とはそれ自体その社会構造に関係を有しているから――かかわりをもつにすぎないのだ。

次にそれとは別に、道徳律に一層密着している汚《けが》れの規範も――例えば近親相姦とか地域社会内における殺人とかを禁じているものも――見出される。汚穢《けがれ》の信仰は悪事に対する一種の非人格的な懲罰を予想するものであるが、このことが、一般に認められた道徳的体系を支える手段となる。ヌエル族の例は、汚穢の信仰が道徳律を支えるやり方には次のようなものがあるということを示唆している。

I　ある状況に明快な道徳的判断を下せないとき、汚穢の信仰は侵犯が行なわれたかどうかをその後決定する規範を提供することができる。

II　いくつかの道徳原理が矛盾するにいたったとき、汚れの規範はその問題を単純な焦点にしぼることによって混乱を防ぐことができる。

III　道徳的に悪であるとされている行為が道徳的義憤を触発しないとき、穢《けが》れから危険な結果が生まれるという信仰があれば、その罪の重大性を強調する効果をもち、それによって世論を正義の側《かわ》に惹きつけることができる。

IV 道徳的憤激が現実の制裁によって支えられない場合、汚れの信仰は悪事を犯そうとする人々を思い止まらせることができる。

この最後の項はさらに拡張することができるであろう。小規模な社会では懲罰の機構が非常に強力であったり、きわめて正確に作用したりするといった可能性はあり得ない。そこで汚れの信仰がその種の作用を、二つの明確に異なったやり方で補強するのだ。つまり、悪を犯した者自身が自らの行為の被害者と見做されるか、あるいは、なにも知らない犠牲者がその危険の矢面《やおもて》に立つとされるのである。この事情は一定のやり方で変ってくると考えたい。いかなる社会体系においても、ある倫理的規範が強く主張されながら、しかもそれを犯しても処罰することができないといったことがあり得るだろう。例えば、自救行為[*4]が悪を正す唯一の方法であるような場合、人々は自衛のため団結して集団を形成し、その集団が構成員の復讐を追求するといった具合になる。このような体系において集団そのものの内部で殺人が行なわれたとき、おそらく復讐を遂行するのは容易ではあるまい。ある構成員を故意に殺すことはもちろん、彼を集団から追放することすらも集団における最大の原理に反することになるからである。このような場合、汚れの危険が殺人者の身にふりかかると考えるのが普通なのである。

これは、汚穢《けがれ》の危険が侵犯者ではなく潔白な人の身にふりかかる場合とは非常に違った問題になる。我々がすでに見た通り、ヌエル族の妻が姦通を犯すと、潔白な夫の生命が危険に曝されるという。こういった主題には多くの変奏がある。生命が危険に曝されるのは罪を犯した妻であることもあり、妻を盗まれた夫であることもあり、その子供であることもある。オントン地方に住むジャワ族はこのような場合密通した男の生命が危険に曝されるというが、そんなふうに考えられる場合はきわめて稀なのである（ホグビン、[*5]一五三頁）。ところで先に述べた同一集団内の殺人の場合には、倫理的憤激が触発されないわけではない。そこで問題は、この種の犯罪に対してどのようなやり方で道義的感情を喚起するかということであるよりは、むしろいかにして罰を与えるかという現実的なものであるのだ。この場合、汚れに伴う危険が人間による現実の処罰を代行することになるのである。ところが姦通の汚れの場合には、潔白な夫に危険がふりかかるという信仰が、密通者に汚名をきせかつ彼に対して道義的義憤を喚起するのに役立つことになろう。従ってこの場合には、汚れの観念は人間による現実の処罰への要求を強めることになるわけである。

この種の実例を収集しそれらを比較検討することは、この研究の範囲を超えている。けれどもこれは、既存の記録を調査研究するだけで興味をそそる分野なのである。姦通の汚《けが》れが、妻を奪われた夫や、胎内にいる子供や、この世に生を享けた子供たち、あるいは夫を裏切った妻または潔白な妻を危険に曝すといった状況は、正確にはどのようなものなのであろうか。姦通が発覚すればその代価を要求する権利が認められている社会組織において、密通が危険を招くとされる場合は常に、汚れの信仰は事が行なわれた後に罪を発《あば》くものとして機能しているのである。これは右に述べたヌエル族の場合にも妥当する。もう一つの例がニアキュサ族の夫が述べた言葉の中に見出される。

私がいつも元気で丈夫だったとき、もし歩いたり鍬《くわ》を使ったりして疲労《つかれ》を感じたら、私は「これはどうしたわけだ？　いいか、俺は今までずっと元気だったのに今はとてもくたびれている」と考える。すると友達がいう、「女のせいだぞ、お前は月経中の女と寝たろう」と。それからもし私が食べ物を食べて下痢をおこせば、友達はいう、「女のせいだ、女たちが姦通したんだ」と。私の妻たちはそんなことはないという。私たちは占いをしてもらい、妻たちの一人がやったということになる。見つけられた妻がやったといえばそれで終《しま》いだが、やったことがないというときには、昔は毒試法をやった。つまり、その女だけが毒をのみ、私はのまない。もし女が吐けば私は敗けたことになり、女は潔白なのだ。もし女が毒にあたれば、女の父親が私に牝牛一頭を支払った。（ウィルソン、一九五七年、一三三頁）

同様にして、妊娠中に姦通すれば流産するといったことが信じられたり、赤児に乳を与えている間に姦通すればその児が死ぬといったことが信じられている場合、女性が姦通したことを白状するたびに、誰かが血の償《つぐな》いを要求することができるであろう。またもし女性が思春期以前に結婚するのが普通とされ、妊娠から出産、出産から乳を呑ませる時期が三、四年続き、それからまた妊娠するといった生き方をするとすれば、妻の月経閉止期まで夫は妻の不貞がないことを確認できるという理屈になる。さらにまた、このように考えれば、妻自身の行動が子供たちに対する危険や出産時における自己の生命の危険への配慮によってきわめて厳重な制約を受けることになるのである。この種のことはすべて大きな意味をもつのだ。つまりここでは汚穢の信仰は結婚生活を支えているわけである。しかしそれだけでは、犠牲者が夫である場合とそれが出産時の妻や子供たちである場合があるのはなぜかといった疑問や、また例えばベンバ族の場合のように危険が自動的に下るのは夫にせよ妻にせよ潔白な人の上であることがあるのはなぜか、といった疑問の回答には、一歩も近づいたことにはなるまい。

この回答は、結婚における権利義務の分布状況や当事者それぞれのさまざまな利害関係を綿密に調査することによって与えられなければならない。危険の及ぶさまざまな範囲は、さまざまな個人に対する倫理的判断を示しているであろう。つまり、もし密通した妻自身が出産時に生命の危機に瀕するほどの危険に曝されるとすれば、憤激は彼女を誘惑した男性に向けられるであろう。さらにこれは、妻が不貞を犯しても打擲《ちょうちゃく》される可能性が少ない社会であることをも示唆しているのである。またもし夫の生命が危険に曝されるとすれば、非難はおそらく妻あるいは妻の恋人に向けられることになる。巨視的に見れば（これはこの理論の有効性に対する確信があって提出するのではなく、むしろ検討を要する仮説として提出するのだが）、なんらかの理由があって妻を公然と折檻することができない場合には、危険が妻の身にふりかかるといったことになるのではなかろうか。そしてその理由というのは、妻の親類縁者が集落内にいて彼女を保護するといったものではなかろうか。さらにまた、反対に危険が夫にふりかかる場合、これは夫に妻を折檻する口実を十二分に与えるか、あるいは少なくとも妻の不品行に対する共同体の非難を喚起するといったことが予想されるだろう。私は、結婚関係が安定し、妻が支配されているような社会では、姦通の危険は被害者たる夫の身にふりかかるとされるのだといいたい。

以上我々は汚《けが》れの信仰が倫理的価値を支えようとする四つの場合を考察してきた。ここで汚れは倫理的欠陥よりも消滅させ易いという事実から、また別の状況が生まれてくる。なるほど侵犯者の生命が失われるほどに重大な穢れもないことはない。しかし、大部分の穢れにはその結果から逃れるためのきわめて簡単な方法があるのだ。つまり逆転の儀式、解放の儀式、埋葬の儀式、洗浄の儀式、抹消の儀式、燻蒸の儀式等々といったものがあって、それらはわずかな時間と努力とを費すことで十分に汚れを拭い去ることができるのである。しかし道徳的罪過の場合は、それを消滅し得るか否かは被害者の精神状態や復讐をすることがどれほど快いことかによって定まる。あらゆる方面に社会的影響を及ぼし、二度と取りかえしがつかないような罪過さえ存在するであろう。ところが悪を葬り去る和解の儀式は、あらゆる儀式と同様創造的効果を有している。それは悪の記憶を抹消し、正しい感情の育成をはかることができるのである。とすれば右に触れたような道徳的罪過を、こういった儀式によって直ちに拭い去ることができる汚れ《けが》の侵犯に変形しようとする試みは、共同体全体の利益でなければならない。レヴィ＝ブリュールは潔浄《きよめ》の儀式の実例を数多くあげているが（一九三六年、第八章）、万物更新[*6]はそれだけで過去を廃棄する儀式の意味を含んでいることを洞察している。彼の指摘によれば、同害復讐法[*7]とは単に遺恨をはらそうという野獣的要求に応えるものだとするような解釈は、誤解にほかならないのである。

　同害復讐法はある行為に等しくかつそれと同様な反＝行為の必要性に結びついているのである。……ある個人が攻撃され、傷を受け、悪を蒙ると、彼は悪しきものの力に曝されていると感ずる。不幸の脅威が彼に迫っているのだ。自らに自信を与え、平静と完全とを回復するためには、このようにして解放された悪しきものの力をおし止め、中和させなければならない。ところでそういった成果は、彼を悩ませる行為がそれと同一でしかも正反対の志向性をもった行為によって抹消されなければ、獲得することができないだろう。これこそまさに復讐が未開人にもたらしてくれるものなのである。（三九二

一九五頁）

レヴィ＝ブリュールは、こういったことのためには純粋に外部的な行為で十分であると想像するような誤りは犯していない。これは彼以後の人類学者も常に注目してきたところであるが、彼は内的精神を完全に社会的行為と一致させようとする大きな努力に注目したのである。外的行動と内的感情との矛盾はしばしば不安や不幸の予感を生む。それは、潔浄《きよめ》の儀式それ自体から生まれる新たな矛盾である。従ってこの矛盾は、他の事情とはかかわりのない独特な穢れであると認めるべきであろう。事実レヴィ＝ブリュールは、悪意から生まれる魔術的効果と称するものの実例を多く挙げているのだ（一八六頁）。

眼に見える行為と眼に見えない思考との間に潜むこういった穢れは、妖術のようなものである。それは構造の間隙から生ずる危険であり、人に害を加えるそれ固有の能力《ちから》は、妖術と同じく、外的行為から生ずるものでもなければいかなる内的意図から生ずるものでもない。それは、それ自体において危険なのである。

さて、汚《けが》れを祓《はら》うには二つの異なった方法がある。その一は汚れの原因を訊ねることもその責任をつきとめることもしない儀式であり、その二は告白を伴う儀式である。一見したところ、この両者はきわめて異なった状況において用いられるように思われるかもしれない。ヌエル族の捧げる供犠は第一の儀式の例である。ヌエル族は不幸に襲われるとそれをもたらした罪悪を連想するが、特定の不幸を特定の罪に結びつけようとはしない。そういった試みは非現実的なものと見做される。なぜならば、あらゆる場合彼等になし得る唯一の対策は常に一つのこと、つまり犠牲を捧げることだからである。ところが、すでに我々が述べた密通の場合はその例外になる。この場合には、密通者に動物を犠牲として捧げさせ、また彼に罰金を課するために、密通者を知ることが必要とされるのだ。この例から考えると、告白とはあらゆる場合に罪の本質を明らかにし、責任の所在を確定し得るが故に、賠償を要求する十分な基礎になり得ると想像し得るであろう。

　潔浄《きよめ》の儀式だけが倫理的な悪を処理し得る適切な方法であると考えられるとき、穢れと倫理との新しい関係が出現する。このとき穢れと潔浄《きよめ》とを含む複雑な全体的観念は、社会構造の視点から見れば、一種の安全網《セイフティ・ネット》のようなものに――つまりすべての社会構成員が高い綱の上で曲芸《アクロバット》のようなことをしてもその生命を保護してくれる安全網のようなものに――なるのだ。安全網があれば綱渡りの曲芸師は不可能に挑み、平然と重力の法則を無視するだろう。同様にして、容易に潔浄《きよめ》が与えられるような事態においては、社会体系の厳しい現実を無視してもその報《むく》いを受けずにすますといったことが可能になる。例えば、ベンバ族は姦通の穢れを祓い潔める方法に十分な信頼を寄せているので、姦通は死の危険を招くと信じながらも、一時的欲望を満足させてしまうといったことになる。この例について私は次章で詳細に論じることにしたい。ここで問題なのは、リチャーズ博士が指摘した性の恐怖と性の歓びといった一見矛盾した関係であり(一五四―五五頁)、恐怖を抑えるために潔浄の儀式が果す役割である。博士の主張によれば、ベンバ族は姦淫の汚穢を怖れて姦淫を思いとどまる人は一人もいないと信じているのである。

ここから我々は、穢れと倫理とにかかわる最後の問題点に導かれることになる。それはつまり、どのように複雑な象徴体系もそれ独自の文化的生命をもち得るし、それが社会制度の展開を先導することさえあるということである。例えばベンバ族の間では、性に関する穢れの規範が一見したところ夫婦間の貞操に価値を認めているかに見える。ところが現実には、今や離婚は当り前のことであるし、彼等は姦通の穢れを避ける手段として離婚と再婚とに頼っているといった印象すらうけるのだ(リチャーズ、一九四〇年)。これは汚穢本来の目的から完全に逸脱した事例であるが、このようなことは社会を解体させようとするさまざまな力が作用しているときにのみ可能であるだろう。穢れに対する恐怖が突然叛逆し、社会体系を引っぱって暴走するといったことは想像し得ないからである。しかし皮肉なことに、穢れの恐怖は、それ自身がかつて支えていた道徳律を崩壊させる独自の動機を生み出すといったこともあり得るのである。

穢れの観念は単純な物質的問題に焦点をしぼることによって、ある状況の社会的倫理的側面から注意をそらすことができる。ベンバ族は、姦淫の穢れは火を通して伝達されると信じている。従って、注意深い主婦は、台所の地炉《いろり》を姦淫や月経の汚れから守り、殺人から護るといった問題に憑かれているように見える。

こういった信仰の強さや、それが日常生活に影響を与えている範囲については、いくら強調しても足りないほどである。ある村落では食事時になると、祭式的意味で清浄な隣人から「新しい火」をもらうために、子供たちがあちこちに使いに出されるのだ。

(三三二頁)

彼等の性に関する不安が寝床から食事の問題に移ったのはなぜかという問題は、次章で論ずることにする。しかし火を穢れから護らなければならない理由は、彼等の宇宙を支配するさまざまな能力《ちから》の全体的配置状況の故なのである。ベンバ族においては、死と血と冷たさとは、それらの対立物たる生と性と火とに対決しているとされる。この六種の能力はすべて危険である。このうち三種の肯定的能力は相互に隔離されていなければ危険であり、また死や血や冷たさとの接触から危険を生む。性行為は潔浄の儀式によって生に属する他のものから常に隔離しておかなければならないが、この儀式は夫婦だけが相互に施し得るにすぎない。また姦淫を犯した男との接触は台所の火を汚し、また彼を潔めることは不可能であるが故に、その者は全共同体にとって危険な存在になるのである。このことから、ベンバ族が社会生活に対して抱いているさまざまな不安は、彼等の間の性の汚れをある程度しか説明できないことが理解されるだろう。(例えば、彼等の近隣に住むある種族の間で見られるように、塩ではなくて)火が汚れを伝えるのはなぜかを説明するには、さらに詳細にさまざまな象徴それ自体の相互関係の体系を研究する必要があるので、それはこの場では不可能である。

汚穢《けがれ》と倫理との関係について私が論じ得るのは以上の素描《スケッチ》程度のことにすぎない。社会とは入れ子箱《チャイニーズボックス》を複雑に組みあわせたようなものであって、箱を開けばまたその中に一組の箱があり、その箱の中にもまたさらに小さな一組の箱があって、我々が分析を続けていこうとするかぎり無限にそういった関係が続くものなのであるが、そのような思考にもどる前に、汚れと倫理との関係は直接的なものではまったくないことをはっきりと示すことが必要であるのだ。私の信ずるところでは、人間は自己の社会的環境を本気でこんなふうに考えている——つまり、そこには多くの越え難い境界線があって、その線によって自分と結合されたり隔離されたりしている他の人々から社会環境が成立していると考えているのである。この境界線のあるものは厳格な物理的制裁によって保護されている。例えば教会のベンチに浮浪者が寝ることがないようなもので、そのようなことをすれば教区委員が警察官を呼ぶからである。インドにおいて下級のカーストに属する人々がその地位に甘んじてきたのも、つまるところそれと同様な効果をもった社会的制裁があるからで、このカースト組織をどこまで昇っていっても、さまざまな政治的・経済的な力がこの組織を維持しようとしているのだ。ところが、こういった境界線が不安定なところではどこでも、穢れの観念が出現してそれを支えようとするのが見られるのである。社会的境界線を実力で超えることは危険な穢れと見做され、我々が今まで検討してきたようなあらゆる結果を招くことになる。不浄をもたらすものは、第一にある境界を超えたという理由で、また第二には他者を危険に曝したという理由で、二重に邪悪な者として非難の対象になるのである。

＊1　Pole, David　イギリスの哲学者。
＊2　親族間の近さを表わす度合い。例えば親子関係は一親等、兄弟姉妹関係は二親等。
＊3　二世代以上の血統者が同居する家庭。
＊4　法律に訴えないで自分の力で自分の権利を守ること。Self-help is the best help.（自救行為は最上の助け）という諺がある。
＊5　Hogbin, Herbert I.（1904-　）オーストラリアの人類学者。
＊6　使徒言行録第三章二十一節参照。「このイエスは、神が聖なる預言者たちの口を通して昔から語られた、万物が新しくなるその時まで、必ず天にとどまることになっています。」
＊7　被害者が受けたと同じことを加害者に課する法。レビ記第二十四章十七―二十二節参照。例えば「骨折には骨折を、目には目を、歯には歯をもって人に与えたと同じ傷害を受けねばならない（二十節）」といったもの。

第九章　体系内における矛盾

共同体が外部から攻撃を受けた場合、外部の危険は少なくとも内なる団結を促すであろう。共同体が気まぐれな個人により内部から攻撃を受けた場合には、そのような個人を処罰し、本来の構造を公的に再確認することができるであろう。ところが時として、その構造そのものが自らを破壊することもあり得るのである。人類学者は以前からこの問題を熟知していた（グルックマン、一九六二年、を見よ）。たぶん、あらゆる社会組織は矛盾の上に構成されたものであり、ある意味ではそれ自身と戦っているのであろう。けれども場合によって、個々の構成員が追求せよとされているさまざまな諸目的が比較的調和のとれた関係にある場合と、そうでない場合とが見られるのだ。

異性同士の協力は本質的に豊饒をもたらすものであり、建設的なものであり、社会生活の一般的基礎となるものである。しかし時には、性にかかわる掟《おきて》が相互依存的関係と調和とを表わすのではなくて、厳格な隔離と強烈な敵意とを表わすことがある。我々はこれまで、組織体（肉体と社会的組織とを含めて）を健全に保とうという要求を表明する性の穢《けが》れに注目してきた。その種の要求から生まれる規範は、入口と出口との管理に類する表現を与えられているのである。また、それとは別の種類の性の汚れが、社会体系の内的境界線を整然と保とうとする要求から生まれている。その種の境界を個々の構成員が破壊するような接触は——すなわち、姦淫、近親相姦等々は——どのような規範によって禁じられているかということが、前章における主題だった。しかしこれだけでは、性の穢れがもつ型を完全に網羅したことにはならないのだ。同一の文化の内部において提出されるかもしれないさまざまな目的間の葛藤から、第三の型が生じ得るからである。

未開文化においては、ほとんどその定義からして、男女両性の区別は最も重要な社会的区別となっている。このことは、いくつかの重要な制度が常に両性間の差異を基礎としていることを意味している。もし社会構造の組織が脆弱であれば、男女ともに配偶者の選択または放棄に際していかに気まぐれな行動をとろうとも、社会全体に対して重大な結果をもたらすといった惧れを抱くことはないであろう。しかし、もし原始的社会構造が厳密に分節化されているならば、そういった行為が男女の関係に容易ならぬ衝撃を与えることはほとんど避けられないのである。そこで汚穢《けがれ》の観念が、前章ですでに見たように、男女両性にそれぞれ定められた義務を守らせようとするのである。

ここで直ちに、我々は一つの例外に気がつくであろう。つまり、男女ともにその義務を遵守することが直接に強制される社会では、性は汚穢《けがれ》の観念を伴わないといった傾向が見られるのだ。このような場合、社会規範から逸脱した行動をする恐れのある人はすべて、物理的な力によって速やかに罰せられるからである。しかしそのためには、行政が効率的でなければならず、またその種のことについて構成員の意見の一致がなければならないのだが、これはどのような社会でもごく稀であり、特に未開社会ではそうなのである。その一例として中央オーストラリアのワルビリ族を考えることができるが、この種族は、婚姻を基礎とする社会構造の一部が構成員の性的放縦によって崩壊しないように、躊躇することなく暴力を用いている（メギット）[*1]。彼等の社会組織は、オーストラリアの他の部族におけると同じく、結婚の規範に依存するところが大きい。ワルビリ族は苛酷な砂漠地帯に住んでいる。従って彼等は自己の属する共同体や文化の存続が困難であることを知悉しており、共同体の構成員はすべて、その能力に応じて働き、必要に応じて保護を与えられるといったことが共同体の目的の一つであることを知っている。このことは、老人や病弱者に対する責任が強壮なる者の双肩にかかっていることを意味するであろう。共同体全体を通して厳しい統制がしかれ、若者は年長者に対して、そして特に女性は男性に対して服従を求められるのだ。既婚の女性は、通常父親および兄弟から一定の距離をおいて生活している。これはつまり、既婚女性は理論的には父や兄弟の保護を求めることができるが、現実にはそれは無意味だということである。すなわち妻は夫に支配されているのだ。一般に、女性が完全に男性に従属しているとすれば、男性支配の原理からはいかなる問題も生まれることはないのである。その原理はどのような場合に適用されても、残酷なほど直接的に実行に移される。ワルビリ族の間ではまさしくこういったことが行なわれているかのようである。ワルビリ族の女性は、少しでも不平をいったり義務を怠ったりすれば、容赦なく打たれたり槍で突かれたりする。夫が妻を殺したとしても、血の償いといったものは一切要求することができないし、夫婦間の問題についてはいかなる人も介入する権利がないのである。妻に対する権威の主張が暴力的な形をとった場合は無論のこと、妻の生命にかかわるような場合ですら、夫が共同体の非難に曝されることはないのだ。このような状況から、女性がある男性をそそのかして別の男性に対抗させるといったことは不可能である。男性がどれほどお互い同士の妻を誘惑することに夢中になろうとも、彼等はある一点において完全な合意に達している。すなわち、自分の性的欲望を満たすために、ある特定の女性に取り引きの能力を認めたり、策略をめぐらす余地を与えたりすることは決してしないという点において、彼等は一致しているのだ。

この部族は性の汚れに関する信仰を全然もっていない。月経血ですらそれを回避することもなく、それとの接触が危険をもたらすという信仰もない。彼等の社会では夫婦の地位を限定することは重要であるが、それは明確な手段によって保証されている。この社会では、男性支配に関して不安定もしくは矛盾を示すものはなに一つとして存在しないのである（メギット、一九六二年）。

しかし、ワルビリ族の男性個人にはいかなる拘束も課せられてはいない。彼等は、機会があれば、婚姻関係を基礎とした社会構造に対して特別な関心を示すことなく、お互いの所有する女性を誘惑する。ところが婚姻関係は、女性の男性に対する完全な服従と公認された自救制度とによって保証されている。従って、ある男性が他の男性の性的領域を侵すとき、彼はそれに伴う危険を——決闘あるいは死すらをも招くかもしれないことを——知悉しているのだ。この体系はまことに単純である。男性同士の間には葛藤はあっても、原理そのものの矛盾はないからである。ある状況において、別の状況だったら矛盾を生みそうな倫理的判断が下されるといったことはあり得ないのだ。各人は物理的暴力の威嚇によって、それぞれの任務をもたされているだけなのである。この種の威嚇が大きければ、社会組織は汚穢《けがれ》の信仰に支えられなくとも存続し得ると予想することができるのであって、このことは前章において示唆した通りである。

しかし、ワルビリ族におけるように無慈悲なまでの単純さを以てしてすら、男性支配は必ずしも成功しないことを認識することは重要である。前章において我々は、倫理的規範が曖昧であったり矛盾したりする場合には、穢《けが》れの信仰が問題点を単純化もしくは明確化する傾向があることを見てきた。ワルビリ族の例も、その両者の間に相関関係があることを示唆している。つまり、男性支配が社会組織の中心原理として認められ、それがいかなる抑制も受けずかつ物理的強制の権利を伴って適用される場合には、性の汚れに対する信仰が高度に発達する可能性はないのである。ところが、男性支配の原理が社会生活の秩序を創出するために適用されながら、それが別種の原理と——つまり女性の独立とか、弱い性として暴力から保護される女性固有の権利といった原理と——矛盾するような場合には、性の汚穢《けがれ》がいちじるしく目立つ形で出現してくるのだ。しかしそのような例に移る前に、それとも別な種類の例外を考察しておくべきであろう。

個々の構成員が強制的手段またはそれ以外のものによってそれぞれの性的な役割を厳重に守らされているといったことがないのに、しかも社会構造が両性の協力に基づいているような社会は多い。こういった場合には、微妙かつ合法的に発達した特殊な制度が不備を補っているのである。すなわち社会構造がなんらかの虚構《フィクション》によって直接の衝撃を避けるような装置になっているため、個々の構成員はある程度自己の気まぐれを追求することができるようになっているのだ。

ヌエル族の政治組織はまったく形をなしていない。彼等は明確な政治または行政の制度をもっていないのだ。彼等の例に見られるような流動的で無定形な政治構造は、矛盾に満ちたさまざまな信仰の自然かつ巧妙な表現であろう。彼等の部族的生活に形式を与える唯一の確実な原理は、家系の原理である。すべての地域的単位が一つの家系に属する構造体の一部分であるかのように見做すことによって、彼等は多くの政治的集団にある秩序を与えているのである。ヌエル族の例を見れば、儀式、宮殿あるいは裁判所といった外的・物理的事物に主として——あるいはまったく——頼らなくとも、人間は観念の領域においてどのようにして社会構造を創出し、それを維持し得るかといったことが自然に理解されるであろう（エヴァンズ゠プリチャード、一九四〇年）。

ヌエル族において、種族全体にかかわる政治的関係の基礎とされる家系の原理は、それ以外の脈絡においても——つまり家畜や妻に対する請求権というきわめて個人的次元においても——重要である。かくしてヌエル族の男性にとっては、比較的大規模な政治組織における個人の地位ばかりでなく個人の相続財産までもが、結婚によって規定される忠誠の義務によって決定されることになる。彼等の家系構造および政治構造の全体が父系の権利によっているのである。ところが、結婚によって父系が確立する男系組織をもつ他の種族とちがって、ヌエル族は姦通や妻子の遺棄をそれほど悲惨なこととは考えない。なるほどヌエル族の夫は妻と密通した男を現場で捉えれば、槍で刺し殺してもいいとされている。しかしそれ以外のやり方で夫が妻の不貞を知ったとき、夫はウシを二頭——一頭は贖《あがな》いのため、もう一頭は供犠に捧げるために——要求することができるだけである。これは、密通を犯した男女を追放したり（ミーク、二二八—一九頁）[*2]、奴隷にしたりする他の種族に比べれば、あるいは貞操を汚した女性を殺すまで夫は人前で頭を上げてはならないとされるべドウィン族に比べれば（サリム、六一頁）[*3]、ほとんど厳格な刑罰とはいえないだろう。これらの種族とヌエル族とのこの相違は、ヌエル族の正式な結婚は個々の配偶者の浮気によって動揺することが比較的少ないことによる。夫と妻とが別居生活を続けても結婚の法的地位および妻から生まれた子供たちの法的地位を変える必要はないのである（エヴァンズ＝プリチャード、第三章、一九五一年）。ヌエル族の女性の身分は驚くほど自由かつ独立したものである。もし夫が死亡すれば、夫の兄弟たちは逆縁の掟[*4]によって寡婦となった女性と結婚し、その子を育てて死者の名を継がせる権利がある。けれども、もし女性がこの取り決めを受け容れなければ、それを強制することはできないのだ。彼女は自由に愛人を選ぶことができるのである。死んだ夫の家系を守るための唯一の保証は、その後誰によって子供が生まれようとも、それは最初の結婚の際にウシを支払った家系に属するものとされることである。ウシを支払った者は必ず子供たちに対する権利があるとする規則が、事実上解消不可能な法的結婚と単なる夫婦関係とを区別するのである。すなわち彼等の社会構造は、ウシの譲渡によって成立した合法的結婚を基礎にしている。このようにしてそれは、男女の自由な行為によって生じ得るいかなる不安からも脅かされないよう、事実上の制度的手段によって保護されているといえるだろう。まったく権威をもたない素朴きわまる彼等の政治組織とは対照的に、ヌエル族は、結婚、内縁、離婚および夫婦別居等に関する法的問題では驚くべき微妙なやり方を示しているのだ。

私は、彼等が性の汚《けが》れについてのわずらわしい信仰がなくともさまざまな社会制度を組織し得るのは、こういった側面で発達しているからだといいたい。なるほど、彼等は家畜を月経中の女性に接触させないようにしているが、男性はその時期の女性に触れた場合でも身を浄める必要はない。彼は月経中の妻との性交を避ければいいのであって、これは出生以前の子供たちに対する懸念を表わす尊敬の規範だとされている。これは、以下において述べようとするいくつかの回避の規範に比べれば、はなはだしく穏やかなものなのである。

我々はすでに、これとは違ったやり方で社会構造の重荷から性関係を解放しようとする法的虚構《フィクション》の例を見ている。それは南インドおよびセイロンにおける女性の純潔を考察したヌア・ヤルマンの論考である（一九六三年）。ここでは女性の純潔はカーストへの入口として保護されている。子供がどのカーストに属するかを決定するには母親が決定的要因になるのだ。女性を通して血統とカーストの純潔性とは存続する。従って女性の性的純潔はなににもまして重要であり、それを脅かす可能性のある一切の風説までもが予測され閉め出される。こういったことから、女性はさまざまな制約を受けて堪え難い生を送らねばならぬことが予想されるであろう。事実、最高かつ最も清浄なカーストにおいてはこの種のことが起こるのである。

マラバル地方のナンブデリ・ブラーマンは、土地を所有する祭司たちの小規模で豊かで排他的なカーストである。彼等が現在までそのような状態を保持し続けたのは、土地を分割することを禁じる規範を遵守してきたからである。彼等の間では一家の長男だけが結婚する。他の兄弟たちは下のカーストの者と内縁関係を結ぶことはできても、結婚することはできない。不幸な女性たちは厳重に隔離された生活を送る。結婚できる女性はごく少数であるにすぎず、彼女たちにしても死の床に臥してはじめて結婚の儀式が行なわれ、後見人の支配から脱するのだ。彼女たちの外出の際には、肉体を完全に衣服で包み、傘で顔を隠さねばならない。兄弟の一人が結婚するときにも、壁のすき間から儀式をのぞき見ることができるだけである。ナンブデリ・ブラーマンの女性は自分の結婚式においてさえ、通常なら花嫁として公式の場に現われる場面で、ナーヤル族の少女に代理をしてもらわなければならないのだ。同一集団に属する大部分の女性に一生独身生活を強要し、すべての女性を一生隔離しておくといったことができるのは、非常に豊かな集団だけであろう。この種の無情さはそれなりに、ワルビリ族の男性が彼等の原理を実践する際の無情さに対応するのである。

しかしながら他のカーストにおいては——女性の純潔については同様な観念が支配的であるとはいえ——こういった残酷な解決法は採られていない。正統に属するブラーマンたちは父祖伝来の土地をそのまま保持しようといったことはせず、息子たちがそれぞれ結婚することも許しているのだが、女性の純潔を守るためには思春期以前に家系にふさわしい夫に嫁がせるという手段をとっている。彼等は、ブラーマンの少女は初経を見る前に必ず正式の結婚をするよう、お互いに強力な道徳的・宗教的圧力をかけているのである。他のカーストでは、思春期以前に実際に結婚させることができない場合、その代用となる仮の結婚式が絶対に必要である。インド中央部では、女性が矢や木製の杵《きね》と結婚することもあるという。こういったことが初婚と見做され、それによって少女たちは既婚者の地位を得るので、それ以後彼女たちが不行跡を犯すと、既婚女性にならってそれぞれのカーストまたは地域の法廷で裁かれることになる。

インド南部のナーヤル族の女性は、性的放縦の故にインドではよく知られている。彼女たちには一定の夫はなく、女性は家庭内に生活して多くの男性とゆるやかな性関係をもっている。これらの女性やその子供たちのカースト上の地位は、思春期前に行なわれる仮の結婚式によって形式上は保証されている。この儀式において新郎の役を演じる男性は新婦にふさわしいカーストの出身者であって、祭式的意味では、この女性が将来生むことになる一切の子供たちの父親の役目を担うのだ。万一ナーヤル族の女性がより下位のカーストの男性と性的に接触したと思われた場合には、ナンブデリ・ブラーマンの女性の場合と等しく残酷に罰せられる。しかし、こういった過失を犯さないかぎり、ナーヤル族の女性はおそらくカースト制度の下にあるどの女性よりも自由かつ気ままな生活を送っているのであり、隣接地帯に住むナンブデリ・ブラーマンの完全隔離方式とは著しい対照をなすのである。既婚の地位を獲得したという虚構のために、カーストの血の純潔を守らなければならぬという重荷が大きく取り除かれたからである。

例外的事項については以上をもって終ることにしたい。

ここで重大な逆説もしくは矛盾を基礎とする社会構造の実例を見なければならない。性の自由を確保するため法的虚構が介在し社会的圧力を緩和していない場合には、性関係をめぐってきわめて大がかりな回避が展開しているのである。

さまざまな文化において、宇宙的な能力《ちから》に関する理論は性的勢力《エネルギー》に多少とも明らかな役割を与えている。例えばヒンズー教インドとニューギニアの文化とにおいては、性に関する象徴体系は宇宙論の中心的部分を占めているのだ。しかしアフリカのナイル川流域ではそれと対照的に、性との類推による思考は発達していないようである。こういった形而上学におけるおおまかな相違と社会機構の相違との間になんらかの関連を求めようとすることは無意味かもしれない。しかし一つの文化を共有する地域の内部においては例外なく、性的な象徴体系と性的な汚穢《けがれ》との主題に関して、小規模ながら興味深い変奏が見られるのだ。ある地域内におけるこういった変奏を他の地域におけるそれと対応させることは可能であるし、またそういった試みをするのは当然であろう。

ニューギニアは、性的な汚穢《けがれ》への恐怖を特徴とする文化の地域である（リード、一九五四年）[*5]。しかし同一の文化的特色をもつ地域の中でも、セピック川付近のアラペッシュ族と中央高地地帯のマエ・エンガ族とが男女の差といった主題を扱うやり方には大きな違いがあって、非常に対照的である。前者は男女両性の間に完全な対称を創出しようとしているようであり、一切の能力《ちから》が性的勢力《エネルギー》を模範《モデル》として考えられている。女性的特徴は男子にとって危険なだけであるが、それと同じく男性的特徴は女子にとって危険である。女性は生命を与え、妊娠中には自らの血を以て子供を養う。ひとたび子供が生まれれば、男性は陰茎から活力の源泉となる血を採取して子供を養うという。マーガレット・ミード[*6]は、男女両性とも自己の危険な能力《ちから》に対して同じように警戒する必要があることを強調している。男女とも、異性に近づくには自らの能力を慎重に抑制しなければならぬというのである（一九四〇年）。

　これに反してマエ・エンガ族は、いかなる意味においても両性の対称を求めない。彼等は、男性および男性の行なうあらゆる仕事に対して女性の汚れが及ぶことを恐れており、男女両性における二種類の性的危険・性的能力を比較対照するといったことはまったく問題にならないのだ（メギット、一九六四年）。こういった差異に対しては、その背後にある社会組織上の対応関係を探ろうと試みることが可能であろう。

　マエ・エンガ族は人口が稠密な地域に住んでいる。彼等の地方組織は氏族《クラン》に基礎を置いているが、氏族とは緊密で明確な形をもった軍事的・政治的単位である。どの氏族の男子も他の氏族から妻をめとる。つまり彼等は他所者《よそもの》と結婚するのだ。氏族外結婚という規範はありふれたものである。それが結婚の状況に緊張と困難とをもたらすか否かは、夫婦の属する氏族それぞれがどの程度に排他的であるか、地域的であるか、あるいは対抗意識をもっているか等々で定まってくる。マエ・エンガ族の場合は、夫婦の属する氏族が互いに他所者《よそもの》同士であるばかりでなく、伝統的に敵《かたき》同士なのである。そもそもマエ・エンガ族の男性は個々に威信を求めようとする激烈な競争に夢中になっている。彼等はブタや貴重品の交換において猛烈に張りあっている。しかも彼等の妻は、彼等が常にブタや貝殻を交換し、常に戦っている氏族の中から選ばれるのである。従って個々の男性にとって姻戚関係にある男性は交換の儀礼の相手になる可能性が多く(ここに競争的関係が成立する)、姻戚となる氏族は彼自身の氏族の軍事的対立者となる。このようにして夫婦の関係は著しく競争的な社会体系の緊張に耐えなければならないのだ。マエ・エンガ族における性的不浄の信仰は、彼等の性的関係が敵同士の闘争にみられる特性を引き継いでいることを示唆し、さらにそのような闘争の中で男性は自己の存在が性の対象たる妻(これは対立する氏族からの侵入者である)に脅かされていると感じていることを示唆している。つまり彼等の間には、女性との接触が男性の力を弱めるという強い信仰が存在するのだ。彼等は女性との接触を回避しようと一途に思い込んでいるため、性による汚染《けがれ》を怖れて性交の回数を著しく減ずるほどなのである。メギットのあげる証拠によれば、かつて姦通があったことは考えられず、離婚も事実上耳にしたことがないという。

マエ・エンガ族は幼年時代から女性との交際を避けるように教えられており、彼等は女性との接触による汚《けが》れを潔浄《きよめ》るために周期的に人里離れた場所で生活する。彼等の文化における二つの顕著な信仰は、男性原理の優越性とそれが女性の影響力に侵され易いということとである。既婚の男性だけが性交の危険を冒すことができる。なぜならば男性的活力を守る特殊な療法を用い得るのは既婚の男子だけだからである。しかし結婚生活においてすら男子は性行為を怖れ、生殖に必要な最低限度にまでそれを限定するようである。中でも、彼等は月経血を怖れている。

彼等は、月経血もしくは月経中の女性と接触したとき、その力を消滅させる適切な禁《まじ》厭《ない》をしなければ、次のような結果を招来すると信じている。すなわち、その接触は男性の胸をむかつかせ、絶えず嘔吐を催させ、彼の血を「殺して」それを黒色に変え、彼の各種の生命液を腐らせてしまう。その結果彼の肉が落ちるにつれて皮膚はどす黒く幾重にも垂れ下り、理解力は永遠に鈍くなり、ついには次第に衰えて死にいたるのである。

メギット博士自身の見解によれば、「マエ・エンガ族が女性的特徴と性交と危険とを等しいものと捉える思考」は、きわめて競争的な彼等の社会体系の中で最も激しい競争的関係を形成する結合を結婚の基礎としようとすることによって、説明されるはずだという。

最近にいたるまでマエ・エンガ族のさまざまな氏族は、乏しい土地資源やブタ泥棒や負債を払わないといったことをめぐって常に戦ってきた。そしてどの氏族においても、戦闘で死んだ男子の大部分は直接に隣接した氏族によって殺されたのである。同時に、彼等の住むのは重畳たる山岳地帯なので、実際に配偶者を選択するには集落同士の距離が近接していることが重要な要素だった。かくして、氏族同士の距離という点からみれば、氏族相互間の婚姻と殺人の頻度との間には比較的高度な相関関係が存在するのだ。マエ・エンガ族は「わたしたちは闘う人々と結婚する」と述べるが、この言葉は右のような共存関係の素朴な認識なのである。(メギット、一九六二年)

我々は、マエ・エンガ族における女性の汚《けが》れへの恐怖が、山地アラペッシュ族の文化に見られる信仰、男女両性ともそれぞれ同程度の能力《ちから》と危険とを生むといった信仰とは対照をなすことに注目した。さらにアラペッシュ族が同一の地方における族外婚を認めないことに注目すれば、この事情は一層興味をそそるであろう。万一山地アラペッシュ族の男子が平地アラペッシュ族の女性と結婚するようなことがあれば、彼は彼女の危険な性的能力を冷却するために大変な注意事項を遵守するのである。

そのような結婚の場合、男子は結婚を急いではならず、数ヶ月間女子を家屋の付近に留まらせて男子に慣れさせ、交際の不足と不慣れとから生まれるかもしれない情熱を冷却する。その後彼は彼女と性交することができるが、それでも十分な注意が必要である。自分のヤマイモはよくできるか。狩りに出かけたときに獲物を見つけられるか。もし然りと答えることができれば、万事がうまくいっているのである。しかしそうでなければさらに数ヶ月間、危険で過度の性的能力をもっているこの女性との関係を断っていなければならない。それは、彼が最も大切にしている自己の本質的能力や肉体的な力や他者を養う力等の一部が、永遠に損なわれないようにするためなのだ。(ミード、一九四〇年、三四五頁)

この例はメギットの見解を——それは、マエ・エンガ族において緊張と競争とを生む条件たる地域的続外婚が、彼等の結婚にきわめて重い負担をもたらすというものであったが——支えていると思われる。もしこのような解釈が正しければ、マエ・エンガ族がこの不安を根底から解消することができた場合には、たぶんその種の不便な信仰を棄てることができるであろう。しかしこういったことを彼等に勧めても、それはまったく実現の可能性がないのである。それはつまり、対抗する氏族ときわめて競争的な交換を止めるか、あるいは族外婚を止めるかのどちらかを——要するに、戦いを止めるか、あるいは戦っている男子の姉妹と結婚することを止めるかのどちらかを――意味することになるからである。そのどちらを選択しても、それは彼等の社会体系に重大な修正を加えることになろう。現実に歴史的事実としては、こういった変革が外部から訪れたとき――つまり宣教師が性の問題を説き諭《さと》し、オーストラリア行政当局が争いを止めさせたとき――マエ・エンガ族は容易に、女性の危険に対する信仰を捨てたのである。

マエ・エンガ族が回避によって克服しようとしている矛盾とは、敵対関係の上に結婚を成立させようとする試みである。しかしながらさらに、男性と女性との役割を表現する際の矛盾から、原始社会においてはおそらくより一般的であるような困難が生まれてくる。もし男性支配の原理が完全に終始一貫して確立していれば、それは必ずしも他の基本的原理と矛盾するわけではない。このことについてはすでに、男性支配が残酷なほど単純に実行されている二つの例に――それら相互には大きな差異があるが――ついて言及した通りである。しかしながら女性を物理的暴力による支配から守ろうとするなんらかの原理が別にある場合には、男性支配の原理は問題を生むことになる。なぜならば、この場合女性は男性同士を対立させるような策略を用いて、男性支配の原理を混乱させる余地をもつからである。

男性の地位が女性に対する権利との関係で規定されるような社会体系においては特に、社会全体の基礎が矛盾の上に置かれる傾向がある。このような社会でもし男性相互間に自由な競争が行なわれれば、女性が不満を抱いた場合、彼女は夫もしくは保護者の競争者《ライバル》にたより、新しく保護または世話を受け、自己の周囲にはりめぐらされていた権利義務の構造を解消させる余地があるからである。社会体系におけるこの種の矛盾は、事実上女性に対して強制力を行使する可能性が存在しないときにのみ発生する。例えば、中央集権的政治組織があって、それが巨大な権威を以て女性を圧迫しているような場合には発現しない。女性を抑えるために法体系が発動されるような場合には、女性はその体系を破壊するといったことができないからである。しかし中央集権的政治機構とは、男性の地位が主として女性に対する権利との関係で表わされるような体系ではないだろう。

　レレ族は、女性の巧妙な策略の故に生じる男性支配の矛盾によって常に不安定を生じがちな社会体系の一例である。男性の競争意識は、妻を獲得するための競争という形でしか表現されない。妻をもたない男性は社会階層の最下層にも達しないのだ。男子は妻を一人獲得することではじめて社会階層を上りはじめ、妻に子供を生ませることによって祭式を基礎とする共同社会に入る資格を得、以後その報酬を手に入れることになる。つまり娘が一人生まれれば、彼は義理の息子の奉仕を要求することができるからである。娘が何人か生まれればそれだけの数の婚約者を確保でき、さらに孫娘が生まれると彼は非常に高い特権と尊敬との座を占めることになる。それは、彼が生命を与えた女子たちを、結婚というかたちで男性に提供することができるからにほかならない。かくして彼は大勢の男性を自己の支配下に置くのである。一人前になった男性はすべて、二人ないし三人の妻を得る望みがあり、一方若者たちは独身のままでいなければならないのだ。本来一夫多妻制下にあっては妻を獲得する競争は激烈にならざるを得ないのである。しかし、男性社会における成功が女性支配とかかわりをもつその他多くのやり方は、複雑にすぎるのでここでは述べないことにする（ダグラス、一九六三年、を見よ）。要するにレレ族の社会生活全体が、女性に対する権利を譲渡するときその対価が支払われるという制度に支配されているのである。その結果率直にいえば、女性はある視点からすれば一種の通貨として扱われ、女性によって男性は互いに貸借を主張したり清算をしたりするのだ。男性同士の負債があまりに大きくなったため、彼等は何十年も先のまだ生まれていない少女に対する権利を主張していたほどである。女性を譲渡し得る権利をもたない男性は、銀行口座のまったくない実業家のように、非常に困難な立場にあった。男性の視座から見れば、女性とは彼等の文化において最も望ましい対象であった。一切の侮辱や債務も女性に対する権利を譲渡することで解決したのであって、まことに彼等が戦いに行く唯一の理由は女性のためにほかならないのであり、事実彼等はそのように述べていたのである。

レレ族の少女は成人すると男心をそそるような女性になるのが常だった。レレ族の少女は幼児の時分から、愛情を注がれ、人を焦《じ》らす技術を教えられ、たわむれの恋をしかけるようなことを教えられてきたのである。夫となるべき男性は、妻に対してごく限られた支配力をもつにすぎない。なるほど夫は折檻の権利をもってはいるが、その権利を乱暴に使いすぎると、そしてとりわけ夫が妻の愛情を失うと、彼女はなんらかの口実を設けて兄弟たちに夫が自分を粗末にしたと信じこませることができる。幼児の死亡率は高く、子供が流産したり死んだりすると妻の親族は夫を訪れて厳重にその説明を求める。男性同士が互いに妻を求めて争っているため、女性は策略や陰謀をめぐらす余地があるわけである。女性にしてみれば自分を誘惑してくれる男性には事欠かず、その気にさえなれば夫を代えることができることには、疑問を抱く余地がない。中年にいたるまで忠実であり続けた妻をもつ男性は、妻とその母親とを非常に大切にしなければならない。きわめて複雑なしきたりが彼等の婚姻関係を支配しており、夫が大なり小なりの贈り物をしなければならない場合も多かったのだ。妻が妊娠したり病気したり出産したりすると、夫は一生懸命に正しい治療法を用意してやらなければならない。ある女性が生活に不満をもっていることがわかれば、すぐにいい寄る男が現われてくる――そして結婚を解消するために妻がとり得る手段は実にさまざまなのだ。

レレ族の男性が女性との関係になぜ不安を抱いているかを示すには、以上で十分であろう。ある脈絡においては彼等は女子を望ましい宝物のようにいうが、時には女子とは下らない、犬にも劣る、不作法な、無知な、移り気な、信頼できないものだといったいい方をする。社会的意味ではなるほど、女子とはそのいずれでもあるだろう。レレ族の女性は

――彼女たちの娘をも含めて――男性が威信を求めるための勝負で質草《しちぐさ》のように交換されるのだが、そういった男性の世界に女性はまったく関心を抱いていない。彼女たちは自己の身の上に起こったさまざまな機会を巧妙に利用するだけである。もし母と娘とが共謀すれば、どのような計画でも、それが気に入らない場合には台なしにすることができる。そこで結局男性は女性に対する支配権を広言しながらも、それを行使するためには女性を喜ばせたり、宥めたり、お世辞をいったりしなければならないのだ。男性が女性に対して言葉をかけるときには、声の調子までが特別な甘いものになるのである。

レレ族が性に対して示す態度は、享楽と多産への欲求と危険の認識とが混ざりあったものである。私がすでに示したように、彼等には多産を望む十分な理由があり、彼等の宗教的儀式もこの目的に向けられている。彼等の中では性行為それ自体が危険とされており、しかもそれは行為者にとって危険なのではなく、病弱者にとって危険なのだという。例えば性交を終えたばかりの者は病人を避けなければならないが、それは間接的接触によっても病人の熱が高くなるとされたからである。出生後間もない赤ん坊はこの種の接触で死ぬとされる。そこで、そういう覚《おぼ》えのある人々の注意を喚起するため、病人や赤ん坊がいるときには家屋の入口に黄色いラフィア椰子の葉が下げられるのだ。これは一般的危険であるが、このほか男性にとって特別な危険もある。妻は性交後夫を潔め、次いで食物に触れる前に自らを洗浄する義務がある。既婚女性はそれぞれ集落の外の草むらに小さな水瓶《みずがめ》を隠しておいて、密かに身体を洗うことができるようになっているのである。それは秘密の場所でしかも通り路から離れたところになければならない。なぜならば、もし男性が偶然その水瓶につまずいたりすれば、彼の性的活力が弱められるからである。もし女性が洗浄する義務を怠ったり、男性が義務を怠った女性の手で料理された食物を食うようなことがあれば、彼は性的能力を失う。以上は合法的性行為に伴う危険である。さらに月経中の女性は夫のために料理をしたり火を掻き立てたりすることができず、これを守らないと夫は病気になる。すなわち、月経中の女性が食事の準備をすることは差し支えないが、それを火にかけるときは友達に手伝ってもらわなければならないわけである。これらの危険は男性のみを襲うので、他の女性や子供たちは安全であるという。最後に、月経中の女性が森に入ると、それは共同体全体にとって危険となる。彼女の月経は森の中でその女性が企てるあらゆる計画を確実に破壊するだけでなく、男性の仕事にとっても好ましからざる状況を生み出すと考えられたのである。つまりその後長期間にわたって狩猟が困難になり、森の植物を用いた儀式も効力を失うというのだ。女性はこういった規範をきわめて面倒に感じていた。特に彼等は定期的に人手不足となり、種播き、草とり、採り入れおよび魚釣り等は遅れがちだったから一層そうだったであろう。

性の危険を防ぐものには、男性の仕事を女性の汚《けが》れから守る規範と、女性の仕事を男性の汚れから守る規範とがあった。あらゆる儀式は女性の汚れが及ばないようにしなければならず、祭式を司宰する男性はその前夜は性交を慎むことになっていた（女性は一般に祭祀にかかわる事がらには参加を許されなかった）。戦争や狩猟の場合、または酒造りのためにシュロの幹に刻み目をつけたりする場合も同様である。同じ意味で女性は、塊茎植物《グランドナット》やトウモロコシを播いたり、魚を捕ったり、塩や土器を製《つく》ったりする前には、性交を慎まなければならない。このような恐怖は男性と女性とに対して同じように作用した。重要かつ危機に際しての儀式を執行するための条件は一般に明確に規定されており、それは集落全体に性にかかわる禁欲を要求することだった。例えば双生児が生まれたとき、他の集落から来た双生児がはじめて村に入るとき、あるいは重要な邪術調伏の儀式や豊饒の祭式が続いているときには、村人たちは「男はそれぞれ一人で、女もそれぞれ一人で寝ること」と夜ごとに叫ぶ声を聞いたのである。同時に彼等は「今夜は争いを慎むこと。もし争いをするならば秘密裡に口論しないこと。その場合は罰金を科せられるように皆に聞こえるようにすること」と呼ぶ声も耳にした。口論は性交と同じく、集落全体が儀式にふさわしい条件に達するのを妨げるものと見做されていた。それは祭式と狩猟とを失敗させるからである。ところが性交はある場合にかぎって悪いのに対して（ただ性交が悪いとされる場合はかなり多くあるのだが）、口論は常に悪しき影響を与えるとされたのである。

レレ族が祭式において性は危険であるという不安を抱いていたのは、私見によれば、彼等の社会組織において性が実際に破壊的役割を担っていたからである。レレ族の男性が創り出した身分的階層は、男性が次第に多くの女性を支配するようになるにつれて一歩一歩階段を上っていくというものである。ところがこの全体系において自由な競争が許されているのであって、その結果女性は二重の役割を——つまり受動的な人質としてのそれと能動的な策謀家のそれとを——与えられることになった。個々の男性が、個々の女性は自分の計画を挫折させるのではないかと惧れるのは当然なのであり、性の危険に対する恐怖は、彼等の社会構造における性の機能をきわめて正確に反映しているのだ。

この種の社会における女性の汚《けが》れは一般に、女性を人間として扱うと同時に男性の取り引きの通貨としても扱おうとする試みと関連している。このような社会では、男子と女子とは明確に相互に対立する領域に属するものとして区別されている。その結果、不可避的に両性間の対立が起こり、これが、男女ともに異性にとって危険であるという観念に反映されるのである。女性との接触によって男性が脅かされるという特別な危険は、女性を通貨として用いながら奴隷状態に陥らせまいとする矛盾の現われである。利益追求をなによりも優先させる文化において金銭が諸悪の根源であると感じられることがあるとすれば、レレ族の男性が女子とは諸悪の根源であると感ずるのは一層正当であろう。事実、〈エデンの園《その》〉の物語は、レレ族の男子には深い共感を喚び醒ます。一度宣教師がこの物語を話すと、それは一人よがりの感興を生んで彼等の家庭でくり返しくり返し語られたのである。カリフォルニア北部のユロック・インディアンは、すでに述べた通りきわめて潔癖な清浄と不浄との観念を有しているために、しばしば人類学者や心理学者の興味を惹きつけてきた。彼等の文化は滅亡寸前である。一九五一年、ロビンズ教授[*7]がユロック語を研究したとき、ユロック語を話す大人はわずか六人ほどしか残っていなかった。彼等の文化もきわめて競争的で富の獲得を重視した文化だったようである。男性が熱中していたのは、威信を示す貝殻の貨幣、珍しい羽毛、生皮《なまかわ》および輸入された黒曜石の刀身といった形で富を蓄積することであった。外国の貴重品を交易する路線《ルート》に近づける者は別として、富を獲得する一般的な方法は、不正が行なわれたら直ちに復讐し賠償を要求する方法だった。どのような侮辱を与えたときもその代償を払わねばならず、その価格には多少とも基準が定まっていた。それを値切ることもできた。なぜならばその値段は最終的には場合に応じて、つまり個人が自らに与える評価と近親者から得られる支持とによって、同意に達したからである（クローバー[*8]）。妻の姦通と娘の結婚とは富を得る重要な機会だった。他人の妻を追いかける男は、姦通の償《つぐな》いに財産を投げ出さねばならなかったからである。

　ユロック族は、女性との接触が富を獲得する能力を損うといったことを強く信じこんでいたので、女性と金銭とを絶対に接触させないようにしていた。特に、男子が貝殻＝貨幣を紐に通して貯《た》めてある家で交合をすれば、それは彼の未来における成功に致命的な悪影響を与えると信じられていた。寒い冬になって戸外に出られなくなると、彼等は性行為を完全に慎んだようである。ユロック族の赤ん坊はいつも同じような季節に——つまり暖かくなりはじめて九ヶ月後に――生まれる傾向があったからである。仕事と快楽とをこのように厳密に分離しているということから、ウォルター・ゴールドシュミット[*9]は彼等の価値観念をプロテスタント的倫理のそれと比較したいという誘惑を抑えられなかった。この研究において、彼は資本主義経済の概念を大きく拡張して一見巧妙な説を樹て、その概念中に、サケを捕って生活するユロック族と十六世紀ヨーロッパとを包含させてしまった。つまり彼は、純潔と倹約と富の追求とに高い価値を認めることが、その両者に共通する特徴であることを示したのである。ゴールドシュミットはまた、ユロック族は他のほとんどの未開人とちがって、生産手段の個人的管理を認めており、それ故に原始的資本主義者といった分類が可能だという事実を、大きく強調している。なるほどユロック族では、個々の構成員が魚釣りの場やベリーを採集する場に自己の権利を主張し、この種のものが負債を清算するため結局は個人から個人へと譲渡されていたのは事実である。しかしながら、彼等の経済を資本主義として分類する論拠にこのようなことをもち出すのは、きわめて片寄った主張である。こういった権利の譲渡は、大きな負債を支払うための貝殻＝貨幣または他の動産がないとき、例外的に一種の抵当権を執行するような意味で行なわれたにすぎないので、不動産売買の正式な市場が存在しなかったことは明白である。ユロック族が通常負っていた負債は商慣習上の負債ではなく、名誉に関する負債だったのだ。コーラ・ドゥボイスは、ユロック族の近隣に住む諸部族では経済および生計とは多少とも隔絶した領域で威信を求めるための壮絶な競争が行なわれていたと述べたが、この論考はきわめて啓発的である。それは、ユロック族が女性の汚れについて抱いていた観念を——つまり、男性にとっては富の獲得と女性の獲得とが真の意味において矛盾するという観念を——理解する上では、ゴールドシュミットの説よりもはるかに重要であろう。

以上我々は、ニューギニアのマエ・エンガ族、コンゴのレレ族、カリフォルニアのユロック・インディアンに見られるさまざまな極限的形態におけるデリラ・コンプレックス[*10]——つまり女性が男性の力を弱めまたは男性を裏切るといった信念——を辿ってきたわけである。そのような信念が見られるところでは、女性の行動に関して男性が不安を抱くのは当然であり、また女性がはじめから裏切者だときめつけられるほどに男性対女性関係をめぐる状況が歪んでいることが判明したのである。

ところで、性の汚《けが》れを怖れるのは必ずしも男性だけではない。男女の均衡を図るために、ここで、性行為がきわめて危険であるかのような行動をするのは女性だけであるという例を一つ検討すべきであろう。オードリー・リチャーズは、北ローデシアのベンバ族があたかも性の不浄に対する恐怖に憑かれているかのような行動をすることを報告している。しかしリチャーズは、これは彼等の文化によって統制された行動であり、現実には彼等個人の性的放縦を束縛するような恐怖は全然ないと注を加えるのだ。文化の次元では、性交に対する恐怖は「いくら誇張しても足りないほど」に支配的だとみえる。ところが個人の次元になると、「ベンバ族は性関係における快楽を公然と表現する」というわけである（一九五六年、一五四頁）。

北ローデシア以外の地域では、性の汚《けが》れは直接の接触によってもたらされるが、ここではそれが火との接触によって仲介されると信じられている。性交後潔浄《きよめ》の儀式を経ない人――ベンバ族の言葉によれば、性で火照《ほて》っている人――を見たり触ったりしてもまったく危険はない。しかしこういった人が火に近づくと、その火で料理された食物は汚れて危険になるというのだ。

性行為をするには二人の人間がいなければならないが、食事をつくるにはただ一人で足りる。汚れが料理から移ると考えることによって、その責任は確実にベンバ族の女性にあるとされるのである。ベンバ族の女性は、性交後浄めの儀式をすませていないかもしれない成人との接触を避けるため、料理用の火を護ろうと常に気を配っていなければならない。この危険は致命的である。汚れた火で料理した食物を食べると、子供は死ぬかもしれないのだ。ベンバ族の母は、疑わしい火を消して、新しい清浄な火をおこすのにいつも忙しいのである。

ベンバ族はあらゆる性行為を危険だと考えているが、彼等の信仰にこのような偏向があるのは、姦淫が真に現実的意味で危険だと考えられているからである。その理由は、結婚した夫婦は性行為の後に互いに潔浄の式を行なうことができるが、この式は一人では行なえないので、密通した男は妻に助けてもらわなければ潔められることはないからである。

リチャーズ博士は、姦淫の不浄をどのようにして消滅させるのかとか、姦通した女性は結局のところ自分の子供たちにどのようにして食事を与えるのかといったことは報告していない。ただ博士の断言によれば、こういった信仰にもかかわらず、彼等は現実に姦淫を犯しているという。つまり、姦通を犯した危険な人々がそのまま放置されていると考えられている。たとえ彼等が小児の食事を料理しているかまどに触れないようにしようとも、彼等は常に共同体に危険をもたらす潜在的可能性をもち続けるのである。

この社会においては、性の汚《けが》れについて女性は男性以上の不安をもっていることに注目していただきたい。もし子供たちが死ねば（そして幼児の死亡率はきわめて高率である）、女性の不注意の所為だとして男性に咎められることがある。ニアサランド[*11]におけるヤオ族とチェワ族との間では、塩の汚れについてこれと似た複雑な信仰が表明されている。これらの種族はすべて、女系によって家系を数え、男性は生まれた村を出て妻の村に加わることになっている。このことから、血の繋がった女性同士が核になって他の集落出身の男性を迎え、夫として定着させるという集落構造の型《パターン》が生まれる。政治的単位としての村の未来は、このような部外者たる男性を村に住みつかせることにかかってくるであろう。ところが男性は、安定した結婚生活を確立することには女性ほど関心をもたないと考えられるのだ。どこでも同じ母系相続の規範のために、男性の関心はつい自分の姉妹が生んだ子供たちに向ってしまう。村そのものは結婚の絆の上に成立しているのに、母系の血統はそうではない。男性は結婚によって他の村から移って来るが、女性はその村に生まれるのである。

中央アフリカにおいては例外なく、次第に拡大しつつ持続する善き村という観念には、男女ともに大きな価値を認めている。ところが女性には夫を惹きつけておくことが二重の利益となるのだ。ベンバ族の女性は、初老に達して村の女長老ともいうべきものになり、自分の娘や孫娘にかこまれた老後をおくれるようになったとき、それが自分の最も満足すべき生だと考える。しかしもしベンバ族の男性が結婚生活の初期に退屈を感ずれば、彼は完全に妻を捨てて家に帰ってしまうという（リチャーズ、四二頁）。さらに、もし男性が全員——いや半数でも——村を捨ててしまえば、村はもはや一つの経済的単位として存続することが不可能であろう。労働の分業の結果、ベンバ族の女性は特に男性を頼りにせざるを得ない地位に置かれているのである。事実、成人男子の五十パーセントが出稼ぎで村を出るのが普通であるような地域では、ベンバ族の村は北ローデシアにおける他の種族の村よりも崩壊がはるかに進んでいるのだ（ワトソン）[*12]。

ベンバ族の少女が思春期に達した際の儀式で与えられる教訓から、右に述べたような彼等の社会構造や女性の目標は、彼女たちの性の汚《けが》れに対する恐怖と関係があることが理解される。リチャーズ博士の記録によれば、彼女たちは夫に従順である必要を厳重に教え込まれる。ベンバ族の夫は特に横暴で扱いにくいといわれていることからすると、これは興味深いことである。結婚しようとする女性は屈従を強いられ、一方夫たちの性的能力は称揚される。ベンバ族の夫の地位は、マエ・エンガ族の妻のそれと志向性は逆でありながら類似性をもっていることを考えると、このことには大きな意味があるだろう。つまりベンバ族の夫は妻の村においては孤独な部外者なのだ。しかし彼は男性であって女性とは違う。もし彼が新しい生活に幸福を見出さなければ村から逃げ去ってしまうだろうし、そうすれば万事が終りになるだろう。夫に対しては、家出した妻のように折檻を加えるわけにはいかないからである。こういった現実に目をそむけて合法的結婚という虚構を維持し得るような法的手段はまったくない。要するに、妻の属する村にとって夫がそこに留まってくれることの利益は、夫が結婚で獲得した権利よりもはるかに大きく、彼を威嚇して引き止めるといったことも不可能なのである。マエ・エンガ族の妻がデリラであるとすれば、ベンバ族の夫はペリシテ人の陣営のサムソン[*13]なのだ。彼が屈辱を与えられれば、社会を支えている柱をひき倒すこともできよう。というのは、夫たる者がすべて起ち上って村から離れてしまえば、村は崩壊してしまうからである。女性が夫に媚び、甘い言葉を囁こうとするのは当然であろう。女性が姦淫の汚れを防ごうとするのもまた当然なのである。夫が危険なるものとか不吉なるものとかに思われることはないが、夫は内気でものにおびえやすく、従って自らの男性的能力とそれに伴う危険とに自信をもたせてやらなければならないのだ。

妻が自分の世話をし、自分を潔めるために付き添ってくれ、火の番をしてくれることを、夫に信じさせなければならないのだ。夫は妻がいなければなにごともできない――祖先の霊に近づくことさえできないとされているのである。ベンバ族の妻が性の汚れに対する不安を自らに課しているという点で、彼女たちはマエ・エンガ族の夫と対応する立場にあるようにみえる。両者ともに、結婚といった状況の中により広く共同体全体の構造にかかわる不安を見出しているからである。ベンバ族の女性が故郷の村に留まって女長老として勢力を振るおうとする願望がなければ、もし彼女がおとなしく夫に従って彼の村に移る用意があれば、彼女たちは性の汚れに関する不安を解消することができるであろう。

ここに例を挙げた種類の汚れに関するすべての実例において、基本的問題は、矛盾する二つの要求を同時に満足させようといったものである。マエ・エンガ族は敵対する氏族として扱いながらしかもその氏族に属する女性を妻にしようとする。レレ族は女性を男性の質草《しちぐさ》として扱いながら、しかも個々の女性に与《くみ》して他の男性に対抗しようとする。ベンバ族の女性は自由と独立とを望み、自己の結婚生活を破壊するような行動を欲しながら、しかも夫を惹きつけておこうとする。どの場合にも、洗浄や回避というやり方で対処しなければならない危険な状況とは、行動のさまざまな規範が互いに矛盾しているという点で共通しているのである。ウィネベーゴ・インディアンの〈トリックスター〉神話の場合のように、いわば左手は右手と戦っているのだ。

このようにして、自らの内部に矛盾を含んでいる社会体系の例がすべて性関係から採られていることにはなんらかの理由があるのだろうか。我々が自らの文化における通常の規範によって矛盾した行動をとらざるを得ない状況は、性にかかわるもの以外にも多い。例えば国民所得政策といったものは、この種の分析を容易に適用し得る現代的分野である。にもかかわらず、性とのかかわりをもたない矛盾には、汚穢《けがれ》への恐怖が伴わないようにみえるのである。従って右のような疑問の回答は、性的関係を規制する社会的圧力ほど強大な力を秘めているものはない、といったことであるだろう。このようにみれば、新しいキリスト教社会には男性も女性も存在してはならないという聖パウロの突飛な要求にも、我々は共感を抱き得るにいたるのだ。

以上のような考察から、キリスト教の初期において、処女性にきわめて大きな意味が与えられたことが、いくぶんか理解されるであろう。『使徒言行録』にみえる原始キリスト教会は、女性を遇するに際して、伝統的ユダヤ教の慣習とは異なる自由と平等といった基準を設定しようとしていた。ところが当時中東地域における性の障壁は抑圧の障壁だったのであり、それは聖パウロの言葉が含意している通りである。

洗礼《バプテスマ》を受けてキリストに結ばれたあなたがたは皆、キリストを着ているからです。そこではもはや、ユダヤ人もギリシア人もなく、奴隷も自由な身分の者もなく、男も女もありません。あなたがたは皆、キリスト・イエスにおいて一つだからです。(ガラテヤの信徒への手紙第三章二十八節)[*14]

初期の教会は自由で束縛がなく、抑圧も矛盾もない新しい社会を創ろうと努めたのだが、そのとき疑いもなく必要だったのは、新しい積極的価値体系を確立することであった。処女性が特殊な積極的価値をもつという観念は、迫害されつつある少数者の集団において必然的に豊かな実りをもたらしたのである。なぜならば我々がすでに見た通り、そのような社会的条件は、肉体を不完全な容器として——つまり、それが外的要素の浸透を一切受け容れなくなったときにはじめて完全なものといえるような容器として——象徴する信仰を生み出そうとするからである。さらに、処女性を高く評価するといった観念は、婚姻および広く社会一般における男女両性の役目を変えようとする構想にとって、きわめて適切だったであろう(ワンガーマン)[*15]。女性を〈狡猾なエバ〉[*16]とする考え方は、性の汚れに対する恐怖と同様、ある特殊な型の社会組織に属するのだ。もしその種の社会秩序を変革しなければならないとすれば、〈第二のエバ〉こそが——つまり悪を足下に粉砕してくれる贖罪の源泉としての処女こそが——新しく提出されるべき強力な象徴となるのである。

＊1　Meggitt, Mervyn John（1924-2004）　オーストラリア生まれのアメリカの社会人類学者。
＊2　Meek, Charles K.（1885-1965）　イギリスの人類学者。ナイジェリア研究の専門家。
＊3　Salim, Shakir Mustafa　イラクの社会人類学者。
＊4　申命記第二十五章五節以下を参照。「兄弟が共に暮らしていて、そのうちの一人が子供を残さずに死んだならば、死んだ者の妻は家族以外の他の者に嫁いではならない。亡夫の兄弟が彼女のところに入り、めとって妻として、兄弟の義務を果たし、彼女の産んだ長子に死んだ兄弟の名を継がせ、その名がイスラエルの中から絶えないようにしなければならない。……」
＊5　Read, Kenneth Eyre（1917-95）　オーストラリア生まれの人類学者。
＊6　Mead, Margaret（1901-78）　アメリカの人類学者。
＊7　Robins, Robert Henry（1921-2000）　イギリスの一般言語学者。ロンドン大学教授。
＊8　Kroeber, Alfred Louis（1876-1960）　アメリカの人類学者。二十世紀前半のアメリカ人類学では最も重要な学者の一人。
＊9　Goldschmidt, Walter Rochs（1913-　）　アメリカの人類学者。
＊10　デリラは、士師記第十六章に記されている女。
＊11　マラウィの旧称。
＊12　Watson, William（1917-　）　イギリスの人類学者。
＊13　士師記第十三―十六章に現われるイスラエルの剛力無双の勇士。妖婦デリラのために神から授かった力を奪われ、ペリシテ人に捕えられて両眼をえぐられ獄につながれたが、後に、大演技館で力技をさせられたとき、その家を支えている大柱を倒し、崩れる屋根の下で敵地の民とともに自らも一命を終った。ミルトンの『闘士サムソン』はこれを主題にしたもの。
＊14　原文の誤りで、正しくは第三章二十七―二十八節。

＊15　Wangermann, E.（未詳）

＊16　神がはじめて創った女でアダムの妻。「生命の母」の意といわれる。

第十章　体系の崩壊と再生

今や冒頭の疑問にたちもどらなければならない。いかなる種族にせよ、聖性と不浄とを混同するようなことがあり得るだろうか。感染の観念が宗教的世界と世俗的世界とにおいてどのような作用をしているかは、すでに見た通りである。また、どのような観念体系もさまざまな能力《ちから》をもつと考えられること、および回避の規範が明白かつ公式に観念体系の境界を認めていることも、すでに見た通りである。しかしこれは聖なるものは不浄であるということではない。あらゆる文化は、確固たる肯定的観念構造と対照的に、汚穢《けがれ》や不浄に関する独自の観念群をもたなければならない。〈聖なるもの〉と〈不浄なるもの〉との見分けがつかず両者を混同する種族があるといった議論はまったく無意味であろう。にもかかわらず、嫌悪の感をこめて拒否された不浄なるものを宗教がしばしば聖なる目的に用いることは依然として真なのである。それ故我々は、通常の場合には破滅をもたらす不浄なるものが、時としてなぜ創造力をもつにいたるのかを訊ねなければならないだろう。

まず、すべての不浄なるものが祭礼において積極的意味で用いられるわけではないことに注意しよう。あるものが幸いをもたらす能力《ちから》を有するものとして扱われるためには、それが不浄であるだけでは十分ではない。イスラエルにおいては、屍体とか排泄物とかいった不浄なるものが神殿の祭式にとり入れられることは想像だにできないことであって、血だけが、しかも供犠のために流された血だけがそういった扱いをうけられたのである。オヨ州ヨルバ族[*1]では左手は不浄な作業に用いられ、左手をさし出すことは非常な侮辱を加えることになるから、通常の祭式では右側を優先させることが聖なる身ぶりとされ、特に右手の方向に踊りつつ移動することが聖なる身ぶりとされる。ところが〈オグボニ〉の祭礼においては、はじめてそこに参加を許された者は体の左側で衣服を結ばねばならず[*2]、その舞踊も左手の方向にだけ移動しなければならない(モートン゠ウィリアムズ、三六九頁)。ブションゴ族においては近親相姦は汚穢を生むが、彼等の王を潔める祭式には近親相姦の儀式を含まねばならず、王は自ら「われは民の汚辱なり」と叫ぶ(ファンシナ、一〇三頁)、等々の例があるのだ。回避の規範を破ることができるのは特定の場合における特定の個人のみであるが、祭式においてこの種の危険な接触がしばしば行なわれるのはなぜかを問うことは重要であろう。

一つの回答は穢れの本質そのものの中にある。もう一つの回答は、祭式によって表現しなければならない形而上学的問題の本質および祭式に特有な観念の本質の中にある。

はじめに穢れの本質を考えてみよう。精神内部におけると外的世界におけるとを問わず、なんらかの秩序を確立する過程では、拒否された旧きものに対する態度は二つの段階を経る。まず旧きものは明らかに場違いなものであり、善き秩序に対する脅威であるが故に、厭うべきものと見做されて強く排除される。この段階においては、旧きものはある程度本来の意味を保持しており、その前身がどのようなものであれ——例えば毛髪、食物あるいは衣服であれ——望ましからぬものと考えられる。これが旧きものが危険とされる段階である。なぜなら、そのもの本来の意味はいまだに消滅せず、そのものが闖入し存在することによって新しい場の聖潔が損われるからである。しかし、穢れと見做されるものはそれが物質であるかぎり、長い過程を経て粉砕され、分解され、腐敗し、最後にあらゆる痕跡は消滅する。さまざまな旧きものの起源は見失われ、それは多くのありふれた価値なきものとまじりあってしまう。なにかを求めてその種の廃棄物の中をほじくりかえすことは不気味なことである。その行為は旧き意味を呼び醒ますことになるからである。しかしながら、そのものの前身が失われているかぎり、それが危険を伴うことはないだろう。廃棄物はある限定された場に——つまり累積した各種の価値なきものに——属していることが明らかであるが故に、曖昧な違和感をすら生むことはないのだ。埋葬された王の遺骸でさえ畏怖を与えることはなく、今は亡き民族の屍体《しかばね》が塵となって空中に満ち満ちているといった思考も、いささかの不安を起こすこともないのである。それらのものが明確な形をとらなければ、不浄といったことはあり得ないのだ。

生きている人々よりはるかに多い死者たちの群、けれども彼等の屍体はどこにあるのだろう。
生きている一人に対して百万の死者があるというのに、
彼等の遺体は土に還ってもはや見られないのだろうか。
大気は彼等の死臭で重く濁り、われらの呼吸《いき》さえもできないはずなのに、
風が吹き、雨が降る空間さえないはずなのに。
大地は骨灰の雲、遺骸の山であるはずなのに、
われらの骨を宿す余地すらないはずなのに。
すべてのものが同じものになり、すべてのものが明確な姿を失ったのに、
こまごまとこのようなことを思いめぐらすのは、時間の浪費というものだろうか。
(S・シットウェル[*3]「アガメムノンの墓所」)

こうしてすべてが崩壊した最後の段階では、穢れは完全に明確な形態を失う。ここで一つの円環《サイクル》が完成したのである。穢れとはもともと精神の識別作用によって創られたもので

あり、秩序創出の副産物なのである。従ってそれは、識別作用の以前の状態に端を発し、識別作用の過程すべてを通して、すでにある秩序を脅かすという任務を担い、最後にすべてのものと区別し得ぬ本来の姿に立ちかえるのである。従って、無定形の混沌こそは、崩壊の象徴であるばかりでなく、始まりと成長との適切な象徴でもあるのだ。

このように考えれば、宗教的象徴体系において水の再生作用を説明するすべてのことは、汚《けが》れについてもいい得るだろう。

水中ではあらゆるものが「溶か」され、あらゆる「形」が壊され、生起したあらゆることが存在を終える。すでにあったものはすべて——例えば外形、「前兆」、事象といったようなものは——水中に浸すことによって消滅するのだ。浸礼とは、人間的次元においては死と同義であり、宇宙的次元においては周期的に世界を解体して原初の大海に還す天変地異《キャタクリズム》(つまり〈ノアの洪水〉)と同義である。水はあらゆる形を破壊し尽し、あらゆる過去を洗い流すために、このように浄化と再生と新生との能力を有するのだ。……水は過去を無に帰するが故に、浄化し再生する作用をもつのであり、かくして万物の黎明における完全性を——たとえ一時的にせよ——回復するのである。(エリアーデ、一九五八年、一九四頁)

エリアーデはさらに水と他の二つの再生の象徴とを比較し、これらは結局同一のものであるとする。その一は象徴としての暗黒であり、その二は乱痴気騒ぎを伴う〈新年〉の祭式であるが（三九八―九九頁）、これらも水と同じく塵や崩壊と繋がっていることは詳説を要しないであろう。

このように考えれば、不浄が最後の相を帯びたとき、それは創造的混沌にふさわしい象徴となるであろう。しかし、不浄なるものがその力を獲得するのは、その初期の相からなのである。つまり、秩序の限界を侵すことによって招かれる危険こそが能力《ちから》となるのである。善き秩序の破壊をもたらそうとする不安定な辺境部や外部から襲来する力は、宇宙に内在するもろもろの能力を表象している。善き秩序のためにこれらの能力を利用し得るときはじめて、祭式は強力な効果をもつことになるのだ。

この種の象徴それ自体の適切性については以上で終ることにして、それが用いられる状況、しかも否定し難く逆説的に思われる現実の状況に移ろう。聖潔は汚穢《けがれ》の拒否という形で追求される。従って聖潔が一つの象徴ではなく生命《いのち》あるものである場合、それは弱々しく不毛なものにならざるを得ない。多くの犠牲をはらって追求する清浄を実際に獲得したとき、それが石塊のように冷く生命のないものであることを見出すのは、人間が置かれた条件の一部なのである。詩人が冬を次のように歌って――冬とは、

芸術の模範、
清浄にして生きぬこうとするものを除いて、
ありとある形の生命と感情とを滅し尽す。（ロイ・キャンベル）[*4]

と歌って讃美することはなんら差し支えない。しかし人間の生を宝石のように永遠のものに変えようとすれば、そこには別の問題が生ずるであろう。清浄とは変化、曖昧、妥協等を許さないからである。なるほど我々の大部分は、経験が固定され確固たる形を与えられれば安心感を抱くということはあろう。サルトルが反ユダヤ主義者を激しく非難したのは、こういう点を捉えてである。

なぜ人は誤った論理の方を選びとることができるのであろうか。それは新しい思考の浸透を拒否しようとする強い思いがあるからである……石塊のもつ不変性に魅力を感ずる人がいるのだ。彼等は頑固で新しいものを受けつけようとはせず、変化を欲しない――変化がどのようなものをもたらすかは、誰にもわからないからである。……彼等の生は絶えず執行猶予の状態にあるかのようである。ところが彼等は、直ちに、しかも時を移さず完全な形で、確実に生きたいと望む。彼等は新しい観念を獲得しようとはせず、観念とは生得的なものであると考えようとしている……要するに彼等は次のような生き方を――つまり、論証と真実の追求とが従属的な役割しか果たさず、すでに見出されたもの以外は求めず、すでにできあがっているままの自分以外のなにものにもならないような生き方を――採ろうとするのである。(一九四八年)

この非難は、一般人の思考法と反ユダヤ主義者の硬直した単純明快な思考法とは違うということを含意している。ところがいうまでもなく、硬直したものへの憧憬は我々すべての中にあるのだ。明確な限定と明晰な概念とを希求するのは人間性の一部なのである。我々は、明晰に限定された概念をもつにいたったとき、そこから欠落した現実もあるという事実を直視するか、あるいはその概念は不十分なものにすぎないという事実から目をそむけるか、そのどちらかを選ばなければならないのだ。

清浄の追求における最終的逆説は、清浄とは矛盾なき論理的範疇の中に経験をおし込めようとする試みだということであろう。しかるに経験とは手におえないものであり、その種の試みをする者は矛盾の中にいつか入りこまざるを得ないのである。

もし性的純潔が両性の接触を否定するとすれば、それは明らかに性それ自体を否定するばかりでなく字義通り不毛である。さらに、それは不毛であるにとどまらず、矛盾に陥るだろう。あらゆる場合にすべての女子を純潔にしておこうとする欲求は他の欲望と矛盾し、もし性的純潔を徹底的に追求すればマエ・エンガ族の男子が忍ばねばならぬと同様な不都合にいたるのだ。十七世紀スペインにおける名門の少女たちは、どちらを選んでも不名誉が伴うようなジレンマに陥っていた。例えばアヴィラの聖テレサ[*5]は、少女が誘惑された場合、兄弟か父親が復讐をしなければならないという社会で育てられた。

そこでもし彼女が恋人を受け容れれば、彼女は多くの男子の名誉と生命とを危険に曝すことになる。けれども個人としての彼女の名誉からすれば恋人には寛容でなければならず、あらゆる恋人を完全に拒否するといったことが不可能な以上、恋人に自己を与えざるを得ないのである。純潔への要求がさまざまな問題を生み出し、ある場合には奇妙な解決を生み出したという例はまことに多い。

こういった解決の一例は、間接的に純潔を求めるというものである。おそらく、初期キリスト教世界での処女性崇拝は、純潔への要求を代償的に満足させるといったことから独自の魅力を発散したのだ。現在では、ナンブデリ・ブラーマンは自己の姉妹を隔離幽閉することに異常な熱狂を感じており、それによって彼等は他の下層のカースト間におけるブラーマンの権威を高めているのである。カサイ地方のペンデ族[*6]には、族長が性的禁欲を守って生きるよう要求される部族がある。それによって一人の族長が、一夫多妻の部族民に代って部族の幸福を保障するのだ。族長がその地位につくのは明らかに青年期以後なのだが、彼の堕落を防ぐために部族民は彼の陰茎に鞘《さや》をとりつけて一生とりはずせないようにしてしまうのである（ド・スーベルグ[*7]）。

時として高度の純潔に対する要求が欺瞞を伴うこともある。チャガ族の成年男子は、成人式において肛門を一生塞いでしまったように装《よそお》うのが常だった。成人した男子は肉体的要求に支配される女性や小児とは異なって、排便の必要がないとされたのである（ラウム）[*8]。この見せかけのためチャガ族の男性が陥った面倒な状況を想像していただきたい。これらのすべてのことから引き出される教訓は、生の事実は混沌たる無秩序だということであろう。もし肉体のイメージから不快感を与えない側面だけを抽出するようなことをすれば、我々はそれだけ歪んだものを見る覚悟がなければならない。肉体とは多少小孔があいた水差しのようなものではないのだ。別の比喩を用いれば、庭とはつづれ織《タペストリー》のようなものではない。雑草をことごとく除去してしまえば地味は痩せてしまう。庭師は引き抜いた雑草を土に戻すことによってともかくも豊饒性を保たねばならない。ある種の宗教が異例なるものないしは忌むべきものを特別に扱い、それらをして善きものを生むための能力《ちから》たらしめるのは、雑草を鋤き返し芝を刈って堆肥《たいひ》を造るのと同じことなのである。

このことこそが、不浄なるものがしばしば新生の儀式に用いられるのはなぜかという問題に対する回答の一般的原理なのである。

純潔の規範が厳密に人生に適用されるときはいつでも、それはきわめて不快なものであるか、矛盾に到達するか、あるいは偽善にいたるかのいずれかである。あるものが拒否されたために消滅するといったことはあり得ないからである。公認された範疇に整然とはまり込むことができない部分は依然としてそこに在り、我々の注意を惹くであろう。すでに説明したように、肉体はあらゆる象徴体系の基本的図式となる。なんらかの点でまず肉体との関連をもたない穢れはほとんどなく、生命が肉体に宿る以上、肉体を完全に拒否することはできない。さらにまた、生命を拒否することが不可能であるとすれば、ウィリアム・ジェームズが述べたように、最も完全な哲学は一度拒否されたものを究極的に肯定するなんらかの方法を見出さなければならないのである。

もし悪が人間存在の本質的部分であり人生の解釈にいたる鍵であることを認めるならば、我々は宗教哲学において常に厄介な重荷であった難問に悩まされることになる。一神論が体系的宇宙哲学に発展したときはいつでも、それは……神は〈すべての中のすべて〉以下ではあり得ないとしてきた。この点においてそれは通俗的有神論と対立する……通俗的有神論は率直に多元論を認め……宇宙は多くの独立した原理から構成され……神は悪の存在に対して必ずしも責任はないとするのである。健全な精神的傾向をもった人々の信条は明らかにこういった多元論的見解を支持している。一元論を採る哲学者は、ヘーゲルと同じく、現実的なものはすべて合理的であり、悪は弁証法に必要な要素として世界のさまざまな間隙に挿入され、保持され、神聖化され、真理の究極的体系において果すべき機能をもっていることを認めなければならない。ところがこれに反して、健全な精神の持主はこの種のことをいうのを拒否するのだ。彼等によれば、悪はきわめて非合理的であり、挿入したり、保持したり、いかなる究極的真理の体系においても聖別したりすることはできないのである。それは神にとって純粋に嫌悪すべきものであり、神とはかかわりのない非実在であり、無価値な要素であって、放棄され否定さるべきものである……理想とは現実と共存し得るものではなくて現実から抽出したものにすぎず、それは悪という病的で劣悪な排泄物のようなものとはまったくかかわりがないことを特徴としているのだ。

すると、ここにきわめて興味深い考え方が出てくる……つまり、宇宙の要素として他の要素とともに合理的総体を構成することがない要素が、しかもそれ以外の要素が構成するいかなる体系からみてもきわめて異常かつ偶然的としか考えようがない要素が――いわば「汚物」とか場ちがいなものとしか考えようがない要素が存在する、という考え方が出てくるのである。(二二九頁)

このみごとな文章は汚物肯定型の哲学と汚物否定型の哲学とを比較せよといっているのである。もし複数の原始文化の間で同様な比較をすることが可能だとすれば、どのような発見をすることが予想されるであろうか。ノーマン・ブラウンによれば(第七章を見よ)、原始的呪術とは小児期の性的幻想と同じく現実からの逃避である。もしこれが正しければ、大部分の原始文化は〈クリスチャン・サイエンス〉[*9]と――つまりジェームズが健康な精神の実例とした唯一つのものと――同列に立つと予想し得るだろう。ところが、汚物とは終始一貫して拒否されるものではなくて、本章の冒頭に述べたように不浄を肯定するという異常な例を我々は知っているのだ。いかなる文化にも、宇宙を支配するあらゆる原理によって完全に悪だと認められる種類の行動とか自然現象とかがあると思われる。それとは別に、さまざまな種類のあってはならないもの、異例なもの、悪を含んだもの、忌むべきもの等がある。それらの大部分はそれぞれ程度に応じて咎められ、回避される。ところが突然、最も忌むべき行為あるいはあってはならない行為の一つが選択され、他の経験とは全然別種のものとしてまったく特別な祭式の枠組にとり入れられるのだ。この枠組が、通常の回避によって支えられる範疇をいかなる意味においても脅かしたり冒《おか》したりしないという保証となる。そういった祭式的枠組の内部において、汚《けが》れたものが巨大な能力《ちから》の源泉としてとり扱われるのである。こうして不浄なるものを含みかつ能力の源泉としている祭式は、ウィリアム・ジェームズのいう「より完全な宗教」の基礎になるであろう。

なるほど、いかなる宗教も事物の総体を矛盾なく調和させるといったことはあり得ないであろう。ある種の悪が高次の善に対して奉仕する場合もあるが、どのような善の体系にも参加し得ないほどに極端な形の悪もあり、この種の悪に関して宗教が現実にとり得る手段は、黙認するか目をそむけるか以外にはないようである。……しかしながら……悪の事実も善の事実に等しく自然の真正なる一部である以上、哲学的にはそれらがなんらかの合理的意義を有していると推論する以外はなく、健康なる精神の体系は、悲哀、苦痛、死といった要素に積極的・能動的意味で注目することはまったくできないから、この種の体系は、少なくともそれらの要素を包摂することだけは試みている体系に比べれば、形式的には不完全であると推論する以外はないだろう。従って最も完全な宗教とは、悲観的要素が最もみごとに展開されている宗教だということになるであろう……（一六二頁）

この言葉は、比較宗教学の試みの一般原則といっていいと思われる。つまり、人類学者には多くの部族的宗教の分類表を作成する義務があり、もしそれを怠ればその研究は不備であることを免かれないということになろう。しかしながら、「不完全で楽天的な」宗教と「より完全で悲観的な」宗教とを区別する最善の原理を提出することは容易ではないのだ。ここで方法の問題が大きく浮かび上ってくるのである。まず、どのような個々の宗教を扱うに際しても、祭式において回避されるものの目録を作成しあらゆる欠落を防ぐためには、細心・綿密でなければならないことは明らかであろう。それ以後の段階において、右に引用した一般的判断基準に従ってさまざまな宗教を区別するためには、客観的研究はどのような通則を必要とするであろうか。

この作業は客観的研究の範囲を完全に超えているというのが、その回答になるのである。これは、現在現地調査《フィールド・ワーク》が不十分だという技術的理由によるものではない。いや、現地調査が少なければ少ないほど、比較研究の計画は実行可能に見えるであろう。右のような回答を提出せざるを得ない理由は、素材の本質そのものにあるのだ。つまり生命をもった宗教はすべて、多元的なものだからである。公開の場における正式な祭祀は一連の教義を与えるだろう。しかし、そのような場における教義が、内奥の場で行なわれる秘儀で開示される教義と絶対に矛盾しないという理由はなく、さらにあらゆる正式の祭祀が相互に矛盾しないといったことや、またあらゆる秘儀が相互に矛盾しないという理由もない。つまり、祭式とは常に均一の内容をもつとする保証はないので、そうだとすればある部族における祭式の全体的印象が楽天的か悲観的かをいい得るのは研究者の主観的直観だけであろう。研究者は、自己の結論にいたる手続きとしてある通則に従ったり、悪を拒絶する祭式と悪を肯定する祭式の対照表《バランス・シート》を作ってその両者を公平に記録したり、あるいは祭式の重要性に応じてその記録に異なった評価を与えたりすることはできるだろう。しかしながら、どのような通則に従おうとも、研究者は恣意的であることを免かれないのである。そしてまた、このような方法によっては、研究者は公式の祭儀を研究したというだけにすぎないのである。というのは、公式の祭儀とは別に、祭式の形をとらない信仰、しかも祭式の趣意を完全に混乱させるような信仰もあるかもしれないからだ。さらにまた、聴衆は必ずしも説教者の言葉をきかないかもしれない。聴衆は高貴な悲観的宗教を信じているようにみえながら、それでいて彼等を実際に支配している信仰は明るく楽天的で、汚物拒否型に属するようなものであるかもしれないのだ。

例えば、もしレレ族の文化をウィリアム・ジェームズの図式によって位置づけなければならないとすれば、私は途方に暮れてしまうだろう。彼等は世俗的問題においても宗教的問題においても、高度に穢れの意識をもった種族である。彼等が事物を識別し分類する慣習は、食料となる動物の扱い方に最も明快に現われている。つまり、彼等の宇宙観の大部分と社会秩序の多くのものは、彼等の動物分類法に反映しているのだ。例えば、男子が食べるべき動物および動物の体の部分は限定されており、また、女子、小児、妊娠中の女子にもそれぞれ食べるべきものが定められている。まったく食用にならないとされるものもある。人間、特に女子の食用に不適当とされるものは、彼等の分類法に従えばなんらかの意味で曖昧なものなのである。彼等は動物を昼の動物と夜の動物とに、天の動物（鳥、リス、サル）と地の動物とに、水の動物と陸の動物とに、分類する。曖昧な生態の動物はこのように分類されたなんらかの動物の変種と見做され、ある種の人が食べてはならないとされる。例えばムササビは明らかに鳥でも獣でもないから、分別のある大人には回避される。小児はこれを食べてもいいが、模範的な女子は食べようとせず、男子は飢えに迫られたときにだけ食べることができるといった具合である。しかもこういった態度が刑罰を以て強制されるということは全然ないのだ。

彼等の分類法はおおよそ、中心を共有する二個の円として図式化することができる。人間社会を表わす円は、狩人や易占師《うらないし》としての男子と、女子、小児、および変則的なものとして人間社会に住む動物とを含んでいる。人間の集落に住む人間以外の動物は、イヌやニワトリのような家畜と、ネズミやトカゲのように人間社会に寄生する厄介な動物とに分れる。イヌやネズミ、トカゲといったものを食うことは考えられない。食用にすることができる肉は狩人の矢や罠を用いて原野で捕えた獲物でなければならないからである。鶏肉の問題は少々詭弁を要するが、レレ族は、鶏肉は男子には許されるばかりでなく好ましいものだけれども女子にはふさわしくないと考えることによって、この問題を解決している。ヤギは最近にいたってはじめて彼等が知ったものであるが、他の部族との交換のために飼育するので、自らは食用に供しない。

こういったやかましい区別を一貫して追求していくと、彼等の文化は汚物拒否型の観を呈することになろう。しかし、重要なのは最後の段階で見られることなのである。大体において彼等の正式な祭祀は、人間・動物・男子・女子・若者・老人等々といった範疇を区別することが基礎になっている。ところが彼等は、通常危険かつ禁制とされているものを——つまり肉食動物、獲物の胸郭、幼獣等を——特別の資格を得た者に食べさせる一連の儀式を行なっているのである。日常生活では忌み嫌われるはずの異例なる動物をこのような秘儀においては恭しく食べ、豊饒の最も強力な源泉と見做しているのだ。この点にいたって、先ほどの園芸の比喩を用いれば、それは結局堆肥型の宗教であることが理解されるであろう。一度拒絶されたものが、新しい生命のために再び土に鋤きこまれるのである。

人間世界と動物世界とは相互に独立したものではない。レレ族の考えによれば、大部分の動物はレレ族の狩人の獲物になるために存在している。ところが、穴居性であると夜行性であると水棲であるとを問わず、動物世界に棲む動物でないもの（つまり精霊）と特別の関係にある精霊動物なるものがある。人間が繁栄し生殖力をもち治癒能力をもつのは、そういった精霊のためだとされるのである。人間の活動は、通常、集落から出て動物界から必要とするものを獲得することである。動物や精霊の特徴として彼等は人間を避け、彼等の方から進んで人間世界に侵入することはない。男子は狩人や易占師《うらないし》として人間世界とは異なった動物世界の両面を利用し、食肉と医薬とを求める。女子は弱く傷つき易いので、集落外においては特に男子の活動に頼る。女子は精霊動物を避け、その肉を食べない。女子は狩人になることはなく、双生児に生まれたり双生児を生んだりしたときにのみ易占師となる。人間界と動物界との相互作用においては女子の役割は受動的であるが、にもかかわらず、女子は特に精霊の助力を必要とする——というのは、女子は不妊になることが多いし、また妊娠しても流産することが多いが、精霊はそれを治癒することができるからである。

女子や小児のために男子が狩猟をし祭式を司るというこういった通常の関係とは別に、人間と野獣の間に介在する二種類の橋がある。その一は悪をもたらすもの、その二は善をもたらすものである。第一の危険な橋は、邪術師となった人間が不法にも同胞を裏切って動物に忠誠を尽すことで架けられる。彼等は仲間に背を向け、追われる動物に与《くみ》して狩人と闘い、治癒ではなく死をもたらすために易占師の邪魔をする。また彼等は動物界に移り住み、逆にある種の動物を人間界に追いやる。これが彼等の同族たる肉食の小悪魔共であって、人間集落からニワトリを盗み、人間界で邪術師の業《わざ》をするのである。

人間と動物との第二の橋は善をもたらすもので多産にかかわっているが、そのありようは曖昧である。人間が出産する場合には苦痛と危険とが伴うのが自然であり、しかも生まれる児は通常一人である。これと対照的に、動物は生まれつき多産だと考えられており、動物の出産は苦痛や危険を伴わず、しかも通常一度に二匹ないしそれ以上を産む。従って、人間が双生児や三ツ児を生めば、それは通常の人間的限界を超え得たことになる。これはある意味では異例だが、最もめでたい意味で異例なのである。動物界にもこの種のものに対応するものがあり、こういった良き意味での怪物をレレ族は正式な儀式によって崇拝している——それがセンザンコウすなわちウロコの生えたアリクイである。センザンコウの存在は動物的属性のすべてに明白に矛盾している。それは魚と同様にウロコがあるのに木によじ上る。哺乳類というよりは卵生のトカゲに似ているけれども、幼獣に乳を与える。そしてレレ族にとってその最大の意義は、他の小型哺乳類とは違って一匹しか子供を生まないことであるのだ。さらにまた、それは人間から逃げたり人間を襲ったりせず、おとなしく体をまるめて狩人が通り過ぎるのを待っている。こうして、人間界における双生児の両親と森林界におけるセンザンコウとが、豊饒の源泉として祭式にとり入れられるのである。センザンコウは嫌悪されたり完全な異例とされたりすることなく厳粛な儀式にとり入れられ、新たに成人の資格を獲得した者はそれを食べることによって仲間に多産性を与えることができるとされるのである。

これが動物界と人間界とを繫ぐ神秘の絆であるが、これは、エリアーデがシャーマニズムの説明で述べた興味ある例と——つまり霊との仲介者としての人間と——対応するものを多くもっている。また、レレ族がセンザンコウの行動やセンザンコウ崇拝の態度について語る言葉には、旧約聖書のある部分に関するキリスト教的解釈を不思議にも想起させるものがある。林叢《やぶ》にかかったアブラハムの雄羊[*10]の如く、あるいはキリストの如く、センザンコウは進んで犠牲になったといわれるのだ。センザンコウは捕えられるのではなく村に入って来るのである。それは王者としての犠牲であって、部族民はその屍体を生きている族長のように扱い、また族長に対すると等しい敬意をこめた行動をとらなければ、将来、大いなる災殃《わざわい》が来るとされる。もしセンザンコウの儀式が忠実に執行されれば、女子は妊娠し、獲物は狩人の罠に落ち、あるいは矢に斃れるであろう。センザンコウの秘儀は悲しみの秘儀なのである。

秘儀への参加を許された者がセンザンコウの屍体をもって集落をめぐり歩くとき、彼等は「今や我等苦しみの家に入らん」と歌う。私は、好奇心を焦《い》ら立たせるこの一節以外には、センザンコウの儀式の歌詞を教えてもらえなかった。この儀式がきわめて多様な意味をもっていることは明らかであるが、ここではその二つの面にかぎって論評を加えることにしたい。その一は、この儀式が、対立するものを統一して善きものを生む能力《ちから》の源泉とする方法についてであり、その二は、センザンコウが進んで自らの死を甘受すると思われることについてである。

第一章において私は、穢れの研究のためには、通常考えられている以上に幅広い方法で宗教に近づくことが必要なのはなぜかを説明した。宗教とは霊的なるものの信仰であるといった定義では、狭きに失するのである。なかんずく本章の主題は——贖罪の行為において一切の経験を統一し、かつまた特異性と隔絶性とを克服しようとする人間共通の衝動に照らしてでなければ——考察することができないのである。対立物を劇的な形で結合するという作用は、心理学的には申し分のない主題であり、さまざまな次元における解釈の余地が十分に残されているであろう。しかしそれと同時に、対立物を見事に統一してみせる祭式は、その本質において宗教的主題を伝達するにふさわしい手段でもあるのだ。レレ族におけるセンザンコウの秘儀は、多くの同様な例の中の一つにすぎない。つまり、それははじめて秘儀への参加を許された者を一変させ、彼等をとり囲む文化の基礎をなす分類原理に直面させ、さらにその原理は虚構で人工的で恣意的なものにすぎないという実体を認めさせようとする儀式なのだ。レレ族は日常生活において、そして特に宗教的生活において、形式には常に大きな関心をはらっている。彼等は自己の社会と文化的環境との基礎となる分類原理を絶えず行動の基礎とし、回避に違反した行為にはきちんとした罰を科し、またそういった行為は不幸を招くとしている。このような厳格な規範は彼等にとっては重荷ではないらしい。むしろそういった規範を通して彼等は、天の動物は地の動物と本質的に違うとか、妊娠した女子が地の動物を食べるのは危険だが天の動物は栄養になる等々の観念に応じた生き方をしようと、意識的に努力しているのである。彼等の食事は、明らかに宇宙観の中心となる分類原理を生活に移した一例であるが、それは古代イスラエル人が行なった聖潔の典礼とほぼ同じものなのである。

ところが、彼等の宗教的生活の深奥には、センザンコウの秘儀がある。はじめてこの秘儀が許された者は、それを知らない者の生命をも奪うほどの危険を免かれ、センザンコウに——これはレレ族の文化では相互に矛盾すると考えられるあらゆる要素を一身に結合した動物なのだ——近づき、殺し、食べるのである。この儀式の契機に最も近い哲学を西欧哲学の中から選ぶことができるとすれば、はじめてセンザンコウを食べた若者は初期の実在主義者のようなものであろう。この祭式の秘儀によって、彼等は自己の経験を形成してきた分類原理に内在する、恣意的でしかも伝統的な本質といったものを多少とも認識するのだ。もしレレ族が曖昧なるものを徹底的に避けようとすれば、彼等は理念と現実とは別のものだということを認めざるを得なくなるであろう。ところが実際は、彼等は端的なしかも凝縮した形における曖昧さを直視しているのである。つまり彼等はあえてセンザンコウを捕え、祭式に用い、この祭式は他のいかなるものより強大な能力《ちから》をもつと公言するのである。それ故にセンザンコウの儀式は、聖潔と汚穢との本質について、また一切の存在に関する人間の思考の限界について、我々が深く思いをこめる契機となり得るのである。

センザンコウは宇宙的分類法を超えているというだけではない。それは死ぬことによって幸福をもたらす能力を解放するのであり、しかも進んで死を選ぶのである。もしレレ族の宗教がこのような点で一貫性を示すとすれば、この事例からそれを汚物肯定型に分類し得るだろうし、彼等は諦念を抱いて苦悩に対処し、死を贖《あがな》いと再生との愉《よろこ》ぶべき儀式としていると予想することができよう。ところが現実に家族の一員が死に襲われると、センザンコウの秘儀という特殊な祭式の枠組内では申し分のなかった形而上学的観念が、まったく別のものに変ってしまう。つまり、彼等は現実に起こった死を完全に拒否するのだ。

アフリカの部族の中には自然死の可能性を認めないものがある、といったことがしばしばいわれている。レレ族は馬鹿ではないから、生命には必ず終りがあることを認めてはいる。しかし彼等は、自然の成り行きに従って進行すれば、誰でも天寿をまっとうして徐々に老衰し墓に入ると考えているのである。このような事態を迎えたとき、彼等は歓びを示す——なぜならば、こういった老人男女は人生のいたる所にある陥穽に陥ることなく生をまっとうしたからである。ところがこの種のことは現実にはほとんど起こらないのだ。ほとんどの人間は自然死を迎えるずっと以前に、邪術によって殺されると彼等は考える。そしてレレ族の理解では、邪術は自然界の事物の秩序には属していないのである。それはいわば時宜を失した思いつきのようなものであり、天地創造の際に発生した事故のようなものである。彼等の文化におけるこの側面をみれば、彼等はジェームズのいうところの健康なる精神のよき例となるだろう。レレ族にとって、悪は世界の全体系中には包含され得ず、容赦なく追放しなければならないものだからである。すべての悪は邪術によって生ずるのだ。彼等は、邪術が存在しなければ現実はどのようになるかを明確に想像し得るし、彼等は邪術師を根絶することによってそういった事態を実現しようと絶えず努力しているのだ。

現実界から悪を排除しようとする形而上学をもつ民族の思考法にはすべて、至福千年説[*11]に似た強い傾向が内在している。レレ族におけるこういった傾向は、周期的にくり返される邪術調伏の儀式に爆発的な形で思われる。新たにこの儀式が行なわれるたびごとに、それは一時的には彼等の伝統的宗教の体系の一切を焼き尽してしまうのである。彼等のさまざまな祭祀は、異例なるものを肯定したり拒否したりすることによって精密な体系を創り上げているのだが、周期的に邪術調伏の儀式が行なわれるたびごとにそれは精妙な全体系を無意味にしてしまうのであり、そしてこの儀式こそ直ちに至福千年を招来しようとする試みにほかならないのだ(ダグラス、一九六三年論文を見よ)。

かくして我々は、レレ族の宗教における二つの傾向を考慮にいれなければならぬことになる。その一は、思考の不可避的限界によってもたらされる曖昧さを剝ぎとって現実を直視しようとするものであり、その二は、必然性の否定、つまり現実界における苦痛あるいは死の地位すらをも否定しようとするものである。従って、ウィリアム・ジェームズの提出した問題は、これらのどちらの傾向がより強いのかという問題に変ってくるであろう。彼等の世界観におけるセンザンコウ崇拝の位置が上述の通りだとすれば、それは多少とも乱痴気騒ぎを伴ったものであると──つまりアポロ的形式を一時破壊するようなものであると──予想されるだろう。もしかしたら、センザンコウの聖餐式ともいうべき饗宴は、発生期においては現在よりディオニュソス的なものだったのかもしれない。しかし今では、レレ族の祭式には秩序を攪乱するような気配はまったくみられないのである。彼等は麻薬、舞踏、催眠術または身体の意識的抑制を弛めるような手段はなに一つ用いない。トランス状態において森の精霊と直接の霊的交流をすると考えられ、精霊が現われれば一晩中でも歌いかけるという易占師《うらないし》ですら、その歌い方は落ち着いた厳粛なやり方なのである。彼等は、人間としての完成や最も充実した意味での宗教的合一感の達成のために宗教がなし得ることよりは、生殖力・治癒力・狩猟の成功等のために宗教がもたらし得ることに、より強い関心を抱いている。従って彼等の祭式はほとんどすべて、真の意味での呪術的儀式であって、個々の病気の治療のためとか特定の狩猟の前夜とかに行なわれ、直接かつ明白な形の成功をおさめることを目的としている。概してレレ族の易占師は、魔法のランプをこすって奇蹟が起こるのを待っているアラジンと同じなのである。ただセンザンコウの秘儀だけは、こういった祭式の中にはそれとは別の次元の宗教的洞察があることをわずかに教えてくれるのだ。しかしながら、彼等が邪術や邪術調伏に専心しているため、この秘儀に含まれる教義はその種のものに隠蔽されてしまったのである。というのは、邪術を告発する際には常に、その結果によって政治的・個人的大問題が左右されるからである。つまり、邪術師を発見したり邪術師の疑いを晴らしたりする儀式、あるいは邪術を破ったり邪術で損われたものを回復したりする儀式が、部族民一般の関心を惹きつけてしまうのだ。共同体の強い圧力によって、人が死亡するたびに邪術のせいだとされてしまうからである。かくしてレレ族の正統的宗教が、宇宙の本質、混沌の位置、現実界における苦悩や崩壊等々に関してどのようなことを教えようとも、彼等はそれとは別の思考を共同体から強制されるようになる。この思考に従えば、悪は事物の正常な体系の外部にあり、現実の一部ではないことになろう。従ってレレ族は、〈クリスチャン・サイエンス〉を信奉する人々と同じく、落ち着いた微笑をうかべているかのようにみえるのである。ジェームズの図式によってレレ族を分類するとき、彼等本来の宗教的儀式ではなく、それとは別に周期的に現われてその伝統を覆してしまう信仰を基準にすれば、彼等はまったく健康な精神をもち、汚物を拒否し、高貴なるセンザンコウの教訓などとは関係のないかのように見えるのだ。

死の問題をすべて回避しようとする部族の一例としてレレ族をとり上げることは、不当であろう。私が彼等の例をひいたのは、主として、この種の問題に対する一つの文化の姿勢を評価することがいかに困難かを示すためである。彼等の内奥の教義は祭儀を司る男子が厳重に守っている秘密であるため、私がそれについて知り得たところはきわめて僅かであった。だがこの種の秘密主義自体が重要なのである。彼等の南東方に住むヌデンブ族の祭祀では、祭儀参列の規制がはるかにゆるやかであり開放的であるが、レレ族においてはこれと明らかに対照的に、宗教的秘儀が厳守されている。さまざまな社会的理由の故に祭司たちが教義の秘密を守っているとすれば、その結果人類学者の報告に誤りがあったとしてもやむを得ないだろう。宗教的教義が開放的であればあるほど、邪術への恐怖がそれを隠蔽してしまう可能性は少ないのである。

さて、レレ族は死という事件に遭うと、まず復讐という考えをもつようである。どのような個々の死も止むを得ないものとはされず、下劣で、反社会的な人間の邪悪な犯罪によるものとされているからである。一切の穢れの象徴体系が結局肉体によって表わされるように、穢れの観念が最終的に行きつく問題は肉体の崩壊すなわち死である。死はあらゆる形而上学的体系に挑戦するものであるが、この挑戦は必ずしも正面からうけとめられていないのだ。つまり私がいいたいのは、レレ族は個々の死を、裏切りとか人間の悪意とかいった個人的行為の結果として扱っているが、そうすることによって彼等は死のもつ形而上学的意味の問題を避けているということなのである。センザンコウの秘儀は、人間の思考が生み出した範疇の不完全さを補おうとするものではあるが、それに参加を許されるものはごく少数であり、しかもそれは彼等がもつ死の経験と明白に関連させられることはないのである。私は、レレ族におけるセンザンコウの秘儀をあまりに重要視しすぎているといわれても仕方がないかもしれない。この儀式の意味を述べたレレ族の神学書・哲学書等はまったく存在しない。レレ族が言葉を尽くして私にこの秘儀の形而上学的意味を述べることはなかったし、私には祭司たちがこの問題について語りあっているのを立ち聞きした経験もない。事実私は、レレ族の食物における回避の理由を明らかにしようとする研究が挫折したので、彼等の宇宙観のモデルを造って動物による象徴体系に近づこうとする作業を開始したのであり、このことはすでに報告した通りである(一九五七年)。レレ族は「異例なる動物は我々の宇宙における分類原理に矛盾し、深刻な不安感をもたらすが故に、異例なる動物を避けるのだ」といったことは決して口にしない。むしろ彼等は回避した個々の動物について、博物学的な説明を長々しく語るのである。そういった異例な動物の一覧表を完成することで、私は彼等が用いている単純な分類原理を明らかにすることができた。けれども、センザンコウについてはあらゆる異例な動物の中で最も信じ難い描写が常に行なわれた。最初にその話を聞いたとき、それはあまりに空想的なもののように思われて、私にはそのようなものの存在が信じられなかったほどである。センザンコウがなぜ豊饒と多産との儀式の中心になっているのかを訊ねたとき、私は再び落胆した。これははるか昔の先祖たちの秘密だというのである。

この祭式の意味を——いやこれにかぎらずいかなる祭式の意味でも——明らかにする証言を求めるのは、無理なことではなかろうか。その種のものは、多くの異なった次元の、多種多様な意味をもち得るからである。しかしながら私が論拠としている意味は、一つのモデルから——それによってばらばらの各部分を整然と繋げられるのだと明らかに証明し得るような一つのモデルから——現われてくる意味である。どんな共同体でも、この種の全体的モデルを意識している構成員はきっと一人もいないだろう。それは、ある言語で話しているからといって、その言語の全体的構造について明快に説明できるわけではないのと同じである。リュック・ド・ウーシュ[*12]は私の報告した資料を分析し、センザンコウはレレ族文化の中心にある識別作業において私が考える以上に重要であり、それこそがセンザンコウの意味だと述べた。しかし、彼等がなぜセンザンコウを祭式にとり入れ、殺して食べるのかについての私の解釈が正しいことは、他の原始的宗教においても同様な形而上学的思考が記録されていることによって明らかにし得るであろう。さらにいえば、体系的信仰とは、通常原始的文化がもつとされている以上に深奥な次元のものを反映していなければ、生き残る可能性が少ないのである。

ほとんどの宗教は、祭式によって外的事象になんらかの変化をもたらすことを保証している。しかしそれがどのような保証を与えようとも、死が避けられないことは認めているのである。普通、形而上学的意味で最高の発展をとげた宗教は最も深刻な悲観論《ペシミズム》を伴い、現世的価値を軽視すると考えられている。例えば、仏教のような宗教が、個々の生はとるに足りないものであり、人生の快楽は一時の果敢《はか》ないものであると教えるとき、それは、遍在する〈実在〉の宇宙的目的といった脈絡において死を静観しようとする堅固な哲学的立場に立つのである。大体において、原始的宗教と一般の人々が受け容れている宗教哲学とは——これは原始的宗教よりも一層精巧であるにもかかわらず——一致するところが多い。すなわち一般人は、哲学的関心よりは、儀式や道徳の遵奉がもたらす物質的利益に対する関心が大きいのである。しかしながら、儀式がなんらかの手段として効果的であることを最も強調する宗教は、これに対する疑惑が提出されたときに最大の弱点を露呈する。信者が祭式を健康と繁栄とにいたる手段として——つまり、こすれば効験が顕われる魔法のランプのようなものとして——考えるにいたったとき、祭式の規範がすべて空虚かつ無意味なこけおどしに見える時が必ず来るのである。そこでなんらかの段階で、信仰が失望に終らないための歯止めがどうしても必要になるのであって、さもなければ信仰を繋ぎとめることはできないであろう。

祭式への疑惑を抑える一つの方法は、共同体の内外に敵がいて、それが絶えず祭式の効果を消滅させていると考えることである。この考えを採れば、道徳観念に欠けた悪霊とか妖術師とか邪術師等々に責任を転嫁することができるだろう。しかしこれは微力な歯止めにすぎない。というのはこの方法は、信者が祭式を目的実現の手段とすることは正しいと主張しながら、祭式は目的の達成には不十分であることを認めざるを得ないからである。こんなわけで、悪鬼や邪術と関連させて悪を説明する宗教は、全存在を包括的に理解する方法を提出することはできないだろう。つまりこの種の宗教は、楽観的で健全な精神を有する多元的宇宙観に近づくのだ。ところがまことに奇妙なことに、ウィリアム・ジェームズが健全な精神の哲学にとって模範としている〈クリスチャン・サイエンス〉は、特別に一種の悪魔論を案出することによって、悪に対する考察の不完全さを補足しようとする傾向をみせるのである。メアリ・ベーカー・エディ[13]は、どうしても無視することができない悪を説明するものとして「悪意ある動物磁気《マグネティズム》」の存在を信じていたというが、このことを私はローズマリー・ハリス[14]を通して知ることができた。このことに関して私は同氏に感謝の意を表しておきたい（ウィルソン[15]、一九六一年、一二六―一二七頁）。

祭式は現実に繁栄をもたらし得るとする信仰を守る第二の方法は、祭式の効果は多くの困難な条件にかかっているとするものである。そのうちの一つに、儀式とはきわめて複雑で執行しにくいものだとする考え方がある——つまり、どんなにささいな事柄でも順序が狂ったりすれば、すべてが無効になるとするのである。これは手段としての有効性が少なく、最も悪しき意味において呪術的な方法であろう。ところで他方では、儀式の成否は道徳的条件如何にかかっているとすることもできる——つまり、祭司も会衆も罪を犯さず、悪意を抱かず等々といった正しい精神をもっていなければならないとするわけである。祭式が効力をもつためにはだれもが倫理的でなければならないとする立場をとれば、信者に、その宗教の最高目的に奉仕しなければならないと思いこませることができるのである。「破滅だ、破滅だ、破滅だ」と叫んだイスラエルの預言者たち[*16]は、なぜ祭式が平和と繁栄とをもたらし得なかったかという理由を説くといったことより、はるかに大きなことを意味していたのだ。このような預言者たちの言葉を聞いた者は、祭式をせまく呪術的なものとする見解を抱くことはあり得なかったであろう。

第三の方法は宗教的教義がいわばジグザグのコースを辿ることである。それはほとんどの日常的状況においては、信者が道徳律を守り正しい祭儀を執行すれば、彼等の作物は実り家族は栄えると教えている。ところが別の状況においては、こういった敬虔な努力はすべて軽んじられ、正しき行動なるものが蔑まれ、実利的目的が突然嘲けられるのである。このような場合、その宗教が突然変質して現世における幻滅のみを約束し諦観を説くものになったということはできないだろう。しかしそれは多少ともこういう方向に変針しているのである。例えば、ヌデンブ族で〈チハンバ〉の秘儀にはじめて参加を許された人々は、彼等の祖父であり豊饒の源泉であると教えられてきた白き精霊を殺さなければならない。精霊を殺した後、彼等にはなんらの罪もなく、かえって喜び祝わなければならないと教えられるのだ(ターナー、一九六二年)。ヌデンブ族の日常的祭式は、健康と豊かな獲物とを獲得する手段として行なわれるという色彩がきわめて濃い。〈チハンバ〉は彼等の最も重要な儀式であるが、これは彼等が幻想から離脱する瞬間なのである。これによって、彼等の他の祭式が疑惑を免かれるようになるというわけではない。むしろターナーの主張によれば、秘儀〈チハンバ〉の目的は、他のいかなる手段によっても表現し得ない真理を表わすために、逆説と矛盾とを用いることなのである。つまり〈チハンバ〉の儀式において、彼等は一層深遠な現実に直面し、祭式の目的を日常性以外の基準によって測るようになるのである。

一面において物質的成功を保証しようとするきわめて多くの原始的宗教は、他面ではほぼ右に述べたような方法で視野をそれ以上に拡大し、そのことによって素朴な体験から生まれる疑惑を免かれていると私は想像したい。なぜならば、健康とか幸福とかいった実利面に焦点をしぼりすぎた場合、宗教は不信を招きがちだからである。そこで我々は、宗教が与えた確約が成就されずして信仰の否定を招くという論理そのものが、秘儀の祭司をして、悪や死といった広漠かつ深遠なる主題を考察せしめるにいたったと考えることができるであろう。もしこの想像が正しければ、最も実利主義的外観を呈する宗教は、一連の儀式を執行していく中のある重要な時点で、生と死とを究極において統一する逆説の儀式を演出すると予想し得るのである。このような地点において、死の汚穢《けがれ》に積極的・創造的役割を与えることができれば、それはこういった形而上学的矛盾を統一する援けとなり得るであろう。

その一例として、ニアサ湖北方に住むニアキュサ族の死の儀式をあげることができる。彼等は不浄と狂気とをはっきりと結びつけている――つまり、狂人は汚物を食べるとされているのだ。彼等の狂気には二種類あって、その一は〈神〉が下すものであり、その二は儀式を怠ったことから生ずるものとされる。かくして彼等は明らかに、儀式は識別力と知識との源泉だと考えているのである。狂気の原因がどちらであろうとも、その徴候は等しい。狂人は汚物を食べて自己の衣服を脱ぎ棄てるという。汚物とは排泄物・泥・カエルとされており、「狂人が汚物を食べるのは死が不浄であるようなもので、それらの糞便は死体に等しい」(ウィルソン、一九五七年、五三頁、八〇―八一頁)のである。従って、儀式は健全な精神と生命とを守り、他方狂気は不浄をもたらすと同時に一種の死であるということになる。儀式は生と死とを切断する――というのは「死者が生者から隔離されなければ、生者に狂気をもたらす」からである。これは儀式の機能に関するきわめて明晰な考え方であり、我々がすでに第四章一六〇―六一頁で見たところのことと同じことになろう。さてニアキュサ族は不浄を許さず、この上なく穢れを意識する種族である。彼等は、肉体から分離したものを非常に危険だと考えており、その種のものとの接触を避けるために複雑な禁制を遵守している。

〈ウバニアリ〉つまり穢れは屍体や殺された敵の血からばかりでなく、性的分泌物、月経および出産からも移ると信じられている。これらすべては忌むべきものであると同時に危険でもあり、特に性的分泌物は幼児にとって危険である。(一三二頁)

月経血との接触は男子にとって危険であり、特に戦士にはそうである。従って、月経中男子のために食事を用意するには複雑な禁制がある。

ところが日常生活におけるこうした回避にもかかわらず、葬儀の中心的所作はすすんで穢れを受け容れるという所作なのである。家中のがらくたは一切、送葬のために集まった人々に引き渡されてしまう。ニアキュサ族の言葉を借りれば、「このがらくたは死の廃物で、不浄なものです。『来るなら今だ、わたしらの気がふれないように、あとから来たりしないでおくれ……』とわたしらは唱えます。これは『わたしらはなにもかもあなたに差しあげた、かまどの穢れも食べ尽した』ということです。どうしてこんな言葉を唱えるかというと、気がふれると汚物や糞便を食うからです……」(五三頁)という次第なのである。この儀式の解釈についてはそれ以上に深い含蓄があるだろう。しかし、ニアキュサ族のこの短い言葉が示している地点で、我々の解釈を止めておきたい。すなわち、死の象徴をすすんで受け容れるという行為は死の影響を免かれる一種の予防法であり、死の祭式を執行することは死に対してではなくて狂気に対しての防御法なのである（四八―四九頁）。他のあらゆる場合、彼等は糞便や穢れたものを回避し、それを回避しなければそれは狂気の徴候だと考えている。けれども、死そのものに直面したとき、彼等は狂気を防ぐために一切を放棄し、狂人同様不浄なものを食べたとさえ主張するのである。肉体の穢れを公然と認める儀式を怠れば狂気に捉えられるが、その儀式を執行すれば正気が保証されるというのである。

死を進んで迎えることによって死の力を弱めるというもう一つの例は――このような表現が許されるものとしての話だが――ディンカ族が老いた〈スピアマスター〉の生命を奪うという殺人の儀式であろう。これはディンカ族の宗教における中心的祭式である。彼等の執行するあらゆる儀式やさまざまの意味を表現する血なまぐさい供犠は、この祭式と比較したとき重要性を失ってしまう。これは供犠といったものではないのだ。〈スピアマスター〉とは世襲による祭司の一族であり、彼等の神性すなわち〈肉〉は生命と光と真理との象徴である。いや彼等自身がおそらく神性を所有しているのであって、彼等が捧げる供犧や彼等が与える祝福は他の人々のものよりもはるかに効験をもつとされる。彼等は自己の部族と神々との仲介者なのである。〈スピアマスター〉の生命を奪う儀式の根底をなす教義は、〈スピアマスター〉が息《いき》を引きとるとき、彼の生命がその息とともに死にゆく肉体から逃れ去ることを許さないとするものである。彼の肉体の中に生命を閉じこめておくことによって彼の生命は保持されるので、このようにして〈スピアマスター〉の霊は、共同体の幸福のため彼の後継者に伝えられるのだ。共同体は、祭司の勇敢な自己犠牲の故に、合理的秩序を保って生き続けることができるというわけである。

　この地を訪れた人々の風評では、この儀式はあわれな老人を残忍にも窒息させるものだとされていた。しかしディンカ族の宗教的観念を詳しく研究することによって、その中心主題は、老人が自己の死の時期と方法と場所とを自ら選ぶことにあることが明らかになった。老人自身が自己の死を用意せよと共同体の人々に依頼するのであり、しかもその目的は彼等を幸福にすることなのである。彼は自然死が予想される以前に恭しく墓所に運ばれ、墓所に横たわって、悲歎にくれる息子たちに最後の言葉を述べる。このように彼が自由かつ主体的に決心することにより、彼は死からその時期と場所との不確定性を奪ってしまうのだ。墓地という儀式的枠組の内部において彼がすすんで死ぬことが、同じ共同体に属する人々すべての勝利なのである（リーンハート）。死に直面し死をしっかりと捕えることによって、彼は生の本質について共同体の人々になにかを教えたことになるのだ。

　ここに例を挙げた二つの死の儀式に共通な要素は、死との出会いにおいて自由かつ理性的な選択を行なうということであろう。これとやや似た観念はレレ族においてセンザンコウが自ら犠牲となる場合にも見られ、またヌデンブ族の祭式において〈カヴラ〉を殺す場合にも見られる——というのは、この白き精霊は、殺されるとき、怒りを抱くどころか喜びさえ感ずるとされるからである。死の穢れが悪しきものの徴証《しるし》から善きものの徴証へと逆転され得るならば、それはこういった主題までをも表現し得るにいたるのである。

動物や植物は、宇宙的秩序の内部においてそれぞれの任務を果していかざるを得ない。それらは、自然に命ぜられるままの行動をすることによって生きる以外に選択の余地がないのである。時として奇妙な変種あるいは個体が出現すると、人間はそれに対してなんらかの回避反応を示す。異例な行動に対するこういう反応そのものが、一切のものは世界を支配する原理に正しく一致するはずだ、という期待を表わしているのである。けれども人間が人間としての経験を重ねるうちに、自分自身がそれほど正確に宇宙的原理に一致していないことを知るようになる。罰、道徳的圧力、接触や食事を禁ずる規制、厳格な祭式の枠組、こういったものはすべて、人間を他の存在と一致させる作用を多少とも果しているのである。しかし、その一致が自発的なものでないかぎり、達成された調和は不完全であるだろう。ここで再び我々は、原始的実存主義者ともいうべき人々——すなわち必然性の連鎖から逃れるためには自ら選びとる以外の道がないとする人々——を認め得るのだ。死の象徴あるいは死そのものを進んで受け容れるとき、善きものを生む偉大な能力《ちから》が解放されるだろうという実存的思考は、まさに、我々が今まで見てきたすべてのものと一致するのである。

自分を殺せという合図をする老いた〈スピアマスター〉は、厳格な祭式的行為をしているのである。その行為は、裸形で汚物の中をころげ回り〈姉妹なる死〉を迎えようとしたアッシージの聖フランチェスコ[*17]のようには豊かな意味を有していないだろう。しかし、老〈スピアマスター〉の行為は聖フランチェスコと同じ神秘にかかわっているのである。もし死と苦悩とが自然の不可欠な一部ではないと考える人がいたとすれば、その幻想は正されるであろう。もし祭式を魔法のランプと——ちょっとこすれば無限の富と力とが出てくる魔法のランプと——同様に扱おうとする気持があったとすれば、祭式にはそれと異なった側面があることが示されるのだ。またもし体系的価値観が幼稚なほど実利主義的であったとすれば、その基礎は逆説や矛盾によって根底から揺るがされるのである。このような暗い主題を描き上げるためにこそ汚穢の象徴が必要とされるのであって、それはいかなる画においても黒の使用が必要なのと同じことなのである。我々が聖なる時、聖なる場の奥深く、不浄なるものが秘められているのを見るのは、まさにこのことの故にほかならないのである。

＊1　ナイジェリア南西部にある州。
＊2　Morton-Williams, Peter　イギリスの社会人類学者。

＊3　Sitwell, Sacheverell（1897-1988）　イギリスの詩人・美術評論家。姉、兄シットウェルも有名な詩人である。十数編の詩集があり、五八年に来日、日本印象記もある。

＊4　Campbell (Dunnachie), Ignatius Roy（1901-57）　イギリスの詩人。ロマンティックな情熱と知的な諷刺を特徴とする。

＊5　Saint Teresa of Avila（1515-82）　スペインの修道女。カルメル会を改革した。

＊6　コンゴ民主共和国の一部。

＊7　de Sousberghe, Leon（1903-2006）　ベルギー生まれの聖職者。初め哲学や法律学を学んだが、後に人類学に転じ、メキシコのイベロ・アメリカン大学教授等をつとめた。

＊8　Raum, Otto Friedlich　ドイツの社会人類学者。

＊9　十九世紀中頃アメリカに起こったキリスト教の一派で、医薬を用いず信仰の力によって病気を癒そうとするのが特色である。

＊10　アブラハムが我が子イサクを燔祭に捧げようとしたとき、主の使が現われ、同時に木の茂みに角をとられている一頭の雄羊がいた。そこでアブラハムはこの雄羊をイサクのかわりに燔祭としてささげた。創世記第二十二章九―十三節参照。

＊11　キリストが再臨してこの地上を統治するという神聖な千年間。「……イエスの証しと神の言葉のために、首をはねられた者たちの魂（が）」……「生き返って、キリストと共に千年の間統治した。……これが第一の復活である。第一の復活にあずかる者は、幸いな者、聖なる者である。……」ヨハネの黙示録第二十章参照。

＊12　de Heusch, Luc（1927-　）　ベルギーの文化人類学者。ブリュッセル大学教授等をつとめた。

＊13　Eddy, Mary Baker（1821-1910）　アメリカの女流宗教家。クリスチャン・サイエンス教会

の設立者。

*14　Harris, Rosemary（1923-　）　イギリスの女流作家。

*15　Wilson, Bryan R.（1926-　）　イギリスの宗教学者。オックスフォード大学教授。

*16　ダグラスが旧約聖書のどこを指しているのかは、正確にはわからない。ただし、イスラエルの民が正しい心をもたなければ「祭式が平和と繁栄」をもたらすことはないといった趣旨の言葉は、いわゆる預言書の各所に見出すことができる。例えば、イザヤ書第一章「お前たちのささげる多くのいけにえが／わたしにとって何になろうか、と主は言われる。／雄羊や肥えた獣の脂肪の献げ物に／わたしは飽いた。／雄牛、小羊、雄山羊の血をわたしは喜ばない（第十一節）。……悪い行いをわたしの目の前から取り除け。／悪を行うことをやめ（第十六節）／善を行うことを学び／裁きをどこまでも実行して／搾取する者を懲らし、孤児の権利を守り／やもめの訴えを弁護せよ（第十七節）」。エレミヤ書第一章「主はわたしに言われた。／北から災いが襲いかかる／この地に住む者すべてに（第十四節）。……わたしは、わが民の甚だしい悪に対して／裁きを告げる。……（第十六節）」。エゼキエル書第七章「主の言葉がわたしに臨んだ（第一節）。『人の子よ、言いなさい。主なる神がイスラエルの地に向かってこう言われる。／終わりが来る。地の四隅に終わりが来る（第二節）。今こそ終わりがお前の上に来る。／わたしは怒りを送り／お前の行いに従って裁き／忌まわしいすべてのことをお前に報いる（第三節）。わたしは、お前に慈しみの目を注がず／憐れみをかけることもしない。／お前の行いをわたしは報いる。／お前の忌まわしいことはお前の中にとどまる。／そのとき、お前たちは／わたしが主であることを知るようになる（第四節）』」。

*17　St. Francis of Assisi（1182?-1226）　本名 Francesco di Pietro di Bernardone。イタリアの修道士。フランチェスコ修道会の創始者。死の二年前、キリストの姿を視、キリストの傷と同

一の形状の聖痕が軀に現われたばかりでなく、彼が死んだときには十字架から下されたばかりの者のようだったという。

訳者あとがき

本書はメアリ・ダグラス女史（Mary Douglas）の著書 *Purity and Danger*——*An Analysis of Concepts of Pollution and Taboo*, 1966, の全訳である。ダグラス女史は一九二一年イタリアのサン・レモで生まれ、オックスフォード大学セント・アンズ・カレッジ（Saint Anne's College, Oxford）を卒業した。その後ジェームズ・A・T・ダグラス氏と結婚、四七年から四九年までオックスフォード人類学研究所（Oxford Institute of Anthropology）にあったが、四九—五〇年にかけてベルギー領コンゴにおいて現地調査《フィールド・ワーク》に従事し、五一年には母校オックスフォード大学で哲学博士の学位を得ると共に人類学講師に任ぜられた。次いで女史は五三年再びコンゴに赴き、その後ロンドン大学ユニヴァーシティ・カレッジに転じ、現在同大学社会人類学教授の地位にあるが、本書に次いで、一九七〇年に『自然状態における象徴——宇宙論の探究』（*Natural Symbols*——*Explorations in Cosmology*, 1970）を発表、王立人類学協会（Royal Anthropological

Institute）をはじめいくつかの学界に属して精力的活動を続けている。

ところで、本書において女史が目指したところは何であろうか。それは、いわゆる人類学的な新知識ないし新事実を加えるといったことでないことは明らかであろう。『タイムズ文芸付録』は、「本書を終りまで通読した読者は己れの蘊蓄になにものをも付け加えたことにはなるまい」という逆説的表現を以て自著の意図を語ったガストン・バシュラールを引用し、この間の事情を説明している（一九六七年二月一六日号）。女史の目的はむしろ既知のあらゆる資料をふまえ、さまざまな未開人の儀式・宗教等を彼等特有の形而上学の産物として理解するのではなく、それらを生む源泉となった社会的状況に注目することによって、まったく新しい理論を構築することであり、具体的にはいわゆる未開人の風習に示される精神的態度といったものが、形を変えて現代社会の中に実際に生きていることを証明することなのである。

女史はまず、文明社会の一例としてトマス・ハーディの小説中にみられる「よごれ」の観念から出発してヒンズー教やユダヤ教の儀式における汚穢《けがれ》といった観念にすすみ、両者は基本的に同種のものであることを指摘する。つまり、汚物とは本質的に「無秩序」であり、それは、我々が秩序を創出しようとする際にその体系に組み込むことができないものの謂いなのである。汚物に対する我々の反応は、曖昧なるものもしくは異例なるものに対する未開人の反応と根底において同一なのであって、汚物を避けようとする我々の行為は消極的行為であるどころか、己れの環境をある理想との関連において積極的に構成していこうとする創造的努力の顕《あらわ》れであるのだ。すなわち、「世界のある地域における汚《けが》れにかかわる行為と他の地域におけるそれとの差は、細部の問題であるにすぎない」のである。つまり女史によれば、保健衛生的原理に基づいているといわれる現代人の「よごれ」といった観念は、宗教的もしくは呪術的意味における「けがれ」の観念にきわめて近いものであり、女史の用いる impurity, uncleanness, pollution, defilement, dirt, filth 等々といった語は、究極的にはその両者を等しく含意することになるのである。その反対概念についても同様のことがいえるので、現代的意味における「清潔」とは宗教的意味における「聖潔」「神聖」といった概念に重なるものであり、purity, cleanness, sacredness, sanctity, holiness 等々は、結局この両者にまたがることになるのだ。従って汚穢《けがれ》あるいは聖潔の概念は、それらを生み出した諸観念の総体もしくは体系的宇宙観との関係において、はじめて十分に理解し得るわけである。かくして問題は未開人の社会のみにとどまらず、経験から秩序を創出しようとする人間的行為一般にかかわることになるのだ。旧約聖書研究者を悩ませてきた『レビ記』を以上のような視点から分析する女史の手つきは、あざやかというべきであろう。女史によれば、ヘブライ人における聖なるものとは完全性の観念に基づくものであり、『レビ記』において浄《きよ》いとされる動物はそれぞれヘブライ人の宇宙観から発する分類法に完全に妥当するものであるが、不浄とされるものはなんらかの意味でその範疇から逸脱したものであり、それ故一般的宇宙観を混乱に陥れるものであったという。

こういった作業にとって障害になるのは、十九世紀的思考法に色濃く染め上げられた用語上の問題である。先に触れたものもその一例であるが、そのほかに例えばポリネシア語に語源をもつといわれる禁忌（taboo）なる語は、あるものを神聖または不浄として口にしたり触れたりすることを禁止する風習を指すものであって、我々はこの語を用いるとき、未開人の宗教においては聖なるものと穢《けが》れたるものとが混同されているといったことを暗々裡に意味していないであろうか。このような考え方は、いうまでもなく、禁忌とは「神聖の観念と不浄の観念とがいまだに明確に区別されない、朦朧たる宗教的思考」の特徴だとするフレーザーにまで遡るものである。このような語を用いるかぎり著者はその独創的思索を十分に表現することはできないので、女史はこういった事態を避けるために、嫌忌（abomination）という語を用いているのだ。本書においてやや耳馴れぬ語がいくつか用いられている理由の一つは、このようなところにあるだろう。

著者は右に述べたような前提に従って、さまざまな種類の嫌忌や汚穢等々とそれらを生み出す社会的状況とを検討し、社会の周辺部に潜むとされる妖《あや》しい能力《ちから》の意味を論じ、汚《けが》れと倫理との関係、さらには社会内の秩序を保つ見えざる境界線等々といったものを考察している。ここで特に注目に価するのは人間の肉体とは社会のイメージであるとする主張であろう。著者によれば、未開人が肉体の開口部や排泄物に大きな関心を示すのは、それらが社会の周辺部を象徴するからであり、いかなる社会も――そしていかなる観念の構造も――その周辺部は不可避的に脆弱であるため社会の崩壊を導く惧れがあるからである。このような理論は、未開文化を肛門性欲期に対応する成長段階として説明しようとする精神分析的解釈と決定的に対立するのは当然であって、例えばアメリカでベストセラーになったN・O・ブラウン『エロスとタナトス』やベッテルハイム『性の象徴的傷痕』に対する批判は、かなり手きびしいものになっている。

にもかかわらず、未開人の祭式において、不浄なるものがしばしば聖なる目的のために使われるのは事実である。これはなぜであろうか。一つには汚《けが》れとは水と同じくすべてのものを破壊し尽くすと同時に再生と新生との象徴となるからであり、一つには祭式が人間存在の根底にある諸矛盾を統一する形而上学的観念の表現を目的としているからである。それは未開人におけるさまざまな観念の混乱ないし非論理を表わしているどころか、必然性の連鎖から逃れるために自らの未来を選びとろうとする実存主義者の生き方に似た試みなのである。かくして本書における不浄なるものの考察は、秩序と無秩序との関係、形式と混沌との、また生と死との関係といった問題にまでいたっているのだ。

以上からも明らかな通り、本書は狭義の人類学もしくは社会学の領域をはるかに超えたものであり、宗教学・哲学・心理学・文学等々にまたがる広大な領域にわたる労作であって、このような意味における Anthropology とは人類学というよりもむしろ人間学であると解し得るであろう。本書の内容はイギリスの読書界にかなりの衝撃を与えたらしく、訳者の知るかぎりでも、前記『タイムズ文芸付録』をはじめ、『ライブラリー・ジャーナル』（六六年一〇月一五日）、『スペクテーター』（六六年一〇月一四日）、『チョイス』（六七年六月号）の諸誌にそれぞれ好意的な書評が載せられている。もちろん本書における試みはダグラス女史自らがいう通り「個人的見解であって議論の余地も多く、しばしば未熟な部分もある」だろうし、例えばM・スピロ氏のように、女史の基本的立脚点に対して疑念を表明するものも皆無ではない（『アメリカン・アンソロポロジスト』六八年四月号）。しかしながら本書の価値はC・フォン・フォイレル＝ハイメンドルフ氏が述べたように「狭い専門分野以外の読者の想像力を刺激する」ところにあり、「人間性の理解のために人類学がなし得る貢献を証明した」ところにあるので、このような意味で、本書が「卓絶した独創性と洞察力とを特徴とし、勝れた筆力を振った博学な業績」（前記『スペクテーター』所収）であることは否定し得ないであろう。

ただ、右のような特質は浅学の訳者にとっては意外な負担となった。訳出にあたっては最大の努力を払ったが、本書の理解が多方面にわたる深い知識を必要とするため、思わぬ誤訳も多々あると思われる。また、明快でしかも豊かな暗喩の多い原文のひびきをどの程度に邦文に移し得たかははなはだ疑問であり、さらに著者が随時に引用する人名中には遺憾ながら調べがいきとどかなかったものが多い。不十分な点は大方の御叱正を得て他日を期したいと思う。

（一九七二年二月）

再版への訳者あとがき

このたび旧訳の再版にさいして、本文および訳注について最小限の修正を加えさせていただいた。人名については、なお未詳のものがあるが、他日を期したい。

原著者M・ダグラス女史は、一九八一年以降アメリカのノースウェスタン大学に移り、人文学部教授として人類学を講じている。最近の著書には、『文化における歪み』*Cultural Bias*（1978）、『隠された意味』*Implicit Meanings*（1987）、および『エドワード・エヴァンズ＝プリチャード』*Edward Evans-Pritchard*（1980）があり、女史の旺盛な筆力はすこしもおとろえていないようである。

なお、原著文献表にあげられた引用文献中、本訳書の初版以降に邦訳が発行されたものは次の通りである。

デュルケム『宗教生活の原初形態』（古野清人訳）岩波文庫

エリアーデ『大地・農耕・女性――比較宗教類型論』（堀一郎訳）未来社
エリアーデ『シャーマニズム』（堀一郎訳）冬樹社
エプスタイン『ユダヤ思想の発展と系譜』（安積、小泉訳）紀伊國屋書店
エヴァンズ＝プリチャード『ヌアー族――ナイル系一民族の生業形態と政治制度の調査記録』（向井元子訳）岩波書店
フォーテス、エヴァンズ＝プリチャード編『アフリカの伝統的政治体系』（大森元吉等訳）みすず書房
クレーマー『歴史はスメールに始まる』（佐藤・植田訳）新潮社
リーチ『人類学再考』（青木・井上訳）思索社
ラディン『トリックスター』（皆河・高橋・河合訳）晶文社
リクール『人間・この過ちやすきもの――有限性と有罪性』（久重忠夫訳）以文社
トーマス『ハームレス・ピープル――原始に生きるブッシュマン』（荒井・辻井訳）海鳴社
レヴィ＝ストロース『構造人類学』（荒川・生松・川田・佐々木・田島訳）みすず書房
ヴァン・ジェネップ『通過儀礼』（秋山・彌永訳）思索社、ファン・ヘネップ『通過儀礼』（綾部恒雄・裕子訳）弘文堂

一九八五年三月

塚本利明

文庫版への訳者あとがき

ダグラスの名著 *Purity and Danger* が二〇〇二年に「ラウトリッジ・クラシックス」の一冊として出版されたのを機に、旧訳にかなりの手を加えてみた。主として、思潮社版（一九七二年）における不適切な表現や分かりにくい言い回しを修正し、聖書からの引用をすべて新共同訳に替えたほか、当時「未詳」とした人名をかなりの程度まで明らかにすることができた。とはいえ、人名については相変わらず不明なものが少なくなく、訳者として忸怩たる思いが残っている。読者諸賢のご寛恕をいただきたい。

「再版へのあとがき」（思潮社、一九八五年三月）では、著者ダグラスをノースウェスタン大学教授としたが、彼女は同年同大学を定年退職して名誉教授となり、続けてエールおよびプリンストン大学で客員教授として教壇に立った。一九八八年に帰英、その後も精力的な研究活動を続けて、八九年にＦＢＡ（Fellow of the British Academy〈英国学士院会員〉）、九二年にはＣＢＥ（Commander of the Order of the British Empire〈英国三等勲爵士〉）、さらに二〇〇七年にはＤＢＥ（Dame Commander of the Order of the British Empire〈女性英国二等勲爵士〉）の称号を与えられた。この年の五月十六日、彼女は八十六歳で世を去ったが、「タイムズ」紙その他の死亡記事が "Professor Dame Mary Douglas" あるいは "Dame Mary Douglas" と "Dame" の称号を用いているのは、このためである。

研究者としてのダグラスは生涯にわたってきわめて精力的な活動を続け、驚嘆すべき成果を残した。処女作 *The Lele of Kasai*（Oxford University Press, 1963）から、彼女が永眠したその年に出た *Thinking in Circles: An Essay on Ring Composition*（Yale University Press, 2007）まで、共著として世に問うた著作を含めると優に二十冊を超えている。その間、彼女の学問的関心がどのように展開していったか、またそれがどのような評価を得たか等々については、彼女自身が「ラウトリッジ・クラシックス版への序」で簡潔ながら的確な言葉で語っている。一言でいえば、本訳書における彼女の理論は、ウィルダフスキーとの共同作業によって「リスク分析」の分野にまで発展していったのである。

だが、彼女の業績の中で最も高い評価を得ているのは、ここに訳出した *Purity and Danger: An Analysis of Concept of Pollution and Taboo* であろう。一九九一年「サンデー・タイムズ」紙が載せた "Makers of the 20th Century" のリスト、すなわち一九四五年以来最も大きな影響を及ぼしたノン・フィクション百冊を挙げたリストでは、女性の著者によるものは四冊、また人類学関係の著書も四冊に過ぎないのに、本書が挙げられているのである。この本の初版が「二、三年経っても二百部ほどしか売れなかった」(「ラウトリッジ・クラシックス版への序」)という著者の言葉が、信じられないほどである。付言すれば、一九九九年にはラウトリッジ社から Richard Fardon による評伝 *Mary Douglas : An Intellectual Biography* が出た。当時彼女は現役の人類学者として活発な研究活動を続けており、そういう人物を対象とする評伝が出版されるのも異例のことではあるまいか。

なお、彼女の業績の邦訳には、下記の文献表に記したものの他、浅田彰・佐和隆光訳『儀礼としての消費―財と消費の経済学』新曜社、一九八四年(*The World of Goods: Towards an Anthology of Consumption*, with Baron Isherwood. Basic Books, 1978)がある。ラウトリッジ版の巻末に載せられた文献表では、初版で挙げられているものを一部削除しているが、本文との関連で必要と思われるものは旧版を参照して収録することにした。また、「ラウトリッジ・クラシックス版への序」で言及されていながら文献表には見当たらないものを、念のため列挙しておく。

Bernstein, B. 1971, 1973, 1975. *Class Codes and Control*, 3 vols. Routledge & Kegan Paul, London.
Douglas, M. 1963. *The Lele of the Kasai*. Oxford University Press.
——1970. *Natural Symbols. Exploration in Cosmology*. Barrie and Rockcliffe. London.

(江河徹・塚本利明・木下卓訳『象徴としての身体——コスモロジーの探究』紀伊國屋書店)

——1979. *The World of Goods*. Basic Books, New York.

—— (Ed.) 1984. *Food in the Social Order. Studies of Food and Festivities in Three American Communities*. Russell Sage Foundation, New York.

Douglas, M. and Wildavsky, A. 1982. *Risk and Culture. An Essay on the Selection of Technological and Environmental Dangers*. University of California Press, Berkeley.

——1993. *In the Wilderness; the Doctrine of Defilement in the Book of Numbers*. Sheffield.

——1999. *Leviticus as Literature*. Oxford University Press.

Durkheim, E. and Mauss, M. 1903. " De Quelque Formes Primitives de la Claasification : contribution à l'étude des Représentations Collectives ", *L'Année Sociologique* 6 : 1-72 ; trans. R. Needham, London 1963 in *Primitive Classification*.

Leach, E. R. 1976. *Culture and Continuum. The Logic by which Symbols are Connected*. Cambridge.

Nelson, G. 1952. "Seven Strictures on Similarity", in *Problems and Projects*. Bobbs-Merril Co. Inc., pp. 437–47.
Radcliff-Brown, A. R. 1952. *Structure and Function in Primitive Society*. Cohen and West, London.

このたび文庫版の出版にあたっては、中沢新一氏の行き届いた解説を頂戴することができた。氏のご好意に対し、深く感謝したい。また、筑摩書房編集局の大山悦子氏にはさまざまな面でたいへんお世話になった。この場を借りて、心から御礼申し上げる。

二〇〇八年十二月　　塚本利明

文献

Abercrombie, M. L. Johnson, 1960. *The Anatomy of Judgment*. London.

Ajose, 1957. 'Preventive Medicine and Superstition in Nigeria', *Africa*, July 1957.

Bartlett, F. C., 1923. *Psychology and Primitive Culture*. Cambridge.

——1932. *Remembering*. Cambridge.

Beattie, J., 1960. *Bunyoro: An African Kingdom*. New York.

——1964. *Other Cultures*. London. ベアッティ『社会人類学——異なる文化の論理』(蒲生正男、村武精一訳) 社会思想社

Berndt, Ronald, 1951. *Kunapipi, A Study of an Australian Aboriginal Religious Cult*. Melbourne.

Bettelheim, B., 1955. *Symbolic Wounds*. Glencoe, Illinois. ベッテルハイム『性の象徴的傷痕』(岸田秀訳) せりか書房

Black, J. S. and Chrystal, G., 1912. *The Life of William Robertson Smith*. London.

Black, M. and Rowley, H. H., 1962. (Eds.) *Peake's Commentary on the Bible*. London.

Bohannan, P., 1957. *Justice and Judgment among the Tiv*. London.

Brown, Norman O., 1959. *Life against Death*. London. ブラウン『エロスとタナトス』(秋山さ

と子訳）竹内書店
Buxton, Jean, 1963. Chapter on 'Mandari' in *Witchcraft and Sorcery in East Africa* (Eds. Middleton & Winter), London.
Cassirer, E., 1944. *An Essay on Man*. Oxford. カッシーラー『人間――この象徴を操るもの』（宮城音彌訳）岩波書店
Colson, E., 1962. *The Plateau Tonga of Northern Rhodesia : Social and Religous Studies*. Manchester.
Cumming, E. and Cumming J., 1957. *Closed Ranks――an Experiment in Mental Health Education*. Cambridge, Mass.
Danby, H. (trans.) 1933. *The Mishnah*. Oxford.
de Heusch, L., 1964. 'Structure et Praxis Sociales chez les Lele', *L'Homme*, 4. pp. 87-109.
de Sousberghe, L., 1954. 'Étuis Péniens ou Gaines de Chasteté chez les Ba-Pende', *Africa*, 24, 3. pp. 214-19.
Douglas, M., 1957. 'Animals in Lele Religious Symbolism', *Africa*, 27, 1.
――1963. *The Lele of the Kasai*. London.
――1963. Chapter on 'Techniques of Sorcery Control in Central Africa' in *Wichcraft and Sorcery in East Africa*. London.
Driver, R. S., 1895. *International Critical Commentary on Holy Scriptures of the Old and New Testaments: Deuteronomy*.
Driver, R. and White, H. A., 1898. *The Polychrome Bible, Leviticus*. London.
Dubois, Cora, 1936. 'The Wealth Concept as an Integrative Factor in Tolowa-Tututni Cul-

ture'. Chapter in *Essays in Anthropology, Presented to A. L. Kroeber*.
Dumont, L., and Pocock, D., 1959. *Contributions to Indian Sociology*, Vol. III.
Durkheim, É., 1912, 1947 edition. Translated by J. Swain, Glencoe, Illinois. *The Elementary Forms of the Religious Life*, Paris. References made to pages in paperback edition, 1961, Collier Books, New York. デュルケム『宗教生活の原初形態』(古野清人訳) 岩波文庫
Ehrenzweig, A., 1953. *The Psychoanalysis of Artistic Vision and Hearing*. London.
Eichrodt, W., 1933 (first edit.) *Theology of the Old Testament*. Trans., Baker, 1961.
Eliade, M., 1951. *Le Chamanisme* (Trans. 1964). Paris. エリアーデ『シャーマニズム』上・下 (堀一郎訳) ちくま学芸文庫
——1958. *Patterns in Comparative Religion*. London. Trans from *Traité d'Histoire des Religions*, 1949. エリアーデ『大地・農耕・女性——比較宗教類型論』(堀一郎訳) 未来社
Epstein, I., 1959. *Judaism*. London. エプスタイン『ユダヤ思想の発展と系譜』(安積鋭二、小泉仰訳) 紀伊國屋書店
Evans-Pritchard, E, E., 1934. 'Levy-Bruhl's Theory of Primitive Mentality', *Bulletin of the Faculty of Arts*, Cairo, Vol. II, part 1.
——1937. *Witchcraft, Oracles and Magic among the Azande*. Oxford. エヴァンス＝プリチャード『アザンデ人の世界——妖術・託宣・呪術』(向井元子訳) みすず書房
——1940. *The Nuer*. Oxford. エヴァンズ＝プリチャード『ヌアー族——ナイル系一民族の生業形態と政治制度の調査記録』(大森元吉他訳) みすず書房
——1951. *Kinship and Marriage among the Nuer*. Oxford. エヴァンス＝プリチャード『ヌアー族の親族と結婚』(長島信弘・向井元子訳) 岩波書店

——1956. *Nuer Religion*. Oxford.　エヴァンス＝プリチャード『ヌアー族の宗教』（向井元子訳）岩波書店
Festinger, L., 1957. *A Theory of Cognitive Dissonance*. Evanston.　フェスティンガー『認知的不協和の理論——社会心理学序説』（末永俊郎監訳）誠信書房
Finley, M., 1956. *The World of Odysseus*. Toronto.　フィンリー『オデュッセウスの世界』（下田定行訳）岩波書店
Firth, R., 1940. 'The Analysis of Mana: An Empirical Approach', *Journal of Polynesian Society*, 48. 4. 196. pp. 483–508.
Fortes, M., 1959. *Oedipus and Job in West African Religion*. Cambridge.
Fortes, M. and Evans-Pritchard, E. E., 1940. *African Political Systems*. Oxford.　フォーテス、エヴァンズ＝プリチャード編『アフリカの伝統的政治体系』（大森元吉他訳）みすず書房
Frazer, J. G., 1911. *Taboo and the Perils of the Soul*. London.　フレーザー『金枝篇3　タブーと霊魂の危機』（神成利男他訳）国書刊行会
——1912. *Sprits of the Corn and of the Wild* (vol. 2). London.
Freedman, Maurice, 1966. *Chinese Lineage & Society: Fukien and Kwangtun*. Athlane Press, London.　フリードマン『中国の宗教と社会』（田村克己・瀬川昌久訳）弘文堂
Gellner, E., 1962. 'Concepts and Society', International Sociological Association. *Transactions of the Fifth World Congress of Sociology, Washington, D.C.*, Vol. I.
Genêt, Jean, 1949. *Journal du Voleur*. Paris.　ジュネ『泥棒日記』（朝吹三吉訳）新潮社
Gluckman, M., 1962. *Essays on the Ritual of Social Relations*. Manchester.
Goffman, E., 1956. *The Presentation of the Self in Everyday Life*. New York.

Goldschmidt, W., 1951. 'Ethics and the Structure of Society', *American Anthropologist*, 53, 1.
Goody, J., 'Religion and Ritual: the Definitional Problem', *British Journal of Sociology*, XII. 2.
Grönbech, V. P. I., 1931. *The Culture of the Teutons*, 2 vols. First printed in Danish, 1909-12.
Hardy, T., 1874. *Far from the Madding Crowd*. ハーディ『遥か群衆を離れて』（高畠文夫訳）角川文庫
Harper, E. B., 1964. *Journal of Asian Studies*, XXIII.
Hegner, R., Root, F., and Augustine, D., 1929. *Animal Parasitology*. New York and London.
Herz, J. H., 1935. *The Talmud*.
——1938. *Pentateuch & Haftorahs*. London.
Hodgen, Margaret, 1935. *The Doctrine of Survivals : A Chapter in the History of Scientific Method in the Study of Man*. London.
Hogbin, H. I., 1934. *Law and Order in Polynesia*. London. ホグビン『ポリネシヤに於ける法と秩序』（吉田一次訳）三省堂
Hookes, S. H. (Ed.) 1933. *Myth and Ritual*. London.
Horton, R., 1961. 'Destiny and the Unconscious in West Africa', *Africa*, 2, April.
James, William, 1901-2. *The Varieties of Religious Experience*. London 1952. ジェームズ『宗教的経験の諸相』（桝田啓三郎訳）岩波文庫
James, E. O., 1938. *Comparative Religion*. Methuen.
Kant, Immanuel, 1934. *Immanuel Kant's Critique of Pure Reason*, Norman Kemp Smith, abridged edit. Preface to 2nd edit. of *Critique of Pure Reason*.

Kellog, S. H., 1891. *The Expositor's Bible*. London. ケロッグ『旧約聖書講解――レビ記』（榊原康夫訳）聖書図書刊行会
Kopytoff, Igor, 1964. 'Family and Lineage among the Suku of the Congo', in *The Family Estate in Africa*. (Eds.) Gray, R. and Gulliver, P. London.
Kramer, Noah, 1956. *From the Tablets of Sumer*. Denver. クレマー『歴史はスメールに始まる』（佐藤輝夫・植田重雄訳）新潮社
Krige, E. J. and Krige, J. D., 1943. *The Realm of a Rain Queen*. London.
Kroeber, A. L., 1925, *Handbook of the Indians of California*. Washington D.C.
Lagrange, M. J., 1905. *Études sur les Religions Sémitiques* (2nd edit.). Paris.
Leach, E., 1961. *Re-thinking Anthropology*. London. リーチ『人類学再考』（青木保・井上兼行訳）思索社
Lévi-Strauss, C., 1949. *Anthropologie Structurale, Magie et Religion* in Chapter X, 'L'efficacité Symbolique', originally published under the same title in *Revue de l'Histoire des Religions*, 135, No. 1, pp. 5–27.
――1958. *Anthropologie Structurale*. Paris. レヴィ＝ストロース『構造人類学』（荒川幾男他訳）みすず書房
Lévy-Bruhl, L., 1922. *La Mentalité Primitive*. Paris. レヴィ＝ブリュル『未開人の思惟』（山田吉彦訳）岩波文庫
――1936. *Primitives and the Supernatural* (Trans. Clare). London.
Lewis, I. M., 1963. 'Dualism in Somali Notions of Power', *Journal of the Royal Anthropological Institute*, 93, 1. pp. 109–16.

Lienhardt, R. G., 1961. *Divinity and Experience*. Oxford.

Macht, D. I., 1953. ' An Experimental Pharmacological Appreciation of *Leviticus* XI and *Deut*. XIV ', *Bull. Hist. Medicine*, Vol. 27, pp. 444 ff.

Maimonides, Moses, 1881. *Guide for the Perplexed*. Translated by M. Friedlander, 1st edit. London.

Marshall, L., 1957. ' N/OW ', *Africa*, 27, 3.

Marshall-Thomas, E., 1959. *The Harmless People*. New York. トーマス『ハームレス・ピープル――原始に生きるブッシュマン』（荒井喬・辻井忠男訳）海鳴社

Marwick, M. G., 1952. ' The Social Context of Cewa Witch Beliefs ', *Africa*, 22, 3. pp. 215-33.

Mauss, M., 1902-03. ' Esquisse d'une Théorie Générale de la Magie,' *L'Année Sociologique*, 1902-03, in collaboration with H. Hubert. Reprinted 1950 in *Sociologie et Anthropologie*. Paris.

McNeill, J. T. and Gamer, H. M., 1938. *Medieval Handbooks of Penance*. New York.

Mead, M., 1940. ' The Mountain Arapesh ', *Anthropological Papers*, American Museum of Natural History, Vol. 37.

Meek, C. K., 1937. *Law and Authority in a Nigerian Tribe*. Oxford.

Meggitt, M., 1962. *Desert People*. Sydney.

——1964. ' Male-Female Relationships in the Highlands of Australian New Guinea ', *American Anthropologist*, 2. 66. 4. pp. 204-23.

Micklem, Nathaniel, 1953. *The Interpreter's Bible, II, Leviticus*.

Middleton, J., 1960. *Lugbara Religion*. London.

Milner, Marion, 1955. 'Role of Illusion in Symbol Formation', in *New Directions in Psycho-analysis* (Ed.) Klein, M.

Morton-Williams, P., 1960. 'The Yoruba Ogboni Cult in Oyo', *Africa*, 30, 4.

Moulinier, Louis, 1952. 'Le Pur et l'Impur dans la Pensée des Grecs, d'Homère à Aristote', *Études et Commentaires*, XI. Paris.

Nadel, S. F., 1957. 'Malinowski on Magic and Religion', in *Man and Culture*. (Ed.) R. Firth. London.

Naipaul, V. S., 1964. *An Area of Darkness*. London. ナイポール『インド・闇の領域』(安弘宏・大工原彌太郎訳) 人文書院

Onians, R. B., 1951. *Origins of European Thought about the Body, the Mind, etc*. Cambridge.

Osterley & Box, 1911. *The Religion of the Synagogue*.

Parsons, Talcott, 1960. 'Durkheim's Contribution to the Theory of Integration of Social Systems', in *Émile Durkheim*, 1858-1917. *A Collection of Essays with Translations and a Bibliography* (Ed.) Kurt H. Wolff, Columbus, Ohio.

Pedersen, J. P. E., 1946-47. *Israel : Its Life and Culture* (2 vol.). London.

Pfeiffer R. H., 1957. *Books of the Old Testament*. ファイファー『旧約聖書緒論』(中沢治樹他訳) 新教出版社

Pole, David, 1961. *Conditions of a Rational Enquiry into Ethics*. London.

Posinky, 1956. *Psychiatric Quarterly* XXX, p. 598.

Pospisil, Leopold, 1963. *Kapauku Papuan Economy*. New Haven.

Radcliffe-Brown, R., 1933. *The Andaman Islanders*. Cambridge.

——1939. *Taboo*. Frazer Lecture.

Radin, Paul, 1927. *Primitive Man as Philosopher*. New York.

——1956. *The Trickster, A Study in American Indian Mythology*. London. ラディン『トリックスター』(皆河宗一訳) 晶文社

Raum, O., 1940. *Chaga Childhood*. London.

Read, H., 1955. *Icon and Idea, The Function of Art in the Development of Human Consciousness*. リード『イコンとイデア——人類史における芸術の発展』(宇佐見英治訳) みすず書房

Read, K. E., 1954. 'Cultures of the Central Highlands', *South Western Journal of Anthropology*, 1. 10-43.

Richards, A. I., 1940. 'Bemba Marriage and Present Economic Conditions', *Rhodes-Livingstone Paper*, No. 4.

——1956. *Chisungu*. Faber, London.

Richter, Melvin, 1964. *The Politics of Conscience : T. H. Green and His Age*. Weidenfeld and Nicholson, London.

Ricoeur, P., 1960. *Finitude et Culpabilité*. Paris. リクール『人間・この過ちやすきもの——有限性と有罪性』(久重忠夫訳) 以文社

Robins, R. H., 1958. *The Yurok Language*. Berkeley, California.

Robertson Smith, W., 1889. *The Religion of the Semites*. A. and C. Black, Edinburgh. スミス『セム族の宗教』(永橋卓介訳) 岩波文庫

Róheim, G., 1925. *Australian Totemism*. Allen and Unwin, London.

Rose, H. J., 1926. *Primitive Culture in Italy*. Methuen, London.

——1954. *Journal of Hellenic Studies*, 74, review of Moulinier.
Salim, S. M., 1962. *Marshdwellers of the Euphrates Delta*. London.
Sartre, J.-P., 1943. *L'Être et le Néant*, 3rd edit. Gallimard, Paris.　サルトル『存在と無』（松浪信三郎訳）ちくま学芸文庫
——1948. *Portrait of an Anti-Semite*, London.『ユダヤ人』（安堂信也訳）岩波新書
Saydon, P. P., 1953. *Catholic Commentary on the Holy Scripture*.
Srinivas, M. N., 1952. *Religion & Society among the Coorgs of South India*. Oxford.
Stanner, W. E. H., 1965. ' Religion, Totemism and Symbolism ', in *Aboriginal Man in Australia* (Eds. Bernat, R. M. and C. H.). London.
Stein, S., 1957. ' The Dietary Laws in Rabbinic & Patristic Literature ', *Studia Patristica*, Vol. 64, pp. 141 ff.
Steiner, F., 1956. *Taboo*. Cohen and West, London.　シュタイナー『タブー』（井上兼行訳）せりか書房
Tempels, Placide, 1952. *Bantu Philosophy*. Paris.
Turnbull, C., 1961. *The Forest People*. Chatto and Windus, London.　ターンブル『ピグミー——森の猟人』（藤川玄人訳）講談社
Turner, V. W., 1957. *Schism and Continuity in an African Society*. Manchester.
——1962. ' Chihamba, The White Spirit ', *Rhodes-Livingstone Paper*, No. 33.
——1964. ' An Ndembu Doctor in Practice ', chapter in *Magic, Faith and Healing* (Ed. A. Kiev). Glencoe, Illinois.
Tylor, H. B., 1873. *Primitive Culture*. Murray, London.　タイラー『原始文化——神話・哲学・

宗教・言語・芸能・風習に関する研究』（比屋根安定訳）誠信書房
van Gennep, 1909. *Les Rites de Passage*. (English Translation 1960). Routlege, London. ヴァン・ジェネップ『通過儀礼』（秋山さと子・彌永信美訳）新思索社、ファン・ヘネップ『通過儀礼』（綾部恒雄・裕子訳）弘文堂
Vansina, J., 1955. 'Initiation Rituals of the Bushong', *Africa*, 25, 2, pp. 138-52.
——1964. 'Le Royaume Kuba', Musée Royale de l'Afrique Centrale, *Annales-Sciences Humaines*, No. 49.
van Wing, J., 1959. *Études Bakongo,* orig. pub. 1921 (vol. I); 1938 (vol. II), Brussels.
Wangermann, E., 1963. 'Women in the Church', *Life of the Spirit*, 27, 201.
Watson, W., 1958. *Tribal Cohesion in a Money Economy*. Manchester.
Webster, Hutton, 1908. *Primitive Secret Societies. A Study in Early Politics and Religion*. 2nd edit. 1932, New York. ウェブスター『原始的民族の秘密講』（田崎仁義訳）実業之世界社
——1948. *Magic, A Sociological Study*. Octagon Books, New York.
Wesley, John, 1826-27. *Works*, Vol. 5. 1st American Edition. 『ウェスレー著作集』六巻、ウェスレー著作集刊行会
Westermarck, Edward, 1926. *Ritual and Belief in Morocco*, Macmillan, London.
Whately R., 1855. *On the Origin of Civilisation*. London.
Whatmough, Joshua, 1955. Review of Moulinier, *Erasmus*, 8, 1, pp. 618-19.
Wilson, Bryan R., 1961. *Sects and Society*. London.
Wilson, Monica, 1957. *Rituals and Kinship among the Nyakyusa*. Oxford University Press.
Yalman, N., 1963. 'The Purity of Women in Ceylon and Southern India', *Journal of the Royal*

Anthropological Institute, 93, pp. 25–58.
Zaehner, R. C., 1963. *The Dawn and Twilight of Zoroastrianism*. Weidenfeld and Nicholson, London.

文庫版解説

中沢新一

この本の原著が出たのが一九六六年、邦訳が出たのは一九七二年。欧米でも日本でも、大学を占拠したり街頭にくりだしていった若者を中心にして、知的世界は大揺れに揺れていた。

文化の主調音はカウンターカルチャーだった。戦後の経済発展とともに築き上げられてきた先進諸国の文化は、多くの面で行き詰まっていた。西欧にはまだアジアやアフリカに対する自分たちの文化的優越性を、頑強に信じ込んでいる人々がたくさんいたし、その閉ざされた世界の中で、先進諸国の戦後文化は出口の見つからない袋小路に陥っていた。

しかし、『収容所群島』を読んだ若者にはもう、ロシアのマルクス主義などを信ずることができなかったし、ベトナム戦争の現実を知ってしまったら、アメリカの先導する民主主義が虚偽であることも、もはや疑いを得ないことだった。「現存社会の秩序を形成している一切のものに反抗すること」。この時代に掲げられた華々しいスローガンの多くは、知らず知らずのうちに感覚と思考の中に忍び込んで、そこに不自由な秩序を押しつけている、さまざまな生政治的な制度を壊していこうという呼びかけに満ちていた。

そういう時代に、文化人類学は花形の学問のひとつだったのである。植民地の開発と歩調を合わせて発達してきたこの学問は、その頃には、人種主義と文化的優越にひたりきった西欧文明の実像と限界をあらわにして、文明全体に方向転換をもたらしうる、新しい知的冒険として、期待されていた。人々は「ここでないどこか」を求めていた。文化人類学が、その「どこか」についての知識をもたらしてくれるのではないか。『悲しき熱帯』の余熱はまだ熱く続いていたのである。

伝統社会に調査にでかけた文化人類学者は、そうした社会がしっかりとした構造の上に組み立てられていることに気づいた。社会の全体が閉じられたひとつの「宇宙」をなしていて、そこで起こる出来事の多くは、その「宇宙」の中のどこかの場所に配置されていく。つまり、社会の中で起こることの結果は、また社会の中に戻ってくるような「群」の仕組みをなしている。こういうことは、わたしたちの生きている資本主義社会(市場経済社会)の表面では、なかなか起こりにくい。

そういう社会では、思考の構造がつくりだす秩序が、人々の生活の細部まで、行き届いたコントロールをおこなっている。とりわけ社会の中心部には、そのような秩序を生み出す象徴装置がセットしてあって、儀式や祭典を繰り返すことによって、フラジャイルな秩序は維持されている。そして、興味深いことに、ほとんどの社会では、秩序を支えている中心部の象徴装置には、「清浄さ」「清潔さ」の観念が据えられている。

ところが中心部を離れるにしたがって、周囲の雰囲気が少しずつ変わってくる。文化体系の周縁部に近づくにつれて、きちんとした秩序にゆるみが発生して、清浄さを保っていることが難しくなる。体系の内部には、過剰した感覚や抑圧しそこねた子供っぽい欲望やアナーキーな想像力が混入してきて、文化には自然が、秩序には無秩序が、記号的情報には多義的な象徴がとってかわるようになる。文化体系の周縁部では、中心部におけるのとは別種の象徴装置が働きだすのである。

カウンターカルチャーの時代には、人々はこの周縁部に強い関心を注いだ。わが国では山口昌男の道化=トリックスター論がその代表である。山口昌男は文化の中心部にセットされている秩序の原理に挑みかかっていく、周縁部からの力の意義を、これ以上はあるまいと思われるやり方で称揚した。政治的な革命の幻想が挫折した後の人々の心を、山口の道化=トリックスター論は魅了した。

清浄さに支えられた中心部の文化的生産性は、中心を離れるにしたがって、あるいは時間がたつとともに弱まっていく。そのとき、それまで子供っぽいとかアナーキーと蔑まれていた周縁部の力の体現者たちが、中心に侵入して、両者の弁証法的関係から、文化の活性化が発生できる、というのである。

そこでは、秩序からはみだしたもの、秩序に組み込まれずに放置されているもの、などのほうに高い価値づけがあたえられた。まじめさではなく笑いが、大人らしさではなく子供らしい自由が、情報化された意味ではなく詩的な言語が、管理的文化ではなくアナーキーな芸術的文化が、先進諸国の行き詰まった文化に風穴を開けるにちがいない。書を捨てて町を出よう！　おっと、詩集と文化人類学の本だけは例外だ。

そのような雰囲気の時代に出版されたメアリー・ダグラスの本『清浄と危険（Purity and Danger）』は、まるでそれの対偶のような『汚穢と禁忌』という邦訳タイトルをつけられて、ふだんは詩の本を出している思潮社から出版されたのである。編集者や読者が、この本の内容になにを期待していたのかが、なんとなく予想できるのではないだろうか。

ところがである、本書をなんの思い込みもない素直な心持ちで読み始めた読者（わたしも含む）は、どうもこの本は流行の知的モードとは異なる、ときには反対の主張をしているのではないか、とすぐ気づくことになった。たとえば彼女は〈トリックスター〉という神話的存在について、こう書いている。

〈トリックスター〉は、一種のタマネギを食うと腹にいっぱいガスがたまるから食ってはいけないという警告を無視し、それを食べてしまうのだが、その結果屁が激しく放たれるたびに、彼の軀は次第に空高く吹き上げられる。彼は人間たちに自分を抑えてくれと頼み、人間たちが彼を下そうと努力していることに感謝した途端、最後の一発で彼等をはるかかなたに吹き飛ばしてしまう……物語をどのように探索しようとも、〈トリックスター〉の放屁がなんらかの意味で創造的であるという徴証はまったく発見することができないのである。それはむしろ破壊的である……〈トリックスター〉は世界を創ったのではなく、いかなる意味でも文化英雄ではないことがわかるであろう。(本書二七九頁)

ここでメアリー・ダグラスは、当時流行のフランス現代思想の身振りとは、ずいぶんちがうことを言おうとしている。彼女の思考は、英国保守主義の立場から発せられていた。この思想の伝統では、たとえばチェスターフィールド卿の定義したように、dirt(ごみ)とは matter out of place(場違いのものごと)を意味しているのである。この世界で有意味のものの背後には、秩序だった関係性がひかえている。その秩序だった関係性から外れているものが、「ごみ」のカテゴリーに入れられる。

ここには、ものごとの整理された状態や分類体系に混乱を引き起こすものに対する、ネガティブな反応が、微妙な表現の背後に隠れている。ネガティブとまでは言わないまでも、秩序に組み込まれなかったものを、健全な思考の中心に据えるような思考方法に対する、否定の感情がしめされている。人間の社会というものは、子供や芸術家や狂気を別として、感覚と思考の秩序の上に成り立っており、またそうでなくてはならない、と考えるのが、英国で長いこと主流の考え方であり、この点で保守主義の思考法は、ニーチェ主義や脱構築主義にまっこうから向かいあってきた。メアリー・ダグラスの「けがれ論」の面白さは、それが立脚しているこのような大人らしい思考方法にある。

そこで彼女は、けがれをつぎのように定義する。

穢れとはもともと精神の識別作用によって創られたものであり、秩序創出の副産物なのである。従ってそれは、識別作用の以前の状態に端を発し、識別作用の過程すべてを通して、すでにある秩序を脅かすという任務を担い、最後にすべてのものと区別し得ぬ本来の姿に立ちかえるのである。従って、無定形の渾沌こそは、崩壊の象徴であるばかりでなく、始まりと成長の適切な象徴でもあるのだ。（本書三五九頁）

英国保守主義の思考は、感覚と思考に秩序をつくり出す、言語論理的な識別作用こそが、人間の世界になくてはならない基礎であると考える。しかし、彼らは生粋の経験主義者でもあるから、精神がつくりだすそのような秩序が、不条理な生の現実を、完全に押さえ込むほどの力がないことも、よく承知している。「清らか」であることは、矛盾のない体系の中に経験を押し込めようとする試みであるが、手に負えない経験に直面しては、かならずや矛盾に陥らざるをえないだろうし、そのことを理解するのが、人間の成熟を意味する。感覚と思考と社会に秩序をつくりだす体系の存在を第一義に据えながら、経験の不条理やとらえがたさを受け入れる英国に伝統的な思考、メアリー・ダグラスはそのような堅牢な思考法に立って、フランス現代思想的な過激さをしりぞけて、禁忌の対象である「異例なもの（アノマリー）」を受け入れることのできる、寛容なる文化の形成を模索することになる。

庭とはつづれ織り《タペストリー》のようなものではない。雑草をことごとく除去してしまえば地味は痩せてしまう。庭師は引き抜いた雑草を土に戻すことによってともかくも豊饒性を保たねばならない。ある種の宗教が異例なるものないしは忌むべきものを特別に扱い、それらをして善きものを生むための能力《ちから》たらしめるのは、雑草を鋤き返し芝を刈って堆肥《たいひ》を造るのと同じことなのである。（本書三六五頁）

社会に秩序をつくりだす体系は、そこからはみだす異物を排除することによって、自分をなりたたせている。人間はそのことを自分の条件として、受け入れなければならない。しかしそのとき発生する「異例なるもの」を汚物として拒否して、徹底的な清らかさなどを追求しだすと、人間は偽善者となり、大きな悪をおかしていくことになる。このような悪の可能性から逃れるためには、汚物を受け入れる寛容さが必要である。

しかし汚物をそのまま容認し、まかりまちがってもそれに権力をあたえたりしてはならない。健全な文化は、汚物を堆肥につくりかえる知恵を持っていなければならない。この堆肥が秩序に対して有効な働きをおこなうときにかぎって、その文化はバランスのとれた成長をとげることができる。このように説く本書の主張は、書かれてから四十年後の現代においてますます輝きを増す、健康な常識の堅固さをいまだに保ち続けている。

ひと言で言えば、メアリー・ダグラスは、サッチャーのように失業者を切り捨てたりはしない女性なのだ。彼女は知恵ある英国の母親として、「異例なるもの」という文化体系にとっての失業者に雇用をあたえ、彼らの労働を堆肥と化すことによって、文化の土壌に豊かさをもたらそうと主張している。そのためわたしはときどき、彼女のけがれ論は、経済学におけるケインズ理論の人類学版なのではないか、などと思うことすらある。

本書は、一九九五年二月一日刊行の思潮社版を底本に「ラウトリッジ・クラシックス版への序」を加えたものである。

索 引

ア行

カ行

サ行

タ行

ナ行

ハ行

マ行

ヤ行

ラ行

ワ行

柳田国男を読む　赤坂憲雄

稲作・常民・祖霊のいわゆる「柳田民俗学」の向こう側にこそ、その思想の豊かさと可能性があった。テクストを徹底的に読み込んだ、柳田論の決定版。

夜這いの民俗学・夜這いの性愛論　赤松啓介

筆おろし、若衆入り、水揚げ……。古来、日本人は性に対し大らかだった。在野の学者が集めた、柳田が切り捨てた性民俗の実像。（上野千鶴子）

差別の民俗学　赤松啓介

人間存在の病巣〈差別〉。実地調査を通して、その実態・深層構造を詳らかにし、根源的解消を企図した赤松民俗学のひとつの到達点。（赤坂憲雄）

非常民の民俗文化　赤松啓介

柳田民俗学による「常民」概念を逆説的な梃子として、「非常民」こそが人間であることを宣言した、赤松民俗学最高の到達点。（阿部謹也）

日本の昔話（上）　稲田浩二編

神々が人界をめぐり鶴女房が飛来する語りの世界。はるかな時をこえて育まれた各地の昔話の集大成。上巻は「桃太郎」などのむかしがたり103話を収録。

日本の昔話（下）　稲田浩二編

ほんの少し前まで、昔話は幼な子が人生の最初に楽しむ文芸だった。下巻には「かちかち山」など動物昔話29話、笑い話123話、形式話7話を収録。

増補 死者の救済史　池上良正

未練を残しこの世を去った者に、日本人はどう向き合ってきたか。民衆宗教史の視点からその宗教観・死生観を問い直す。「靖国信仰の個人性」を増補。

神話学入門　大林太良

神話研究の系譜を辿りつつ、民族・文化との関係を解明し、解釈に関する幾つもの視点、神話の分類、類話の分布などについても詳述する。（山田仁史）

アイヌ歳時記　萱野茂

アイヌ文化とはどのようなものか。その四季の暮らしをたどりながら、食文化、習俗、神話・伝承、世界観などを幅広く紹介する。（北原次郎太）

儀礼の過程
ヴィクター・W・ターナー
冨倉光雄訳

社会集団内で宗教儀礼が果たす意味と機能を明らかにし、コムニタスという概念で歴史・社会・文化の諸現象の理解を試みた人類学の名著。（福島真人）

日本の神話
筑紫申真

八百万の神はもとは一つだった⁉ 天皇家統治のために創り上げられた記紀神話を、元の地方神話に解体すると、本当の神の姿が見えてくる。（金沢英之）

河童の日本史
中村禎里

ぬめり、水かき、悪戯にキュウリ。異色の生物学者が、時代ごと地域ごとの民間伝承や古典文献を精査。〈実証分析的〉妖怪学。（小松和彦）

病気と治療の文化人類学
波平恵美子

科学・産業が発達しようと避けられない病気に対し人間は様々な意味づけを行ってきた。「医療人類学」を切り拓いた著者による画期的著作。（浜田明範）

ヴードゥーの神々
ゾラ・ニール・ハーストン
常田景子訳

20世紀前半、黒人女性学者がカリブ海宗教研究の旅に出る。秘儀、愛の女神、ゾンビ――学術調査と口承文学を往還する異色の民族誌。（今福龍太）

子どもの文化人類学
原ひろ子

極北のインディアンたちは子育てを「あそび」とし、性別や血縁に関係なく楽しんだ。親子、子どもの姿をいきいきと豊かに描いた名著。（奥野克巳）

初版 金枝篇（上）
J・G・フレイザー
吉川信訳

人類の多様な宗教的想像力が生み出した多様な事例を収集し、その普遍的説明を試みた社会人類学最大の古典。膨大な註を含む初版の本邦初訳。

初版 金枝篇（下）
J・G・フレイザー
吉川信訳

なぜ祭司は前任者を殺さねばならないのか？ そして、殺す前になぜ〈黄金の枝〉を折り取るのか？ 事例の博捜の末、探索行は謎の核心に迫る。

火の起原の神話
J・G・フレイザー
青江舜二郎訳

人類はいかにして火を手に入れたのか。世界各地より夥しい神話や伝説を渉猟し、文明初期の人類の精神世界を探った名著。（前田耕作）

沖縄の食文化　外間守善

琉球文化の源流を解き明かそうとした著者が最後に取り組んだ食文化論。沖縄独特の食材や料理は、いったいどこからもたらされたのか？（斎藤真理子）

未開社会における性と抑圧　B・マリノフスキー　阿部年晴／真崎義博訳

人類における性は、内なる自然と文化的力との相互作用のドラマである。この人間存在の深淵に到るテーマを比較文化的視点から問い直した古典的名著。

ケガレの民俗誌　宮田登

被差別部落、性差別、非常民の世界など、日本民俗の深層に根づいている不浄なる観念と差別の問題を考察した先駆的名著。（赤坂憲雄）

はじめての民俗学　宮田登

現代社会に生きる人々が抱く不安や畏れ、怖さの源はどこにあるのか。民俗学の入門的知識をやさしく説きつつ、現代社会に潜むフォークロアに迫る。

南方熊楠随筆集　益田勝実編

博覧強記にして奔放不羈、稀代の天才にして孤高の自由人・南方熊楠。この猥雑なまでに豊饒な不世出の頭脳のエッセンス。（益田勝実）

奇談雑史　宮負定雄　佐藤正英／武田由紀子校訂・注

霊異、怨霊、幽明界など、さまざまな奇異な話の集大成。柳田国男は、本書より名論文「山の神とヲコゼ」を生み出す。日本民俗学、説話文学の幻の名著。

贈与論　マルセル・モース　吉田禎吾／江川純一訳

「贈与と交換こそが根源的人類社会を創出した」。人類学、宗教学、経済学ほか諸学に多大の影響を与えた不朽の名著、待望の新訳決定版。

身ぶりと言葉　アンドレ・ルロワ＝グーラン　荒木亨訳

先史学・社会文化人類学の泰斗の代表作。人の生物学的進化、人類学的発展、大脳の発達、言語の文化的機能を壮大なスケールで描いた大著。（松岡正剛）

世界の根源　アンドレ・ルロワ＝グーラン　蔵持不三也訳

人間の進化に迫った人類学者ルロワ＝グーラン。半生を回顧しつつ、人類学・歴史学・博物館の方向性、言語・記号論・身体技法等を縦横無尽に論じる。

民俗地名語彙事典　松永美吉
日本地名研究所編

柳田国男の薫陶を受けた著者が、博捜と精査により日本の地名に関する基礎情報を集成。土地の記憶を次世代へつなぐための必携の事典。（小田富英）

日本の歴史をよみなおす(全)　網野善彦

中世日本に新しい光をあて、その真実と多彩な横顔を平明に語り、日本社会のイメージを根本から問い直す。超ロングセラーを続編と併せ文庫化。

米・百姓・天皇　網野善彦
石井進

日本とはどんな国なのか、なぜ米が日本史を解く鍵なのか、通史を書く意味は何なのか。これまでの日本史理解に根本的転回を迫る衝撃の書。（伊藤正敏）

列島の歴史を語る　網野善彦
藤沢・網野さんを囲む会編

日本は決して「一つ」ではなかった！　中世史に新次元を開いた著者が、日本の地理的・歴史的な多様性と豊かさを平明に語った講演録。（五味文彦）

列島文化再考　網野善彦／塚本学／
坪井洋文／宮田登

近代国家の枠組みに縛られた歴史観をくつがえし、列島に生きた人々の真の姿を描き出す、歴史学・民俗学の幸福なコラボレーション。（新谷尚紀）

日本社会再考　網野善彦

歴史の虚像の数々を根底から覆してきた網野史学。漁業から交易まで多彩な活躍を繰り広げた海民に光をあて、知られざる日本像を鮮烈に甦らせた名著。

図説　和菓子の歴史　青木直己

饅頭、羊羹、金平糖にカステラ、その時々の外国文化の影響を受けながら多種多様に発展した和菓子。その歴史を多数の図版とともに平易に解説。

今昔東海道独案内　東篇　今井金吾

いにしえから庶民が辿ってきた幹線道路・東海道。日本人の歴史を、著者が自分の足で辿りなおした名著。東篇は日本橋より浜松まで。（今尾恵介）

居酒屋の誕生　飯野亮一

寛延年間の江戸に誕生しすぐに大発展を遂げた居酒屋。しかしなぜ他の都市ではなく江戸だったのか。一次資料を丹念にひもとき、その誕生の謎にせまる。

すし 天ぷら 蕎麦 うなぎ　飯野亮一

二八蕎麦の二八とは？ 握りずしの元祖は？ なぜうなぎに山椒？ 膨大な一次史料を渉猟しそんな疑問を徹底解明。これを読まずに食文化は語れない！

天丼 かつ丼 牛丼 うな丼 親子丼　飯野亮一

身分制の廃止で作ることが可能になった親子丼、関東大震災が広めた牛丼等々、どんぶり物二百年の歴史をさかのぼり、驚きの誕生ドラマをひもとく！

増補 アジア主義を問いなおす　井上寿一

侵略を正当化するレトリックか、それとも真の共存共栄をめざした理想か。アジア主義を外交史的観点から再考し、その今日的意義を問う。増補決定版。

十五年戦争小史　江口圭一

満州事変、日中戦争、アジア太平洋戦争を一連の「十五年戦争」と捉え、戦争拡大に向かう曲折にみちた過程を克明に描いた画期的通史。（加藤陽子）

たべもの起源事典 日本編　岡田哲

駅蕎麦・豚カツにやや珍しい郷土料理、レトルト食品・デパート食堂まで。広義の〈和〉のたべものと食文化事象一三〇〇項目収録。小腹のすく事典！

ラーメンの誕生　岡田哲

中国のめんは、いかにして「中華風の和食めん料理」へと発達を遂げたか。外来文化を吸収する日本人の情熱と知恵。丼の中の壮大なドラマに迫る。

京の社　岡田精司

旅気分で学べる神社の歴史。この本を片手に京都の有名寺社を巡れば、神々のありのままの姿が見えてくる。（佐々田悠）

山岡鉄舟先生正伝　小倉鉄樹／石津寛／牛山栄治

鉄舟から直接聞いたこと、同時代人として見聞きしたことを弟子がまとめた正伝。江戸無血開城の舞台裏など、リアルな幕末史が描かれる。（岩下哲典）

士（サムライ）の思想　笠谷和比古

中世に発する武家社会の展開とともに形成された日本型組織。「家（イエ）」を核にした組織特性と派生する諸問題について、日本近世史家が鋭く迫る。

ちくま学芸文庫

汚穢《けがれ》と禁忌《きんき》

二〇〇九年三月十日　第一刷発行
二〇二四年六月五日　第九刷発行

著　者　メアリ・ダグラス
訳　者　塚本利明（つかもと・としあき）
発行者　喜入冬子
発行所　株式会社　筑摩書房
東京都台東区蔵前二―五―三　〒一一一―八七五五
電話番号　〇三―五六八七―二六〇一（代表）
装幀者　安野光雅
印刷所　中央精版印刷株式会社
製本所　中央精版印刷株式会社

ISBN978-4-480-09186-4 C0139